Ingomar von Kieseritzky:
Trägheit
oder Szenen aus der Vita activa

W0218534

Klett-Cotta
im
Deutschen
Taschenbuch
Verlag

Ungekürzte Ausgabe
August 1990
Deutscher Taschenbuch Verlag GmbH & Co. KG,
München
© 1978 Ernst Klett Verlag für Wissen und Bildung GmbH,
Stuttgart · ISBN 3-12-904670-4
Umschlaggestaltung: Celestino Piatti
Gesamtherstellung: C.H. Beck'sche Buchdruckerei,
Nördlingen
Printed in Germany · ISBN 3-423-11238-7

Das Buch

»In der letzten Zeit kränkelte meine *Dionaea muscipula* in ihrem brünierten Zylinder. Aber sie war schon immer mäklig gewesen, ein wenig unzufrieden mit ihren Standorten ... Sie wirkte insgesamt ein wenig matt und hatte mitunter Eigenschaften, als verheimliche sie larvierte Beschwerden.« Mindestens so empfindsam wie seine Venusfliegenfalle ist Valev, ehemaliger Student und Sohn vermögender Eltern. Als »begeisterter Patient« interessiert er sich leidenschaftlich für alle Vorgänge in und an seinem Körper und wird dabei tatkräftig unterstützt von seinem Arzt Dr. Sinistram. Selbst die Verlobte Vera nimmt schließlich Abstand von Zungenküssen und anderen Attacken, um Valevs Innereien nicht zu erschrecken. So kann er sich einigermaßen ungestört in die Betrachtung seiner »mit milchigen Aureolen« versehenen »Doppelpickel« versenken und unter Verzicht auf jede matte Anstrengung, sonst noch was zu leisten, die Hypochondrie zur höchsten Kunstform entwickeln. Einen »deutschen Woody Allen« nannte Volker Lilienthal den Autor im ›Rheinischen Merkur‹.

Der Autor

Ingomar von Kieseritzky wurde am 21. Februar 1944 in Dresden geboren und lebt heute als freier Schriftsteller in Berlin. Veröffentlichungen u. a.: ›Die ungeheuerliche Ohrfeige oder Szenen aus der Geschichte der Vernunft‹ (1981), ›Obsession. Ein Liebesfall‹ (1984), ›Das Buch der Desaster‹ (1988), ›Anatomie für Künstler‹ (1989).

Aber wenn sich einer krank fühlt, dann muß er nicht eine Krankheit haben, und wenn er eine Krankheit hat, dann braucht er das nicht zu fühlen.

Gilbert Ryle, *Der Begriff des Geistes*

In der Kajüte eines mit gleichförmiger Geschwindigkeit in gerader Linie dahinfahrenden Schiffes spielen sich alle Vorgänge genauso ab, wie wenn das Schiff ruhte.

Hermann Weyl

I

In der letzten Zeit kränkelte meine *Dionaea muscipula* in ihrem brünierten Zylinder. Aber sie war schon immer mäklig gewesen, ein wenig unzufrieden mit ihren Standorten und ich wußte nie mit aller Klarheit, ob sie mehr Sonne oder weniger Sonne wollte. Nach und nach verloren die Innenseiten ihrer Blätter (in dem fleischigen Inkarnat einer Wassermelone) ihre Farben. Sie wirkte insgesamt ein wenig matt und hatte mitunter Eigenschaften, als verheimliche sie larvierte Beschwerden.

Ihre Sinneshärchen auf der Blattoberfläche wirkten verdrossen; kam eine Fliege, legte sie widerwillig und mit unzureichender Geschwindigkeit ihre Blatthälften zusammen, als wollte sie, die Fliege flöge unmittelbar nach ihrem Irrtum wieder davon.

Ich hatte den Verdacht, ihre Verdauungsdrüsen seien nicht in Ordnung; vielleicht hatte sie eine Abneigung gegen Fliegen. Ich weiß nicht, was Venusfliegenfallen in ihrer Heimat (Carolina) zu sich nehmen. Auf meine Speisen wirkte sie gereizt. Ich legte ihr nacheinander Partikel von hartem Muschelfleisch auf die heikle Haut, sie verschmähte diesen Bissen und ließ ihn fallen.

Dagegen klappte sie mit einer geradezu hysterischen Geschwindigkeit ihre Blätter über einem winzigen Stück Filetfleisch. Manchmal schätzte sie rohen Fisch, dann wieder wartete sie ab, bis ich das angebotene Stück fortnahm und schloß dann beleidigt die Blätter.

Sie war nicht sehr gesund, schien aber ihre Beschwerden zu übertreiben. Manchmal, zur Mittagszeit, nahm ich sie vors Haus und betrachtete sie durch eine von Spariels alten Lupen. Es war unberechenbar, wann sie die Sonnenbestrahlung mochte und wann nicht.

Da ich ihren Hang zu Gewohnheiten kannte, las ich ihr jeden Wunsch ab. Leider war auch die Qualität ihrer Blütensignale ein wenig herabgesetzt; sie lockte jeden Tag Tiere an, die für sie nicht genießbar waren. Immer wieder kamen zwei feiste Hummeln mit einer gemeinsamen, unerschütterlichen Meinung, bei meiner kleinen *Dionaea* handele es sich um eine Blüte mit einer reichen Ausbeute. Irgendein aschgrauer

Apfelwickler *(Carpocapsa pomonana)* irrte sich jeden Tag und versuchte, auf ihrem ärgerlichen Rot zu landen. Zwei *Parnassius*-Schmetterlinge statteten regelmäßige Besuche ohne Landungen ab.

Dann ließ sie eines Tages die Blätter hängen und verfärbte sich an den konischen Spitzen der Stacheln. Ihre Drüsen schienen nichts mehr zu sezernieren. Unter der Haut eines geschlossenen Blattes konnte ich den Körper einer kleinen Spinne mit an den Leib gelegten Beinchen sehen; sie benahm sich, läßt sich sagen, ein bißchen hypochondrisch.

Vielleicht lag hier ein nachdenklicher Fall von Autodigestion vor, denn sie war schon immer ein wenig träge gewesen, außerordentlich wählerisch und in allen ihren Lebensäußerungen litt sie unter bestimmten, vielleicht zwanghaften Verzögerungen.

Jetzt glaube ich, sie hatte von Anfang an, vom ersten, allmählich sich auflösenden Fliegenbein bis zum Libellenflügel, keine Lust; das Leben gefiel ihr nicht (vielleicht war sie für Caramelpudding geschaffen, für den es kein Mimikry-System gibt), so daß sie allmählich starb.

II

Die Sonnenbestrahlung, der ich meine Bildchen pro Tag regelmäßig aussetzte, dauerte (bei einem Winkel von etwa 51 Grad) immer anderthalb Stunden; allmählich krümmten sie sich, ehe sie blaß werden konnten, so daß ich dünne Bleirahmen auf ihre Ränder legen mußte, um sie am gewünschten Platz ihrer Vernichtung zu fixieren. Jeden Tag zur Teezeit prüfte ich den Grad des Verblassens und des Verschwindens. Es war schön und beruhigend zu sehen, wie die Gegenstände, Landschaften, Häuser oder Menschen sich behutsam in einen anonymen Nebel verflüchtigten; zuerst verschwand (Corp. San.) Veras Lächeln auf einem Givenchy-Bild; die positive Materie ihrer dunklen Augen blieb bis zuletzt, als schon Hals und Brüste verschwunden waren; ein paarmal (aber nicht oft) taten mir die unschuldigen (oder unschuldig gewordenen) materiellen Partikel leid; in einem Stadium, das noch mikroskopisch kleine Lichtspuren auf dem Papier zeigte, versteckte ich ein paar der bleichen Fotografien vor meinem Zugriff, als erwartete ich, die Bilder kehrten in ihrer dunklen Isolation vollständig zurück.
Die Polaroidaufnahmen (Corp. St. J. Luz und Corp. Accous) meiner Ärzte und Behandler hatten geringe Überlebenschancen durch die Einwirkungen des Lichtes; bei Dr. S. blieb immer der Hintergrund mit trauriger Hartnäkkigkeit übrig, während bei Dr. M. sich eine seiner Hände nicht zurückziehen wollte. (Bei einer Aufnahme von Sinistram mit einer kurzen Belichtungszeit trotzte ein Sessel der allgemeinen Auflösung; folgerichtig verschwanden zuerst Sinistrams Beine, dann vermischte sich sein Körper mit der Lehne seines Sessels, der Kopf wurde zu einem himbeerfarbenen Punkt mit einem festen Kern, bis nur noch sein bequemer Fauteuil einen gewissen, konsistenzlosen Ort in diesem Raum (6 x 6 cm) einnahm.
Die Stiche widerstanden längere Zeit, bis ein mattes Gelb sie überwältigte und von der Peripherie bis zum Zentrum gleichmäßig bedeckte, so daß ich immer noch den Eindruck hatte, unter der Schicht sei etwas, wenn ich mich auch nicht mehr erinnerte. Stendhal verschwand in einer halbtranspa-

renten Wolke und mit ihm Artikel 1 aus den Privilegien, die ihm God verliehen hatte zum heimlichen Gebrauch.
Auf den Chamois-Fotografien blieben die Schatten am Leben, in einer sanften Andeutung ihrer späteren Immaterialität; ein paar Baumskelette schwebten in den Kurven der Täler und wenn die Sonne meine Personen oder Landschaften beschien, holte sie im Akt der Auflösung eine kaum merkliche Pseudosolarisation nach.

Eine vergrößerte Fotografie von Vera (im Format 20 x 30 cm) verschwand nicht, sondern veränderte sich. Ich hatte diese Aufnahme (Corp. Wien) für meine höchst egoistischen Zwecke der Selbsterregung durch Fotografien in Abwesenheit hergestellt; sie war sehr munter und wohl ein bißchen erregt von meinen für die Aufnahme nötigen technischen Manipulationen. Ihre schönen dreieckigen Nasenlöcher hatte ich in rosige Dunkelheit getaucht. Die Linien ihrer Lippen hatte sie mit einem Pinsel nachgezogen (Morello-Sorbet-Farben) und die Augen (die sie weit geöffnet und leicht nach rechts gerichtet hielt) hatten zarte, frostgrüne Schatten; und so unterwarf sie sich ohne Lächeln meinen Lichtprozeduren durch eine Modifikation der Elemente. Der Mund wurde blaß und verlor vollständig das tiefe Inkarnat, so daß die Lippen eine Herzförmigkeit erzeugten, die ich noch nicht entdeckt hatte.
Ihre Augen wurden immer größer und überzogen sich eines Sonntags mit einer durchsichtigen Schicht wie bei einem toten Vogel. Wenig später sah sie aus, als schliefe sie. Diese Fotografie legte ich an einen dunklen Ort; manchmal besuchte ich sie und küßte diesen Fleck, der ihr Mund gewesen war und alle Unterschiede unserer Körperfarben waren aufgehoben, wenn meine Zunge an ihrem Mundwinkel so blaß war, wie das verflüchtigte Rot auf ihrer Fotografie.

1

Im Ordinationszimmer von Dr. Sinistram standen, Lehne an Lehne, drei einander ähnliche Fauteuils; zwei von ihnen waren aus Leder, ein minderwertiger Bruder war aus senffarbenem Plastik mit Goldborten. Bei den Beinen der Fauteuils hörte die Familienähnlichkeit auf; der Plastikfauteuil tat so, als sei er bequem und unerschütterlich. Beinlos hockte er direkt auf dem Boden, war aber beinahe so hoch wie die beiden exklusiveren Fauteuils. Die meisten Menschen (Patienten) warfen ihm einen freundlichen Blick zu, weil er verläßlich aussah, und entschieden sich einen Augenblick später für eine weniger niedrig aussehende Platzmöglichkeit. (Im Winter saß man auf der braun-goldenen Polsterfläche unruhig, weil die Oberflächentemperatur des Plastiks in der Nähe eines zahmen und häuslichen Gefrierpunktes lag; warm für eine Boulevard-Konsultation, zu kalt für eine teure Sinistram-Zimmeraffaire. Im Sommer klebte mitunter das Hinterteil [durch Schichten von Slips oder Hosen] auf dem Polster; die Patienten schwitzten unterhalb der Gürtelzone und verließen das Plastikinstrument, um sich einem der ledernen Fauteuils anzuvertrauen.) (Vertrauen, sagte Dr. Fleming [1960], selbst zu sogenannten toten oder halbtoten Dingen, ist grundsätzlich falsch; wir nehmen ihnen ihre Geschichte, indem wir ihre Lebensdauer künstlich herabsetzen; also schlagen sie zurück, solange es noch geht.)

Der südlich (am Fenster) stehende Fauteuil ahmte (soviel ich jetzt weiß) die Fotografie eines Bélver-Sessels nach, er war also kompakt, hatte eine hübsche Lehne und man konnte (im Sessel der Abbildung, nicht im Original) ohne Schwierigkeiten eine jener für Affen gedruckten Zeitungen im Riesenformat lesen, ohne daß sich die Arme schlafen legten.
Dieser Fauteuil, ich nannte ihn S, hatte eine bestimmte, von Dr. Sinistram eingeführte, immer funktionierende Eigenart; er besaß (wahrscheinlich anhänglich und voller Stolz) eine abschüssige Sitzfläche.
Setzte sich ein Patient auf dieses *meuble* (ein Ausdruck von Sinistram, wenn er über seine Sessel sprach) rutschte er, nach einiger Zeit der Täuschung, das versteht sich, unweigerlich abwärts.
Die Stütze, die der Sitzende durch das Verhaken der Beine um die des Fauteuils erreichen konnte, war zu schwach gegenüber den Nachteilen, die man durch eine schlechte Haltung in Kauf nehmen mußte. Selbst dann, wenn man die Hacken in den Teppich bohrte, wurde die Sitzhaltung nicht besser. Manche Patienten mit guten Nerven und schwachem Rücken wechselten abermals den Platz. Dieser Wechsel war keine Verbesserung. Der Fauteuil in der Mitte hatte eine

sogenannte Kippsitzfläche. Saß man absolut gerade, fühlte sich das Sitzpolster entweder nicht komplett ausgelastet oder sein Gleichgewichtssinn wurde gestört; jedenfalls begann das Sitzpolster empfindsam zu zittern und der Patient beeilte sich, eine neue Position zu finden. Gesetzt, er lehnte sich zurück, erschien er für Dr. Sinistrams reizbare Retina mit dem Kopf zwischen den Knien, lehnte er sich (ich bin ganz Ohr, Herr Doktor) nach vorn, in die Lotrechte etwa von Kinn und Knie, wurde das Polsterchen nachgiebig und gab den Patienten von sich.

2

Wie ich später von einem Freund erfuhr (der im Augenblick irgendwo festsitzt und Kränze aus Trockenblumen mit einem kleinen Radius macht), kam Dr. Sinistram sehr mühsam auf die Idee der Erfindung von den drei einfachen Sitzprinzipien; zuerst hatte er vier Sessel mit zarten Vox-Humana-Stimmen benutzt, war dann zu Vogelstimmen übergegangen und zum Schluß auf die bedrückte Imitation eines Flatus im Bariton. Saßen die Patienten ruhig, schwiegen auch die Fauteuils.

(Seine Idee, sagte mein armer Freund, anzunehmen, die meisten seiner Patienten müßten sich nur bewegen, um hereinzufallen, war eben allzu einfach.)

Später stellte Sinistram einfache Küchenstühle auf, die er in verschiedenen Farben lackieren ließ. Als er bemerken mußte, daß sich die meisten Patienten ungern auf weiß lackierte Küchenstühle setzen, tauschte er das ordinale Spektrum gegen eine Gruppe gleichmäßig weiß lackierter Stühle aus. Prompt setzten sich die Patienten auf die weiß lackierten; mit Recht nahm Sinistram an, sie säßen auf den weißen Stühlen, weil keine anderen da waren. Eine Weile experimentierte er mit Hockern; aber da er von seinem Schreibtisch auf diese Weise die Patienten nur noch unzureichend sehen konnte, schaffte er die Hocker wieder ab und verhandelte mit einer amerikanischen Kaserne über den Kauf von fünf verwaisten oder abgesprungenen oder versprengten Schleudersitzen; diese Sitze waren so bequem, daß Sinistrams Patienten einschliefen.

Als eine umfassende und analytische Intelligenz änderte Sinistram daraufhin nicht die Sitz-Weise der Patienten, sondern seine Aktionsart. Die Sinistram-Suada wurde kürzer, konzeptualistisch und konzis, was die verwendeten Elemente betraf. Da ihn jetzt die Patienten nicht mehr verstanden oder begriffen und richtig auffaßten, schaffte er die Schleudersitze ab; wer weiß, wie, wo und/oder an wen er sie verschleuderte; aber es muß eine glückliche Zeit mit den Schleudersitzen gewesen sein. Die Zeit vor der Ära der drei oder vier einfachen Sitzprinzipien legte er Gummimatten aus. Die Patienten schienen sich nicht daran zu stoßen, während der Konsultation zu liegen; aber Sinistram gewöhnte sich nicht daran, während des Liegens mit seinen Patienten keine deutlich unterschiedene Position zu haben; auf diese Weise gab es seit drei Jahren nur die drei Fauteuils.

3

Durch Sinistrams Fenster konnte ich Magot sehen; er stocherte ratlos in seinen Notizen und versuchte zwei aneinander geklebte Zettel in einem viel zu kleinen Aschenbecher zu verbrennen. Zuerst löschte ein Luftzug aus dem Lokal (eine dieser schädlichen Drehtüren, denen er stets den Rücken kehrte) sein Feuerzeug; als das Zeug brannte, hüpfte eine der Flammen auf eine in einer Plastikhülle steckende Speisekarte und Magot machte eine ziemlich flatternde Anstrengung, zu löschen. Magot war ein ziemlich unfähiger, aber höflicher Observateur. Ich weiß nicht, ob mein Vater mit seinen Berichten zufrieden war; wir sprachen sie miteinander ab, manchmal verbesserte ich ein paar Details, die P. hätte mißverstehen können, aber verglichen mit Dombois z. B. (59 bis 64), war Magot unfähig, seine Phantasie, strikt angewendet auf die Berichte, schwächlich und sein Spesenkonto allzu gering; es verließ niemals die Grenze von Tee und Biskuits. Zudem verführte Magot seine Kurzsichtigkeit (auf beiden Augen 2,75 Dioptrien minus) zu voreiligen Schlüssen.
Von Magots in letzter Zeit entstandenen Leiden will ich nicht sprechen; in seiner freien Zeit las er mit gesammelter Miene, fortwährend nickend, in einem Wörterbuch Sämtlicher Krankheiten. Seit zwei Monaten litt Magot an einem, wie er sagte, schmerzhaften Ohrenausfluß. Ich schickte ihn zu einem Arzt (Dr. Monvice, der sich auf die Kopfzonen

spezialisiert hatte) und die Heilung machte nach einem Auspusten des Cerumens* Fortschritte; Magot hörte mehr und besser als früher. Die Herzattacken teilte er mit Gilkin (64 bis 65), einem schwergewichtigen Observateur aus der Schweiz, dem ich mitunter auf offener Straße oder freiem Feld zur Hilfe kommen mußte; Gilkin hatte die üble Angewohnheit, sich plötzlich in die Herzgegend zu greifen, also manchmal an die rechte und dann wieder an die linke Seite, und daraufhin, an die nächste oder auch übernächste Hauswand gestützt, langsam abwärts zu sinken. (Nachträglich glaube ich, daß Gilkin dieser mit Takt und Stilgefühl verbundene Job auf die Nerven ging; so schickte er eine Zeitlang an meinen armen irregeführten P. lediglich Wetterberichte, die er den Tageszeitungen des Vortags entnahm.) Die besten Qualitäten (was Ausdauer betraf, Phantasie, Geduld, Zuverlässigkeit, Geschwindigkeit, Unnachsichtigkeit und Stilgefühl) hatte T. Tarfel gehabt. Dieser ausgezeichnete Observateur pflegte während der zwei Jahre seines Kreuzes mit mir (57 bis 59) mein rechtes Bein niemals zu verlassen. Ging ich auf eine Toilette in Cafés oder Restaurants, Tarfel schmiegte sich schnaufend (er war in meines P. Diensten fortwährend erkältet) an die Tür und schien jedes Geräusch zu notieren, das ich in meiner Not von mir gab. Er brachte mich im Taxi zur Universität und wachte darüber, daß ich die Vorlesungen über Anthropologie besuchte, die ein dünner Herr aus einem von ihm verfaßten Bändchen las.

Ehe ich auf die Idee kam, seine lästige Aufmerksamkeit durch Barbiturate zu dämpfen (überreicht in Flacons für Schnupfenmittel), hatte ich nicht eine ungestörte Minute. Meinen Vorschlag, die Berichte gemeinsam zu schreiben, wies er würdevoll und verschnupft von sich. Irgendwann bekam Tarfel zu seinen tränenden Augen, der verstopften Nase und den ewigen Kopfschmerzen noch einen Bronchialkatarrh. Mit einem Mal bekam P. weinerliche Briefe von Tarfel, voller Tränen, Rotzflecken und Sätzen mit vielen Ausrufungszeichen, in denen er die Stellung kündigte. Ich glaube nicht, daß diesem ausgewählt guten Observateur meine Existenz einen Augenblick Freude verschafft hatte.

* Es war Gilkin, der zur gleichen Zeit an einem Tubenmittelohrkatarrh litt.

4

In der heiklen Zeit der Schluckbeschwerden (aus diffusen Gründen), der Genese einer neuen hämorrhoidalen Blüte, der immer kalten Füße, des rasenden Herzklopfens, der zarten neuralgischen Muster und der Nervenschmerzen (siehe das diagrammatische Schaubild der *névrographie* in Dr. Sinistrams Praxis), der Hautknötchen und Zungenpustel, der Doppelpickel und den milchigen Aureolen, der Kopfschmerzen, die Dr. Monvice Cephalgien unklarer Genese nannte, der Ohrenschmerzen bei windigem Wetter, der vier Frühlingskrankheiten, der verschiedenen Ansteckungsphobien, der Halsschmerzen, kurz, während meiner Traubendiät konsultierte ich Dr. Sinistram, den mir Dr. Monvice empfohlen hatte.
Dr. M. hatte mir eingeschärft, meine Tics nicht allzu deutlich zu zeigen; d.h., sagte er, es sei möglich, über einen Verdacht zu sprechen, den man gegenüber einer blinden Stelle des Körpers habe, es sei aber verboten, den privaten Körper *per se* als eine Quelle von Krankheiten zu betrachten und zu beschreiben.
(Lassen Sie bitteschön, sagte Monvice mit gefalteten Pfoten, Ihre Krebsängste zu Hause; an Karzinophobie leidende Patienten wird es wahrscheinlich bald mehr als an Karzinomen leidende geben; sprechen Sie von gewöhnlichen Dingen, wie von Ihrem Sodbrennen nach drei Orangen. Das ist üblich und verstört den besten Arzt nicht. Messen Sie Ihren Ekelbläschen keine Bedeutung zu. Sinistram wird den Verdacht haben, Sie wüschen sich nicht genug. Und lassen Sie Zähne, Zahnfleisch und Zunge aus dem Spiel; Sinistram wird die sonst in die Hände der schrecklichsten Dentisten der Welt fallen lassen. Er leidet selbst unter Parodontose; womöglich überweist er Sie nach Wien. Und ein guter Rat zuletzt, sagte Monvice, setzen Sie sich in keinen der angebotenen Fauteuils, sondern benutzen Sie den Küchenstuhl an der Südwand. Sie sind kein guter Patient für Sinistrams Fauteuils.)

5

Ich sagte Monvice, ich wolle Sinistram besuchen, sobald ich Zeit hätte. Ich hätte immer Zeit gehabt. Niemand hat mehr

Zeit als ich. Aber der von unklaren Schmerzen heimgesuchte Valev hat keine Zeit. Der kranke Valev müßte erst einmal gründlich seine Symptome sammeln, die allzu einander ähnlichen aussondern und sich auf einige wenige von Bedeutung kaprizieren. In der Tat, wir hatten wenig Zeit. Wir wachten auf und suchten den Puls; fanden wir ihn, blieben wir liegen, war er verschwunden, blieben wir im Bett. Außerdem ist ein Tag, der mit Aufstehen beginnt, kein guter Tag. Sonne ist zu vermeiden, denn sie verursacht, so sagt man, Herzklopfen durch das Schließen der Lider. Regentage sind natürlich erst recht zu vermeiden, weil Nässe, die von unten kommt, heimtückisch ist, als fiele man angekleidet in eine Wanne mit Eiswasser. (Arztbesuche wie die bei diesem Dr. Sinistram, sagte ich mir, sind sowieso zu vermeiden; je schlechter die Doktoren, desto mehr erfährt man über sich, weil sie aus Dummheit, Bequemlichkeit oder Gewinnsucht nicht widersprechen.)

6

Der Mittwoch ist der schwächste Tag der Woche; wer kennt die Gründe. Aber dem armen kranken Valev ging es ziemlich gut, wie man sagt, nicht übel, man durfte nicht klagen; ein kleiner *echec* am Morgen, über dem Bassin, weil nichts Morve-Farbenes sich zeigte. Ein kleiner Fehler im Sinne der Morgenbalance ergab sich beim Lesen (und Wiederholen) meiner Anweisungen, wie es am besten und vernünftigsten wäre, mit einem Dr. Sinistram an einem Mittwoch umzugehen.

Mach vollständige Sätze, sagte ich zu Valev während meiner Mittwochsdiarrhöe; geh sparsam um mit deiner Nosologie, sie reicht aus für drei Patienten und du bist ganz allein; versuche um Himmels willen nicht, fortwährend den Doktor zu verbessern oder darauf hinzuweisen, du wüßtest es besser, weil es dein Zustand, deine private *acedia,* dein Körper und deine Symptome seien; sprich nicht mehr über die verlängerten Follikel. Halte diesen deinen Eindruck für einen privaten Eindruck, dem kein Stellenwert zukommt.

Verärgere deinen Doktor S. nicht, indem du ein Zeichen mehrmals in verschiedenen Umgebungen benutzt; verwirre Sinistram nicht mit deiner privaten Nomenklatur des

Schmerzes und der Reaktionen; hör auf deinen Arzt, er weiß es womöglich besser; kichere in angemessener Lautstärke mit ihm über deine Beschwerden; es handelt sich nicht um seine Beschwerden; fehlt es dir an Gedanken, mach bitte nur einen vorsichtigen Gebrauch von deinen privaten Notizen; es wäre für S. möglich zu glauben, du wolltest ihn kontrollieren; o bitte konzentriere dich auf einen einzigen Punkt des reichhaltigen Systems, such dir nur einen dunklen Punkt aus; sprich nicht über deine Zeit-Gefühle; der Doktor kennt andere Modi und wird dir nur ungern folgen.

7

Ich erinnere mich während des Morgenaktes mit der Schnupfenwatte an meinen ersten Besuch bei Dr. Ludwig Sinistram, bei dem ich, ein begeisterter Patient, diagrammatische Darstellungen meines weinerlichen Valev-Protoplasmas in meiner Aktentasche hatte, fest entschlossen, diese mir wichtigen (und auch für jeden analytisch begabten Arzt, ja für die komplette kranke und gesunde Welt interessanten) Papiere auch vorzulegen; ich wünschte, ich hätte es unterlassen. Mein stilisiertes Körperdiagramm (blauer Kugelschreiber, grüne Tinte und schwarze Tusche – für die neuralgischen Punkte meiner Natur –) stieß nicht auf Wohlwollen oder Interesse. So so, sagte Sinistram mehrmals, solche Sachen machen sie, aha.

Die Liste meiner privaten Schmerz-Namen, das »Sobriquet-Bouquet« brachte ihn zum Lachen. Ich liebe es nicht, wenn man über meine Produkte lacht. Ich bin ein ernsthafter Mensch und Patient, d. h. als Patient müßte man mich sozusagen noch ein wenig ernster nehmen denn als Mensch. Aber da ich niemals ein gesunder Mensch war, hätte man mich immer als Patient behandeln müssen. Ich weiß allerdings nicht genau, ob man als Patient noch ein kompletter Mensch ist; das Sein-Können betrifft entweder den einen oder den anderen Zustand, beides zugleich kann man nicht sein, weder durch Willen noch durch Zufall. Dabei bin ich kein aleatorischer Fall; ich glaube fest – (trotz meiner Verlobten Vera und dem Ärger mit Magot und trotz meiner Kämpfe um Anerkennung mit Feinden wie Dr. Sinistram oder Dr. Monvice oder Dr. Dogedge, oder auch Dr. Thenius oder gar Dr. van Deysen) an einen Kosmos für Kranke und Gesunde mit einem ordentlichen Kausalnexus.

8

Meine Selbstachtung ist sehr gering. Vor Visiten bei meinen Ärzten, Dentisten, Analytikern und Synthetikern, Internisten, Scharlatanen und Schamanen muß ich große Toilette machen.

9

Ich bin ein wenig unter dem, was man die sogenannte mittlere Größe nennt, also weder ausgeprägt klein noch besonders groß. Meine Schultern sind umfangreich, aber nicht fett, fallen seitlich überraschend stark ab und halten Arme, die sich zu den Gelenken beinahe konisch bilden. Meine Hände neigen zu kleinen Schweißausbrüchen an den Fingerkuppen; in den meisten Lebensfällen sind sie ein wenig geschwollen; das Nagelbett ist immer gerötet, während sich auf den Fingernägeln ein blauer, mikroskopisch kleiner Punkt abbildet. (Das ist bestimmt ein Zeichen, das einem bestimmten Symptom entspricht, das wieder, wie kann es anders sein, einer bestimmten Krankheit entspricht.) Mein Rumpf ist so gut wie zylindrisch und es gibt keinen nennenswerten Unterschied zwischen Brust und Bauch. Meine Beine dagegen sind dünn und schwarz behaart und stehen (wie auch beim sogenannten aufrechten Gang) auf Senkfüßen.
Zu Transpirationen neige ich nur an den Füßen, unter den Achseln und auf der Stirn. Bei bestimmtem Seitenlicht habe ich einen schönen Kopf. Ich halte die Haare auf eine Länge, die meine Ohren (die abstehen) bedeckt. Die Farbe der Haare richtet sich stets nach der Beleuchtung. Bei Kerzenlicht sind sie rötlich-braun, bei elektrischem Licht haben sie eine metallische Färbung und man kann meine ziemlich weiße Kopfhaut sehen. Manchmal wäre es zu wünschen, kahl zu sein, ohne Kompromisse und vollständig.
Meine Sprechweise ist ruhig, klar, langsam und bestimmt.

Mein Tonfall ist sehr gleichmäßig, in den Modulationen zuverlässig und jedem, der hören kann, ist deutlich, wann ein Komma oder ein Punkt gesetzt wurde.
Mein Sprechen kommt ohne Beispiele aus, erzeugt regelmäßig vollständige Sätze oder Propositionen und ist z. B. gänzlich metaphernlos.
Zu guter Letzt ist meine Elaborationsfähigkeit dem, worüber ich spreche, angemessen.
Angemessenheit (und Wohltemperiertheit im allgemeinen) ist überhaupt mein Prinzip. Für jede Tatsache gibt es immer nur einen einzigen angemessenen Ausdruck, sage ich mir neuerdings; man muß ihn nur finden. Das allein macht gewisse Schwierigkeiten.
Urteil und Satz, sagte ich oft zu Vera, bilden bei mir eine Einheit, davon sei ich überzeugt und niemals bereit, praktisch oder abstrakt zu raisonnieren; nicht einmal im Schlaf, sagte ich häufig, dächte ich daran, meine vernünftigen Prinzipien aufs Spiel zu setzen.
Meine Erfahrung mit sprechenden Menschen hat mir gezeigt, wie richtig meine Ansichten sind. Es gibt nur ein System, als Hypotoniker fällt es mir leicht, Gesten und Gebärden (diese digitale Nebenanlage) zu unterlassen. Was sich sagen läßt, sage ich ruhig, bestimmt und mit dem Grad an Langsamkeit (oder Behutsamkeit), der (die) eine Form der Höflichkeit ist.

10

Mit einem schlaffen Mund blickte ich auf Sinistrams glatte Stirn. Er sprach jetzt seit einer halben Stunde. Ab und zu beobachtete ich meinen Observateur; Magot saß immer noch an seinem Marmortischchen und schrieb am Wochenbericht.
Für einen trägen Menschen habe ich ein gutes Gedächtnis; Telefonnummern merke ich mir leider am besten. Sie sind untilgbar gespeichert und drängen sich manchmal auf.
Magot hustete wieder; ich fürchte (bei diesem bedeutsamen Besuch) einen ähnlichen Verlauf wie beim ersten der Observateure, Herrn H. Tarfel oder Marfel. (Namen prägen sich mir grundsätzlich nicht ein; jemand wirft sie durcheinander und eine neue, willkürliche Zusammensetzung stimmt sehr

selten. Die Namen zerfallen in Silben; dafür bin ich ein ausgezeichneter Scrabblespieler, während Vera sehr schlecht spielt und mit den schönsten und ergiebigsten Buchstabenkombinationen nichts anfangen kann oder Wörter bildet, die es nicht gibt.) H. T. hatte damals alle Erkältungsphänomene gehabt, die möglich sind. Bestimmt hat er noch besondere Verlaufsformen erfunden; eine Erkältung ging in die andere über. H. T. konnte immer nur krächzen oder husten, seine Sprechfähigkeit war herabgesetzt und wir verständigten uns mit der Hilfe von Handzetteln in kleinen Formaten. Wir mußten einen Extraposten für Tempotaschentücher einrichten, für schmierige kleine Bonbons, die seine Kehle geschmeidig machten, für Pastillen mit schlimmen Düften und für Hustensäfte; als sein Erscheinungstyp als chronisch Erkälteter komplett war, vergrößerte sich dieser Posten. Ich schenkte ihm, für die Einnahme der Säfte, einen silbernen Löffel mit seinen Initialen (H. T. 1957), einen Diplomatenkoffer mit einem Stahlgestell für seine Flaschen, Zellophantüten und Flacons, Taschentücher und einen verschließbaren Beutel für die erledigten Taschentücher. Später kam noch ein Luxusthermometer dazu. Der arme H. T. hatte damals eine immer leicht überhöhte Temperatur. Beim Observieren oder anderen Gelegenheiten hielt er das Thermometer zwischen den Lippen unter der Zunge. Als er während eines Schneesturms um die Anschaffung eines Inhalators bat, um seinen gepeinigten Schleimhäuten bestimmte Dämpfe zuzuführen, schien es mir das beste zu sein, ihn auszahlen zu lassen. In diesem Sinne schrieb ich Papa über die durch eine chronische Erkältung entstehenden Kosten und bat um Ablösung. Auf diese Weise kam ich zur Nummer zwei, Dombois, einen französischen Schweizer, der gegen grippale Ausbrüche resistent zu sein schien. Der arme H. T. verließ mich im Sommer 59, bei einer Temperatur von 29 Grad. Er wollte in einem kleinen Sanatorium eine Kur anfangen. Als er ging, war er wieder tödlich erkältet und roch nach seinen Kamillendämpfen.

11

Ich glaube, alle meine Observateure (es waren insgesamt vier oder fünf in einem unbestimmbaren Zeitraum) verschwanden ohne besondere Erklärungen. Ich bin sicher, sie wollten nicht unhöflich sein, aber der Beruf, mich zu beobachten, diese Beobachtungen niederzuschreiben in der von meinem Vater vorgeschlagenen Reformschrift, die Blätter zu numerieren, in Kuverts zu stecken und sie pünklich in bestimmten Abständen an meinen armen P. zu senden, ging ihnen auf die Nerven. Sie sagten immer, diese Arbeit sei keine fürs Leben. Mein Leben, sagten sie, sei derart armselig, daß sie die meisten Details erfinden müßten; aus Mitleid lieferte ich ihnen einige Details aus dem Bereich Leben, Kränkeln, Tätigkeit, aber damit waren sie nicht zufrieden. Sie behaupteten, der arme alte P. glaubte ihnen nicht, wenn sie ihre Berichte mit meinen Details fütterten.

Welche Funktion diese Menschen hatten, weiß ich bis jetzt nicht. Vielleicht sollten sie in der Tat meine Lebensschritte beobachten und weitergeben, aber ich glaube nicht daran, denn wir sahen uns kaum und wenn wir uns sahen, dann waren wir schläfrig. Sie waren alle sehr schläfrig. Irgendwann erreichte mich eine Ansichtskarte von Marfel oder Tarfel aus Genf; das Bild zeigte einen kleinen Seehund, der einen gelben Ball auf der Nase balancierte. Er schrieb, die Kur greife ihn ein wenig an, und er habe jetzt einen Tournier-Katarrh (wahrscheinlich handelte es sich bei diesem Katarrh um eine besonders exklusive Form), sei froh über unsere Trennung und bedaure nur das schlimme Ende unserer Beziehungen. Ich dachte mindestens eine Stunde darüber nach, auf welche Weise wir uns getrennt haben mochten, sollten wir jemals zusammen gewesen und das Ende schlimm gewesen sein.

Dann kam (drei Monate später) ein privaterer Gruß, auch aus Genf, den ein streunender Fotograf von ihm gemacht haben mußte.

Die Fotografie zeigte einen dicken Herren (der entfernt an meinen P. erinnerte, bevor ihn die Krankheit erwischte) schlafend auf einem Gartenstuhl mit einem unförmigen Schatten hinter seinem Rücken; er schlief da mit einem weit geöffneten Mund, in den Scharen von Adeno-Viren flogen.

In diese Zeit (früher oder später) fiel der Plan Dr. Sinistrams, an mir die sogenannte Fermail-Methode auszuprobieren. Der behandelnde Arzt hatte dabei, wie ich es häufig erlebt hatte, wenig zu tun.
Die Fermail-Methode gehörte zu einem Komplex bewährter »Sparielscher« Lettrisme-Therapien, in Frankreich im Jahre 1862 zum erstenmal erfolgreich eingesetzt. Diese Therapie diente einer allgemeinen Aktivierung, eingeteilt in drei Hauptschritte, nach Spariel, dem Erfinder, Körper, Auge und Schrift, sofern sie lesbar war. (Irgendwo brachte Dr. Sinistram auch noch das Gehirn und das Nervensystem unter.) Leider war diese Methode im Lauf der Zeit, der Kriegswirren und der vielen Emigrationen und Plagiate wegen ein bißchen in Vergessenheit geraten; aber Dr. Sinistram sagte, diese Theorie stütze sich in der Hauptsache (d.h. in ihren wesentlichen Teilen) auf die Schriften eines Dr. Spange, eines Kollegen des französischen Arztes Spariel.
Wenn ich mein Leben ändern wolle, müsse ich gemäß der Schritte-Methode Spange-Spariels jeden Augenblick meines Lebens notieren, unabhängig von Stadien der Ruhe oder der Tätigkeit, von Lage, Ort und Zeit usw. Für den Anfang, sagte man mir, genügte es, Kompilationen von gehaltvollen Schriften in Schönschrift anzufertigen; die Wiederholung von Texten (die sparielsche *répétition*) bringe den Patienten zuallererst zur Ruhe und später zur Klarheit; und sei die Klarheit erst da, hätte man schon einen höchst substantiellen Eingriff in ein zu änderndes Leben getan.
Dr. Sinistram hatte diese alte und bewährte Methode bei einer exemplarisch kranken Familie (namens Crevet) angewendet; durch eine Änderung der Crevetschen Lebensdispositionen habe sich auch das Leben verändert.

Die Crevets hatten den bedeutenden amerikanischen Philosophen Norman Vincence (»Posy«) Peale abschreiben, d.h. kompilieren, d.h. exzerpieren, extrahieren und dann inhalieren müssen. Der Erfolg war durchschlagend.

13

Wäre ich damals nicht so ermattet gewesen, so vertrauensselig und blöd, hätte ich schon damals erfahren können, welche Folgen die alte Spariel-Methode hatte; der Ernährer bekam einen schweren Augenschaden, hielt eines Tages die Schnauze eines fahrenden Lastwagens (Kunstdünger) für die Pforte einer Kirche und trat ein; nach seinem Tod wurde seine Tochter, die weniger exzerpierte, myopisch, verliebte sich in ihre Schwester und wurde sehr unglücklich; die Mutter schließlich entfachte eines Tages in einem unbemerkten Augenblick einen Brand in einer großen Pariser Bibliothek, in der einige Widmungsexemplare von Norman Vincent Peale aufbewahrt wurden; sie wurde nicht gefaßt, hörte nicht mehr auf die Sinistram-Suaden und fand Gefallen an Bibliotheksbränden.

(Diese Geschichte wurde mir allerdings von einem Kollegen Dr. Sinistrams erzählt, Dr. Monvice, einem Schmerztheoretiker.)

14

Meine Symptome (die sichtbaren Zeichen) wurden von ihnen (den Ärzten) nicht als Zeichen (meine Symptome) einer (privaten) Kausalhypothese (Schmerz oder Zustand als Zeichen) entspringenden Indisposition oder Krankheit aufgefaßt; sie verachteten die von mir ausgesendeten und deutlich gemachten Zeichen; sie verachteten meine Neuralgien, mein Zahnfleischbluten, (das fing schon im Vorschulalter mit Soor-Infektionen an), meine maroden Zähne mit dem weichlichen Abdruck auf ihren Plastikwürsten mit den leeren Stellen, meine belegte oder blasse oder gerötete Zunge, meine Gliederschmerzen, meine immer rauhe Kehle, mein Hüsteln ohne Spucken, meine Schluckbeschwerden, mein Sodbrennen, mein arhythmisches Herz, mein Nervenzukken, meine Ohren- und Halsschmerzen, meine Ekelbläschen auf der Oberlippe, nicht nur nach Küssen, meine tränenden Augen, meine Infusorienängste, meine Ängste vor Gas oder dem Botulismustod, mein Nasenbluten (bei jeder Gelegenheit) und meine Verdauungsstörungen; ich spreche nicht

von den tausend optischen Täuschungen oder spezielleren Beschwerden.
Ach, sagten sie dann wohl, das ist nichts Ernstes, dafür gibt es psychosomatische Erklärungen, die Ihnen einleuchten werden; Sie sind eben ein Kopfmensch und derlei Leiden sind eine natürliche Folge mangelhaften Selbstumsatzes.
Als ich bei einem Arzt ohnmächtig wurde (vielleicht roch es schlecht aus einem Mullbindenvernichter), hob man mich auf, setzte mich auf einen Plastikstuhl und gab mir mit Hilfe einer Maske ein wenig reinen Sauerstoff zu atmen. Über achtzig Prozent, sagte man mir, leiden unter solchen Anfällen; das seien die Nerven.
Ein anderer Arzt verschrieb mir eine neue Brille mit einer verbesserten Dioptrien-Zahl; seit der Zeit hatte ich immer Kopfschmerzen, wenn ich die Brille aufsetzte. Auf diese Weise setzte ich sie selten auf, so daß ich beim Lesen noch mehr Kopfschmerzen bekam; gut war es nur, wenn ich diese Brille nicht benutzte. Dabei waren 3,65 Dioptrien minus durchaus in Ordnung; vielleicht lag es an der Fassung, oder aber am Material der Bügel, oder meine Augen waren allergisch gegen Blicke durch diese Brille; aber mein Glauben an die Wahrhaftigkeit sowie an die Unfehlbarkeit von Ärzten war zu jener Zeit unantastbar.

15

Ein paar Ärzte nannten meinen Zustand mit Namen, die mir nicht bekannt waren und die ich auch keine Lust hatte, kennenzulernen. Andere sagten, ich sei ohne Zweifel krank, aber ein organischer Schaden läge nicht vor. Die einen sagten, das Nervensystem sei schuld. Die anderen sagten, ich sei nur träge, apathisch oder phlegmatisch. Ein Pfarrer, der bei meiner Mutter herumsaß, hob den Finger und sagte, die *acedia* sei eine alte Krankheit, nur das gerichtete Gefühl könne mich noch retten.
Ein bißchen träge war ich damals tatsächlich, aber es war mehr als eine Trägheit, die sich in der Unfähigkeit äußert, zu handeln oder nicht zu handeln.
Es war ein Zustand der Unbeweglichkeit, der chronischen Zerstreutheit, der Müdigkeit und einer süßen Schlaffheit, die ich bis zu diversen Unbequemlichkeiten durchhielt.

Ein Arzt, dem ich meine wechselnden Symptome beschrieb, schob alles auf den Mangel an Bewegung und eine falsche Ernährung, verbot mir das Rauchen und das Trinken (ich rauche und trinke selten), das Einatmen durch den Mund und das Tragen von Synthetic-Unterwäsche. So rannte ich also eine Zeitlang durch die Wohnung und wenn die Zeit des Laufens beendet war, fiel ich auf meine Couch und blieb liegen bis zum nächsten Morgen.
Ein anderer Arzt wollte meinen Willen stählen. Er war ein sehr dünner Mann mit vielen Haaren, die er aufgrund seiner Willenskraft bekommen hatte, obwohl er vorher komplett kahl gewesen war; das sagte er und zeigte mir zur Erläuterung des Phänomens Willen zwei Fotografien; eine aus der Zeit der Kahlköpfigkeit, die andere zeigte den durch den Willen erfolgten Zustand der Haare, während es über die wichtige Phase des Wachstums kein Bild gab. Dieser Arzt beeinflußte mich sehr.
Auch Krankheiten sind eine Frage des Willens allein, sagte er.
Jede Krankheit war durch den Willen allein ausschließbar und zu vermeiden. Hatte man eine Erkältung, war das Phänomen lediglich eine Folge des Nachlassens des Willens. Seine indeterministischen Behauptungen über den Willen schützten ihn nicht davor, in meiner Abwesenheit als Patient einen Tumor zu bekommen, irgendwo im Kopf, wer weiß wo. Als ich ihn das letztemal konsultierte, litt er unter entsetzlichen Hinterkopfschmerzen. Wir saßen stumm auf der Couch nebeneinander, Schulter an Schulter, sozusagen. Ich hatte meine üblichen Kopfschmerzen (Cephalgien unklarer Genese) und er hatte seine symptomatischen Kopfschmerzen. Ab und zu legte er seinen nun wieder vollständig kahlen Schädel mit sehr kleinen, wohlgeformten Ohren unter eine mit Eiswasser gefüllte Gummiflasche und stöhnte. Dann grunzte ich einen freundlichen Laut. Kennen Sie, fragte er, als es dunkel geworden war und eine violette Buchstabenkombination das Zimmer illuminierte, das Buridan-Beispiel mit dem Esel und dem Heu? Es wird, sagte er, ihm fälschlich zugeschrieben.

16

»Im Vergleich zu den meisten Menschen werde ich von wenigen Dingen berührt, oder besser gesagt, gepackt: denn es ist richtig, daß sie uns berühren, vorausgesetzt, daß sie nicht von uns Besitz ergreifen. Ich trage große Sorge, dieses Vorrecht des Gleichmuts, das schon von Natur aus bei mir recht weit geht, mit Bedacht und Erwägung noch weiter zu fördern. Ich nehme wenige Dinge zu Herzen, und darum erregen mich wenige. Mein Blick ist klar, aber ich hefte ihn auf wenige Gegenstände; mein Sinn zart und empfindsam.
Doch von Begriff bin ich langsam und schwerhörig: ich setze mich nicht leicht ein«, sagt Montaigne zu meiner Zufriedenheit; aber seine Bemerkung ist nicht für jeden bestimmt.

17

Dagegen nehmen Sie, sagte mein erster Arzt (Dr. Sock oder Slock) am besten dieses Mittel, das sich bewährt hat. Eine verläßliche Schweizer Firma hat das Monopol auf die gewiß nicht geheimnisvollen Ingredienzien; irgendeine Art von Kontraindikationen gibt es nicht. Dieses Mittelchen hat noch niemandem geschadet. Es hilft (man kann es lutschen oder in einer Flüssigkeit auflösen) bei cerebraler Minderdurchblutung, was mir bei Ihnen in Frage zu kommen scheint, bei Kreislaufschwächen, beim kompletten hypotonen Symptomenkomplex und ist vorzüglich gegen Kollapsneigung, gegen Beklemmungszustände, allgemeine Kreislaufschwächen, Myocardschwächen und es hilft nicht zuletzt zur Überwindung von Anpassungskrisen z.B. bei Kuren, den sogenannten Badekrisen.

18

Als der arme, durch die reichen Indikationen verwirrte Valev fragte, ob man das Schweizer Mittelchen auch zum Einreiben bei unterkühlten Füßen nehmen könne, wurde er rasch hinausgebeten.

19

Ein zweiter Arzt (noch nicht »mein« zweiter Arzt) schwor auf ein opak aussehendes Lingual-Dragée.
Dieses Lingual-Dragée hilft bei massenhaft vielen Beschwerden; das sagte der zweite Doktor nach dem Schweizer Allheilmittelchen – es ist perfekt bei Beschwerden, die sich in Erscheinungen einer gewissen Unlust äußern, brauchbar gegen Wetterfühligkeit, Gliederschmerzen, Ermüdbarkeit, Abgeschlagenheit, hilft ausgezeichnet bei einer Neigung zum Flimmern vor den Augen, Schwindel beim Stehen, Gehen oder Sitzen (nur das Liegen war offenbar kontraindiziert), weiter hilft es großartig gegen Ohrensausen und Schwächegefühle. Bei Ihnen scheint mir doch ein Erschöpfungszustand vorzuliegen, der sich nicht selten nach körperlicher und geistiger Überanstrengung findet. Ein chronischer Vitaminmangel liegt wahrscheinlich auch vor, dieses Mittelchen zum Lutschen (bitte nicht kauen) gibt also, zusammenfassend, dem Patienten neuen Auftrieb. Es wirkt selbstverständlich nicht aufputschend, sondern aufbauend. Sie werden deshalb die Wirkung der Lingual-Dragées unmittelbar nach der Einnahme erleben.

20

Irgendein anderer Doktor war streng gegen alles zu Lutschende und gab mir ein Pülverchen, das noch Stunden nach der Einnahme einen ekelhaften Geschmack auf der Zunge fixierte; der Erfolg, sagte man mir, sei nur bei genügend langer Einnahme erkennbar und zwar am Verschwinden der apathischen Grundeinstellung, an der Wiederkehr des Gesundungswillens (dabei war ich in der Zeit wahrscheinlich noch nicht das, was man »krank« nennt), an einer zunehmenden, beinahe erschreckenden Frische.
Weil Schlaftabletten auf meinen schläfrigen Organismus nicht mehr wirkten – (wahrscheinlich wußten die einzelnen Elemente nicht, was sie in dieser ohnehin schlafaffinen Umgebung machen sollten), führte ich mir ab und zu eine Handvoll des Pülverchens zu und siehe, ich konnte mit großer Geschwindigkeit einschlafen. Nur ließ das Mittelchen die verheißene Frische des Corpus nach dem Schlafen ver-

missen. Ich empfahl das Pülverchen weiter und kam bald in den Ruf eines Kenners des Schlafes.

21

In dem Pêle-mêle-Zustand damals war es angenehm zu wissen, wie wenig schädlich eine dauernde Einnahme der Tabletten, Pulver oder Lingual-Dragées war; irgendwelche Schädigungen (sagte beiliegendes Zettelchen) des Organismus sind weder zu erwarten noch jemals beobachtet worden.

22

Ein besonders philanthropischer Arzt hielt mir (über meine Schlaffheit und die übrigen anhängenden Beschwerden) einen kleinen Vortrag, den ich mir aus Sentimentalität merkte.
Die heutige Leistungsgesellschaft, sagte er, verlangt von dem modernen Menschen neben körperlicher Fitneß geistige Vitalität und Aktionsbereitschaft. Wer das moderne Leben meistern will, braucht geistige Kraft, um sich konzentrieren zu können, seine Nerven unter Kontrolle zu haben, blitzschnell zu handeln, kurz, immer Herr der Lage zu sein.
(Das war immerhin ein erstrebenswertes Ziel; ich beschloß, die Bemerkungen dieses Freundes meiner Zukunft in einer invertierten Fassung meinem Herrn Vater durch Dombois mitteilen zu lassen.)
Diese Kapsel, sagte er zum Abschluß, revitalisiert den gesamten menschlichen Organismus, steigert die geistige und körperliche Leistungsfähigkeit durch Harmonisierung zentral nervöser Steuerungs- und Regelvorgänge, schützt vor Überforderungserscheinungen (ich meine Streß, fügte er mit einem feinen Lächeln hinzu) durch Erhöhung der psychischen Toleranz, harmonisiert die Hormondrüsen und verzögert dadurch gewisse Verschleißprozesse.
Über diese Kapsel war ich glücklicher als über alle anderen Mittel; eine Erhöhung der psychischen Toleranz war wichtig und ebenso bedeutend erschien mir die Harmonisierung der Hormondrüsen zu sein, denn ich hatte mich gerade,

versehentlich, mit einem Mädchen namens Vera Semenow verlobt.

23

(Was das Schreiben von Tagebüchern oder Notizen angeht, sagte Johnson und ich schrieb es getreulich in mein Tagebuch des Schmerzes, gibt es nichts, was zu gering wäre für ein so geringes Wesen, wie den Menschen.
Durch die Beobachtung von Kleinigkeiten bringen wir es am Ende zu der hohen Kunst, unser Leben so schmerzlos als möglich zu gestalten.)

24

Auch die Besuche bei den Ärzten oder Therapeuten gehörten in einem gewissen Sinn zu meinen Sammlungen. Eine meiner Sammlungen gehörte in den Bereich von augenärztlichen Versorgungsinstrumenten aus dem Fundus eines verbrecherischen Ophthalmologen, der eine bedeutende Arbeit über den idiomotorischen Reflex geschrieben hatte; er hatte seine Frau vier Jahre in einem mit schwarzem Filz bespannten Käfig gesperrt, um auf diese Weise und mit einem bequemen Patienten die allerletzten Erkenntnisse über diesen Piltz-Reflex (der nichts weiter war, als die Erweiterung der Pupillen bei besonderer Aufmerksamkeit oder Konzentration) zu sammeln.
Ich hatte wunderbare und sehr altmodische Objekte aus Glas und Messing oder Metall in der Sammlung; manuelle Augenspiegel und auch elektrische, Vorschaltrheostaten, binoculare Lupen, die den Rand des Betrachteten verzerrten, Optometer nach einem Herrn Graefe, Keratoskope nach Placido, Stirnlampen mit Hohlspiegeln, elektrischen Glühlämpchen, Durchleuchtungslampen (alle nach Lange), sichelförmige Handperimeter (streng nach Schweigger), Maddoxzylinder, Sehprobenbeleuchtungsapparate, Snellens Schrifttafeln, Strabometer (insgesamt vierhundertundzwölf, mit denen ich in Accous die Gipswände schabte), diverse Lidhalter, mehrere Sätze geschliffener Discissionsmesser und -nadeln, massenhaft viele Pincetten für verschiedene

Eingriffe, Enucleationsscheren in allen Krümmungsgraden, diverse Raspatorien und Elevatorien in einem altmodischen Glanz, Äthermasken (in der einen fand sich ein abgesägter Weisheitszahn), Wellenbadmassageapparate mit porösen Gummibällen und gewöhnliche Augenklappen aus Seide.

25

Ich hatte immer das Gefühl, nicht vertrauenswürdig zu sein; sie schenkten mir kein Vertrauen. Als potentiellen Patienten nahmen sie mich mit offenen Armen auf; in meiner Rolle als Patient, in der ich mit Vorliebe auftrat, nahmen sie mich nicht ernst.

Als ich anfing, ihre Bemerkungen über Krankheiten, die nicht zu meinen Symptomen paßten, zu sammeln und bei einem Wechsel des Arztes ins Spiel zu bringen, erwiderten sie nichts; jedenfalls nichts Deutliches oder Vernünftig-Elaboratives, sondern ließen mich dann immer ohne Zögern ihrerseits auf ihre mit Plastikstoff oder Wachstuch bedeckte Couch ohne Kopfende kriechen, um an mir herumzutasten, zu klopfen oder zu horchen; hatten sie das eine Weile getan und fanden sie nichts heraus, schlossen sie daraus, daß bei einem solchen Ergebnis die medikamentöse Behandlung am besten sei; meistens verschrieben sie mir Zeug für oder gegen einen üblen Kreislauf oder verboten mir das Rauchen und Trinken, obwohl ich (zu der Zeit) weder rauchte noch trank. Aber sie hatten ein durchgebildetes Verhältnis zu anerkannten Zivilisationsschäden und wollten bei mir, wahrscheinlich aus Höflichkeit, keine Ausnahme machen.

26

Als einer von ihnen vor einer möglichen Behandlung durch die Zufuhr von Vitaminen durch seine Sprechstundengehilfin in Kenntnis meines Privatkassenpatientenstatus *(terminus technicus)* gesetzt wurde, führte er mich mit einem geheimnisvollen Lächeln (das mir gütig und voller Verständnis für meine Beschwerden vorkam) in einen abgedunkelten Raum; er machte Licht mit seinen schneeweißen Händen und ich durfte eine Sammlung von Lithopädien in zylindrischen

Gläsern sehen. Mein Freund und Sammler sammelte schon seit dem Studium und sagte, die Dinger seien sehr schwer aufzutreiben und zum Tauschen fände man einfach nicht genügend Material. Vor den Gläsern erklärte er mir die Herkunft der Exponate; zum Schluß sah ich das Lithopädion einer Galapagos-Riesenschildkröte. Dann hörte er sich zehn Minuten meine Beschwerden an, war aber nicht sonderlich an ihrer Genese interessiert.
Er verschrieb mir ein paar regenbogenfarbene Placebos und schickte mir pünklich vor der Quartalszeit eine horrende Rechnung mit vielen Liquidationsposten.

27

Die meisten sagten, alles, was ich hätte (während ich weniger von Besitz als von Leiden sprach), seien psychovegetative Erschöpfungssyndrome – (sie nahmen voraussetzungslos immer und unter allen geklärten oder nicht geklärten Umständen an, ich ginge einer aufreibenden Kopfarbeit nach), entstanden durch unphysiologische Dauerbeanspruchungen des Valev-Organismus.
(Früher hatten sie immer auf irgendeine Vegetative Dystonie oder/und Vasolabilität getippt, das immerhin mochte der Fall gewesen sein, weil ich dünn war. Zu dieser Zeit der allerersten Beschwerden [über die ich noch keine Listen führte] schickte mich mein Vater [aber auch M.] immer in protestantische Ferienlager, in denen Burschen wie ich willkommen waren; bei Regen wurden erbauliche Geschichten aus der jüngsten Vergangenheit vorgelesen oder Kugeln aus Plastilin gedreht. Später schickte mich P. in sogenannte Managerschulen, in Managerkurse und Managerkollegs. Ein paarmal begleiteten mich meine Studienberater oder Überwacher oder Observateure und durchliefen an meiner Stelle diese Institute; besonders M. schloß vorzüglich mit einem Diplom ab oder einem Zertifikat, das ist alles lange her. In St. Jean de Luz gab es sogar einen Überlebenskurs, bei dem einer der teilnehmenden Herren [aus Deutschland] im Atlantik ertrank, als er eine Flasche Coca Cola kühlen wollte; auch hier schloß M. [oder H. T.] mit Erfolg ab, dafür vertrug er das französische Essen nicht.)

Ein Arzt erklärte, es gäbe keine Krankheiten; alle Krankheiten seien Einbildungen und erst wenn die Menschen einsähen, daß es keine Krankheiten gäbe, würden sie nicht mehr krank werden oder auf Krankheiten diverser Art bestehen.

Ein anderer aus der großen Zahl war nur auf Karzinophobien spezialisiert; der Krebs, sagte er, sei lediglich und ausschließlich eine psychische Erkrankung, d.h. eine Krankheit, die die Angst des Patienten vor dieser Krankheit hervorrufe. Am Karzinom immer interessiert, fragte ich ihn, wie man sich vor der Angst schützen könne. Er erwiderte, man dürfe keine Zeitungen mehr lesen, kein Radio mehr hören und das Fernsehen vermeiden; erst die Massenmedien hätten gleichermaßen eine hermetische Angst-Kultur und Mystifikation erzeugt; dächte man nicht an Krebs, läse man oder höre man nichts über ihn, seien Erkrankungen ausgeschlossen.

28

Je mehr Menschen ich mich, meinen Körper, meine Psyche und meine Vielzahl von Beschwerden und Zuständen erklärte, desto weniger wollten sie hören. Die französischen Ärzte im Umkreis von St. Jean de Luz unterschieden sich nicht wesentlich von ihren Kollegen; sie hatten übereinstimmend synonyme Erklärungen für die Phänomene, mit denen ich aufwarten konnte, bei ihnen war es ein psychasthenisches Versagen oder ein neurasthenisches Syndrom oder ein psychoreaktives Elementarsyndrom (eine der schönsten Blüten meiner Sammlung). Sie verboten mir das Lesen, weil sie annahmen, alle Übel gingen von verdorbenen Augen aus; ein paar glaubten immerhin an meine Kopfschmerzen und schickten mich zu neurologischen Untersuchungen; aber der Elektroencephalograph gab immer nur die üblichen Zeichnungen von sich.
Ein französischer Arzt gab mir den Rat, mich jeden Tag nach ein paar abzuzählenden Schritten zu Boden zu werfen, damit die Durchblutung gefördert werde.

Ein deutscher Arzt (nach meinem Versagen in St. Jean de Luz) schob alle Beschwerden auf eine falsche Ernährung und lud mich ein, zwei Monate in seinem Institut zu verbringen;

dort traf ich etwa vierzig dickliche Männer, die auf ihr tägliches Waagen-Martyrium warteten; dieser Arzt hatte eine elektrische Waage erfunden, die, wie er sagte, auf jeden Patienten individuell ansprach. War bei den Messungen das vorgeschriebene Gewicht nicht erreicht oder das schon erreichte nicht gehalten worden, stieß die Maschine einen drohenden Ton, ähnlich einer Hornisse aus, ihre Augen (zwei simple Glühlampen) begannen zu funkeln und sie versetzte dem Probanden einen elektrischen Schlag zur Strafe; wurde er belohnt, gurrte die Maschine mit Samtstimme, sehr weiblich und hinterließ auf der Haut ein säuerliches Prickeln. Die anderen Herren gingen wie ich niemals ohne Gewichtstabelle und Maßband. Regelmäßig mußten wir den Umfang unserer kritischen Körperzonen feststellen und eintragen. Im Speisesaal hing eine übergroße Kollektivtabelle mit den Gewichten sämtlicher Körper; jeder wußte über den Zustand und das Gewicht des fremden Körpers genau Bescheid. Durch diese dauernde Vergleichbarkeit der Körper und ihrer Gewichte untereinander wurde der Wettbewerbsgedanke gefördert, wie auch die Verachtung des fremden, zunehmenden oder abnehmenden Körpervolumens. Zu essen gab es einen Spezialbrei aus unbekannten Bestandteilen, der lange Zeit auf seine charakteristisch klebrige Weise in der Speiseröhre aushielt, ehe er nach Stunden, endlos verlängert, mit dem flüssigsten Ausläufer den Magen erreichte. Nach einiger Zeit wurde einem übel und nach einem planvollen Vomitus bekam man einen zweiten Brei, den man bei sich behalten konnte. Kurz nach meiner Anwesenheit (ich mußte mich in die Hände eines Arztes begeben, der meinen Magen kurieren mußte) aß einer der Herren zwei Pfund Schabefleisch, obstipierte und trat zwei Stunden später zur gewohnten Stunde auf die Waage; der Automat schickte (wohl aus pädagogischen Gründen) einen überdosierten elektrischen Schlag durch den undisziplinierten Körper und man konnte nur noch seinen Tod feststellen; wie ich später erfuhr, soll der Apparat während der eingeleiteten Untersuchung unaufhörlich gegurrt haben.

29

Der Ursprung meiner amalgamierten Beschwerden war nicht auszumachen. Der Schmerz fluktuierte zwischen den Nebenhöhlen und der Milzzone; mitunter verließ mich dieser unbestimmte Schmerz; dann war mir übel, aber niemals in einem Grad, der zu einer Entleerung geführt hätte.

Ein paar schläfrige Tage verbrachte ich bei Vera im Hause der Semenows; noch jetzt (Sanatorium, Phantomzone am Rande einer umfassenden sogenannten Gesundheit) weiß ich nicht, wie ich dort hingekommen war; auch die möglichen Reiseverbindungen nach Wien waren mir unklar. Vielleicht hatte mich Vera wie einen Blinden geführt oder ich hatte die Entfernung somnambul und daher sicher zurückgelegt.

Nur beim Akt des Essens kann man ohne Verstöße von einem wahren Innen und Außen sprechen, es sei denn, es gäbe eine Methode für empfindsame Kauer, Speisen auf die Haut zu tragen und durchsickern zu lassen, als durchdränge fremde Materie die persönliche; dann wäre ja kein Ende und kein Anfang einer Durchdringung festzustellen möglich, so daß keine Rede sein dürfte von Innen und Außen.

Bei einer Nahrungszufuhr bei den Semenows geriet ich in einen seltsamen Zustand, der eine Folge der Füllung sein mußte.

Es gab eine Suppe Argenteuil mit gebackenen Spargelspitzen, Tomaten mit Krabben, kleine Pasteten mit Wildgeschmack, Hirn *en meurette,* Aal in Gelee, Hammel-Pilaw, Wildhaschee, Hühner-Pie und kaltes Salmi. (Es kann sein, daß es sich um eine gedrängte Summe aller dort eingenommenen Essen handelt – in einer varianten Folge.)

Nun, die Elemente mischten sich, das ist normal und man kann auch gar nichts dagegen tun und meine Schleimhäute arbeiteten mit voller Kraft, so daß sich ein Sodbrennen einstellte, ein trockenes Feuer, gemischt mit den Erleichterungen milden Aufstoßens ohne wesentliche Verbesserungen während des Desserts.

Das Ehepaar S. glich einander bis aufs Haar, sie hatten sogar die gleiche Stimmlage; ich wußte, wenn ich sie nicht sah, niemals, wer gerade sprach. Sie trugen handliche Hörapparate in je einem rechten Ohr, schalteten sie aber grundsätzlich ab. Während des Essens wurde nicht gesprochen. Es hätte auch keinen Sinn gehabt. Vera hatte den Verdacht, ihre El-

tern hörten vorzüglich. Wir führten während einer Vanillecreme eine obszöne Unterhaltung über einen Bischof mit Phimose, aber man sah ihnen nicht an, ob sie etwas hörten, nichts hörten oder nicht hören wollten.
Anfangs hatten sie die Hörapparate präzise eingestellt und hörten mit schiefen Köpfen auf mein Kollern und Glucksen in den Kanälen, auf die mit Gurren und Schmatzen gemischten Magengeräusche; aber durch meine dauernde Schläfrigkeit hatte ich einen ungünstigen Eindruck gemacht. Sie hielten mich, glaube ich, für einen Idioten und behandelten mich auch so.
Gegen das Sodbrennen nahm ich einen Cognac; nach dem Essen leide ich ein wenig an meinem Spezial-Chasmus, einem Gähnkrampf, der den vollständigen Körper erfaßt. Selbst die Zehen krümmen sich, die Lider zucken und aus den Augen fließt Wasser. (Die Ärzte sagen, ich schluckte zu viel Luft und müßte dosierter einatmen.) Im gleichen Rhythmus mit meinem Chasmus drückte ich meinen Cognacschwenker. Veras Eltern mußten zweimal mit mir gähnen. Ein gewisser Zwang ergab sich, diese Äußerungen zu unterdrücken. Dadurch bekam ich meinen Schluckauf, der mit meinem Chasmus nicht perfekt korrespondiert; die beiden Vorgänge stören einander trotz der gemeinsamen Öffnung; während mein Körper diesen Zustand mit der strukturellen Ähnlichkeit herstellte, wurden meine Eingeweide inflammabel; aus Höflichkeit ergriff ich meine Serviette und verließ den Raum.
(Oi, oi, oi, sagte Frau Semenowa in diesem Augenblick zum anderen Hörapparat.)

30

Ein Praktiker sagte, ich sei nur heilbar (gleichgültig, woran ich litte) durch das Einatmen von Essigdämpfen; immerhin tat meinen Augen die Inhalation wohl und sie tränten nicht mehr so heftig wie früher; dann kaute ich eine Zeitlang die Waben von Bienen, bis ich eine blonde mumifizierte Biene schluckte; ich nahm eine Mischung von Obstessig und Bienenhonig zu mir, bis ich vor Sodbrennen den Kopf an die Wand schlug; zwei Ärzte, Brüder mit einer gemeinsamen Praxis (der eine hörte zu und der andere behandelte) kämpf-

ten gegen die schädlichen alkalischen Eigenschaften der Seife; alle Krankheiten seien zurückzuführen auf den Gebrauch dieses Reinigungsmittels; sie führten mir einige Proben blau gefärbten Lackmuspapiers vor; aber vielleicht hatten sie es schon vorher ohne Seife gefärbt.
Sie setzten mich auf die Diät von Jod, getrockneten Bohnen, Fisch und dem unvermeidlichen Essig; nachdem ich wieder halbwegs wiederhergestellt war, mit allen alten Beschwerden, wechselte ich abermals den Arzt.
(Merkwürdigerweise waren meine Freunde und Beobachter [außer Dombois, der einmal Mumps gehabt hatte, eine Orchitis, die ihn steril gemacht hatte* und später eine Geschlechtskrankheit infolge seiner Gleichgültigkeit gegenüber Schutzmaßnahmen] kerngesund, d.h., Magot, der letzte, litt an einem Juckreiz, die anderen waren dauernd erkältet, mehr nicht und nichts Ernsthaftes. Sie waren immer äußerst verständnisvoll, glaubten an mich und gaben mir die Adressen ihrer Ärzte, die glücklich waren, anders als bei Kassenpatienten liquidieren zu können.)

Bis zuletzt bewahrte ich, wenn auch auf meine schwächliche und apathische Weise, Respekt vor Ärzten. Sie liebten meine schadhafte Hülle und probierten immer nur sehr vorsichtig und voller Achtung ihre Instrumente an ihr aus; sie lauschten den Geräuschen in meinem Thorax und trösteten mich, wenn es mir schlecht ging. Sie gingen freundlich auf meine kausalhypothetischen Propositionen ein und verbesserten sie immer rechtzeitig, bevor ich einen gravierenden Fehler in der Einschätzung meines Körpers machte.

31

Die *vapeurs* meiner Verwandten (oder Bekannten) oder der alten Vorfahren innerhalb der Genealogie waren anerkannt und vollständiger als meine armselige Handvoll auf einen blinden Punkt zentrierter Beschwerden;
in einem anderen Jahrhundert hätte ich mich auf die alten Rechte und Sanktionen verlassen können, auf eine überall

* *impotentia generandi*, nicht steril (Dr. Maurer)

freundlich aufgenommene Polysymptomatik und verläßliche Therapien, als einer unter vielen.

32

Das lag einfach an den prädisponierenden Bedingungen und weltläufigen Suppositionen, die eine Anerkennung der Mischzustände von Melancholie und Hypochondrie möglich machten; früher hätten sie nicht über mein Nervenflattern gelacht, über meinen Spezial-Chasmus oder meine Furcht, morgens kahl zu erwachen; ohne mein Zutun, willenlos sozusagen, immer mehr zuzunehmen und auch meine Art, meine Gefühle zu Vera zu entwickeln, hätte in der Abwesenheit der fürs übliche Leben wünschenswerten Eigenschaften keinen krankhaften Eindruck erzeugt; die Ehe, sagte Dr. Sock, ist die Verbindung zweier Vertreter der Species, die gesund, antineurotisch und vernünftig zu sein haben.

33

Jedenfalls war die Angelegenheit mit meinem Magen dringlich, denn er reagierte stumpfsinnig auf das rettende, allheilende Antacidum. (In solchen Fällen der Tabletteneinnahme wischte mir Vera manchmal liebevoll Mund und Zunge mit einem Battisttüchlein ab.)
In der Hoffnung auf ein eindeutiges Zeichen auf den vielen Türen (Herz, Kreis oder Feigenblatt) machte ich ein paar gut aussehende Türen auf, aber es waren immer Wandschränke oder Besenkammern.
Die einzige Toilette schien besetzt zu sein, es rauschte und zischte in den Rohren. Ich klopfte behutsam, um meine Innereien nicht zu erschrecken. Dabei krümmte ich mich, so daß mein Kinn über den Knien war.
In dieser Haltung fand mich Frau S. Sie trug neben ihrem Hörapparat jetzt eine rosa Hornbrille. Sie fragte, ob ich etwas suchte. Es geht mir ausgezeichnet, sagte ich geistesgegenwärtig; das ist nicht oft der Fall.
Sie fragte, ob sie mir helfen könne. Nichts von Belang, sagte ich.

Als sie fort war, stieß ich vor Qual an die Toilettentür, die sich ohne Zögern öffnete. Sie war weder verschlossen noch besetzt.

34

Als der Physiker Plateau (1892) das *phénakistiscope* konstruierte, studierte er die Sonne und ihre Strahlungen mit so großer Intensität, daß er erblindete; Dr. Sinistram nannte diese Geschichte eine traurige Passion, fand sie aber beispielhaft und anwendbar auf den Valev-Fall; ich sollte mir eine Passion suchen, die allein sei meine Rettung vor dem endgültigen Stillstand. Er bedauere mein geringes, unausgebildetes Bedürfnis zur Selbstzerstörung und behauptete, ich lebte unzeitgemäß, mir fehle ein wichtiges Lebenselement.
Durch eingehende Untersuchungen gelang es ihm, diverse Störquellen ausfindig zu machen; ich litt an Sensibilitätsstörungen der Füße; meine Hornbestückung ließ zu wünschen übrig; meine Ansteckungsängste waren krankhaft. Ich sagte, ich fände die Leute, die furchtlos fremde Hände packen und mit ihnen pumpende Bewegungen machten, kränker als mich. Man dürfe sich Grußritualen, sagte Sinistram, den sogenannten Interaktionen, nicht entziehen, früher habe man den Gegner berochen und ich müsse froh sein über dieses übriggebliebene Grußrudiment; und Bazillen seien notwendig, kein Leben ohne.
Wir übten Grußrituale. Ich ergriff seine Hände mit meinen bazillophoben Händen und wir machten die vorgeschriebenen Bewegungen, während wir uns mit Hilfe der Augen fixierten.
Wich mein Blick von dieser Achse ab, drückte er mit aller Kraft meine rechte Hand, bis ich mit meinem Blick seinen Blick etwa in der Höhe seines Nabels suchte.
Das Küssen der Wangen oder die Andeutung des Küssens der Wange ließen wir, nachdem ich durch eine flüchtige Berührung Herpes-Simplex-Bläschen bekam.
Wir übten das Lift-Spiel (wer läßt wem bei einem kleinen Lift den Vortritt, wenn man gleichzeitig die Tür erreicht) und wir mußten es lange spielen. Ich sollte S. mit meinem Gewicht beiseite schieben und mich in die Kabine hieven.

Meine fetten Schultern beschädigten die Türen, während Sinistram schon in der Kabine kicherte.
Eines Tages schlug ich ihn vor dem Lift nieder; dann wartete ich ab (mir war sehr schläfrig zumute und ich hatte Kopfschmerzen), bis S. sich erholt hatte, und ließ ihm den Vortritt.
S. sagte, das sei nur ein halber Erfolg. Ich hätte den Lift sofort besteigen müssen.
Dann stählte er mich wieder durch verschiedene Grußgriffe, bis mir die Ohren sausten.

35

Ich wurde am 21. April 1930 in der Schweiz als Sohn einer baltischen Mutter und eines reichsdeutschen Vaters geboren, gehörte dem phthisischen Typus an, durchlief binnen kurzem sämtliche in diesem Alter florierende Kinderkrankheiten und hatte wenig Lust, regelmäßig Luft zu holen. Mein Vater, Jurist und Emigrant, war ein Fanatiker des sogenannten Freien Willens und glaubte nicht an die Idee angeborener Trägheit. Mit vier warf man mich in ein wohltemperiertes Bassin, um mir das Schwimmen beizubringen; aber ich ging unter wie ein Stein, wurde von einem muskulösen Bademeister vom eisklaren Grund gefischt und von da an nicht wieder mit diesem Sport belästigt. Als meine Schwester (1935) geboren wurde, setzte man mich in einem exklusiven Kinderhort aus, der nach den Prinzipien von Emerson und Thoreau funktionierte; siehe Emersons Tagebucheintragung vom 16. Oktober 1837 – »baby steht heute das erstemal allein«.
Wie die Pädagogen des Kinderhorts meinen Eltern berichteten, wollte ich (zwischen vier und sechs) weder laufen, noch stehen oder kriechen. Wo man mich absetzte oder niederlegte, verharrte ich geduldig auf diesem Fleck des Zufalls. Setzte man mich hin, fiel ich um. Legte man mich auf den Rücken, blieb ich unbewegt liegen. Ich schrie niemals und machte auch nicht die in diesem Alter vorschriftsmäßigen Bewegungen mit Fingern, dem Mund oder anderen Organen. Meine Verdauung war, wenn ich mich zutreffend erinnere, regelmäßig und von der immer gleichen Farbe, Konsistenz und Masse. Gemütsbewegungen, sogenannte kindgemäße *airs*

gab es bei mir nicht zu beobachten. Ich hatte immer die gleiche morose Miene, während ich herumlag. Bestimmte Speisen gab ich geräuschlos von mir, d.h. es fehlte mir an Energie, zu zeigen, was ich mochte oder nicht mochte.

Schließlich wurde eine Kapazität geholt, die meine Reflexe überprüfte. Eine Weile (nach der offensichtlich nicht günstigen Untersuchung) überlegten meine Eltern, ob sie mich nach Basedowschen Methoden erziehen lassen sollten; endlich wurde ich nach Hause gebracht.

Da eine der üblichen Grundschulen für Nichtgeher nicht in Frage kam, wurde ein Hauslehrer engagiert, der einen Hang zum Pietismus hatte.

Meine Mutter schätzte ihn sehr und ließ ihn (was für eine bedeutende biographische Stelle) Wochenberichte über die erzielten Fortschritte anfertigen. Irgendwann lernte ich dann doch den sogenannten aufrechten menschlichen Gang, wahrscheinlich aus Bequemlichkeit oder weil meine Gelenke den Körper beim Kriechen nicht mehr tragen wollten.

Spezielle *vapeurs* hatte ich noch nicht. Ich wiederholte lediglich bestimmte heimliche Zeichen aus der Vergangenheit, also verschiedene Tics (ein Ausdruck des Hausarztes).

Die Vorbereitung aufs Gymnasium dauerte bis zum 13. Lebensjahr. Wie einer der Hauslehrer sagte, war etwas mit meinem Gedächtnis in Unordnung. Für kurze Zeit behielt ich so gut wie alles; danach vergaß ich so gut wie alles.

Natürlich wurde ein Herrnhuter Institut gewählt, ich weiß nur noch, daß die Gegend nicht am Meer lag. Gegen meine Gewohnheit, die Augen geschlossen zu halten, wurde mir eine Brille angepaßt, die mir eine bleibende Kurzsichtigkeit (1,23 Dioptrien minus) verschaffte.

Bei den Morgenandachten schlief ich ein, setzte nach einer Unterbrechung durch einen lauten Unterrichtsbeginn meinen Schlaf fort und blieb schon in der ersten Klasse, der überfüllten Sexta, sitzen.

Meine Eltern berieten sich wieder einmal. Mein armer Vater, der an den Freien Willen glaubte, schickte mir ein Plinius-Zitat auf einer Visitenkarte – *quasi vero mensuram ullius rei possit agere, qui sui nescit* –.

Die Schulzeit verlief für alle Beteiligten außer mir sehr schnell. Nach den Herrnhutern kamen andere Schulen (Lietz und Christopherus z.B.); als meine Erfolge abnahmen, erfuhren meine Eltern rechtzeitig bei einer Landpartie

nach Luzern, daß man auf den sogenannten Waldorfschulen unmöglich sitzen bleiben könne und daß an diesem Schultypus niemand seiner Indolenz wegen benachteiligt werde, sofern er sich bemühte und stetig dem Durchschnitt des mittleren Fortkommens angepaßt bleibe.
Meine Eltern waren begeistert und stellten sofort eine Fotografie Rudolf Steiners auf, dem sie ihr Glück verdankten. (Der Rahmen war besetzt mit einem gelblichen Eisbärenpelz, der sich bei Wärme sträubte.)

Leider rutschte ich immer weiter ab und erreichte mit meinen mir möglichen Leistungen und Energien bald den Status des beleibten und beliebten Klassenidioten, der ein zärtlicher Mongoloider war.
Meine lieben Eltern berieten sich wieder und steckten mich in diverse Förderkurse. Ein Sportmediziner machte den Vorschlag, meinem Körper durch eine bestimmte Bewegungstherapie Energien und Leistungsvermögen zuzuführen, und meine Eltern waren mehr als einverstanden.
(Mein Vater erhoffte sich dadurch eine komplette Freisetzung meines Willens.)
Gegen vier Uhr nachmittags hatte ich in einer Turnhalle zu erscheinen, wo man mich mit Stoppuhren in der Hand erwartete.
Ich hatte zu laufen (geradeaus und im Kreis), zu springen (über Gegenstände, die man Böcke nannte oder Stöcke oder andere Hindernisse des aufrechten Laufens, ich weiß es nicht mehr genau) und an zwei Ringen zu schaukeln oder zu pendeln wie ein Affe.
Beim Laufen rannte ich gegen eine Wand mit sechzehn Sprossen und zog mir eine Gehirnerschütterung zu. Mein Vater erkundigte sich beim Sportmediziner nach den energiefreisetzenden Qualitäten von Gehirnerschütterungen und war sehr interessiert an den Auswirkungen. Aber der Präventivmediziner zerstreute sein Hoffnungen auf eine mögliche Änderung meines Zustandes durch diesen Aufprall und sagte, ihm sei kein Fall aus der Praxis bekannt, nach dem eine Kommotion eine Verbesserung bewirkt hätte.
Mein Vater verschenkte wieder eine seiner vorwurfsvollen Visitenkarten, diesmal mit einem Sprüchlein Rousseaus: das Erste und das Wichtigste, was ein Kind lernen muß, ist, Leiden ertragen zu können. Um mir einen vollständigen Ge-

nuß zu verschaffen, hatte er das Sätzchen auch auf französisch notiert.

Aber die Fortschritte in allen Zonen waren gering; meine Laufgeschwindigkeit hoffnungslos und was das Springen betraf, wich man mir vorsichtig aus, weil ich immer danebensprang. Schläfrig in den Seilen zu hängen, gelang mir noch am besten, bis ich eines Tages herunterfiel und mir den Arm brach. Dieser Bruch war kompliziert und erweckte zum erstenmal gewisses Interesse. (Wieder ein wichtiger Punkt in der Biographie – über die Annehmlichkeiten anerkannter Leiden.)
Inzwischen hatte ich schon meine Anfälle von Schlaf, mein Flimmern vor den Augen und sonderbar geformte Knie, deren Menisken sich ansahen.
Der Sportmediziner befahl wieder das Schwimmen und richtig versank ich sofort bis auf den Grund, als ich es versuchte.
In diese spätpubeszente Zeit fallen meine ersten Gefühlsversuche, fortgesetzt an den später besuchten Koedukationspressen in der Provinz.

36

Damals arbeitete ich eine Viertelstunde täglich, zwischen zwei Ruhephasen, an einer Art von privatem Schmerz-Wörterbuch. Ich stellte mit einem Silberstift meinen Körper noch einmal auf dem Papier her, versehen mit den Zonen und ihren Zuständen. Zur Darstellung der verschiedenen Empfindlichkeiten und Befindlichkeiten, Zuständen und Beschwerden benutzte ich rote, blaue, schwarze und grüne Tusche.
Ich hätte auch gern den Zeit-Begriff des Pilgrim-Schmerzes (datierbar in der Zeit der Vorpubertät) in meine Zeichnung integriert, aber dann wäre sie, bei der Hinzufügung einer fünften Farbe, zu bunt gewesen und da das Bunte aufdringlich ist und das Aufdringliche unseriös, wenn es um Krankheiten geht, ließ ich es bei den vier Farben.
In der Mitte meiner amorphen Körper-Massen waren die meisten stereometrischen Daten eingezeichnet, durch die wie ein Blitz (mit Kugelzahl-Effekt) die Schmerz-Linie (rot) fuhr. Es war ein sehr eindrucksvolles Bild. Die Mal-de-gorge-Zone

erstreckte sich vom Adamsapfel bis zu den Schlüsselbeinen; die Schatten unter den Schlüsselbeinen hatte ich mit Bleistift schraffiert; die Schluckbeschwerden setzte ich in der zeichnerischen Darstellung gleich mit einem grazilen Wolkenklecks. Die Maßzahl war 8, weil ich diese Stelle mit den übrigen Öffnungen gleichsetzte und als gleichermaßen offene Wunde auffaßte.
Meine stilisierte Jejunumschlinge hatte einen zarten blauroten Schlitz, durch den sich der P-Schmerz wand.
Die Froideur- und die Chaleur-Zonen waren von einem sanften Grün mit darübergetuschten Farb-Komplements für die Bedeutung der Dauer der Zeit zwischen den Punkten ihrer jeweiligen Schmerzäußerung. Die leeren oder zeichenlosen Bereiche waren weiß in dieser Art von Topographie; ein schwächlicher roter Faden durchquerte diese Zonen mit zahllosen Stellen ohne Zahlenangaben.
Die Phantombereiche waren schwarz-grün gestreift; ebenso die Kaltsinn-Zentren (Froideur-Bereich), so daß diese Teile des Blattes an alte Pfefferminzbonbons erinnerten.

37

Zu dieser Zeit meiner Analyse probierte Sinistram diverse chinesische Methoden an mir aus. Leider hatte mein Körper sehr viel mehr als nur die vorgeschriebenen zwölf Meridiane, also hatte ich längs der Bahnen auch mehr als 365 Punkte. Bevor ihm die Nadeln ausgingen, stellte S. eine Studiokamera auf, um die Fortschritte im Bild festzuhalten. Meine Yin-Kräfte überwogen offensichtlich. Eine Detailaufnahme zeigt meinen linken Ellenbogen im Profil, während er gerade eine Nadel trägt und die Yang-Kraft in eine der unübersichtlichen Zonen pulsiert. Als die Yang-Nadeln an Menge zunahmen, verloren die Yin-Kräfte an Boden; allerdings wurde durch diese Depolarisierung die Balance zwischen den beiden Kräften empfindlich gestört. Zum Schluß fotografierte Sinistram noch ein paar meiner Wunden, die mir die Nadeln zugefügt hatten.
Wir versuchten, einen chinesischen Akupunkteur aufzutreiben, aber leider meldete sich nur ein sehr dickes chinesisches Mädchen, das sich sofort auszog, ehe Sinistram mit seinem Grußritual eingreifen konnte.

In den späten Herbsttagen des gleichen Jahres (also etwa zwei Jahre vor dem endgültigen Aufenthalt in Accous) konzentrierte sich Sinistram mit aller Kraft auf seine sogenannte behelfsmäßige Restitutionstherapie; ich wurde um elf Uhr morgens bestellt, kam verschlafen gegen fünfzehn Uhr, wurde in ein Kabinett gesperrt und allein gelassen mit einem Schreibtisch (einem Sekretär mit dazu passenden Möbeln im Van-de-Velde-Stil) und verschiedenen Schreibutensilien).
Ich hatte die Aufgabe, verschiedene Bilder (Kunstpostkarten) zu beschreiben und die Schwierigkeiten, die ich beim Beschreiben der Bilder hatte, zu erklären; ergaben sich Schwierigkeiten beim Akt der Erklärung, so wurde ich angehalten, auch die Erklärung in das Verfahren einzubeziehen; war ich mit einem Bild fertig, durfte ich keine Pause machen, sondern mußte das darauffolgende Bild beschreiben; und so fort, immer im historischen Präsens, das war die Hauptbedingung bei der Wahl der Aktionsart, deren Prinzipien mir S. nicht erklärte.
Ich durfte bei der Bild-Deskription nur Subjekt-Prädikat-Objekt-Sätze machen; Bezeichnungen für Farben durfte ich einem Lexikon für organische ud anorganische Farben entnehmen; abstrakte Entitäten durften nicht vorkommen. Ich hatte Manets »Déjeuner sur l'herbe« zu beschreiben, immerhin ein reichhaltiges Bild mit vier Personen, ein Stilleben Lubin Baugins, der Nachtisch (ein Kelch mit Rotwein, rubinrot, halbvoll, eine Korbflasche mit einem Strohband, ein schwarzer Teller mit sieben Röhrenwaffeln, fleischfarben), eine Landschaft von Abbati und Fragonards Kuß; zwischen den Beschreibungen der beiden zuletzt genannten Bilder gab es längere Pausen, denn Abbatis Mittagslandschaft wirkte unaufhörlich auf die Schlafnerven; als ich dann noch bei Fragonard das ungemachte Bett sah, zum Schlafen wie geschaffen, aber idiotischerweise verlassen von einer Schläferin, schlief ich auf der polierten Platte des Sekretärs ein und kam nicht mehr dazu, die drei verschiedenen Abendmähler zu Emmaus in ihren drei Fassungen (Bellini, Michelangelo Merisi da Caravaggio und Vecellio) zu beschreiben.
S. nahm mir die Bilder fort und befahl mir, Liebesbriefe hervorzubringen. Dabei wurden drei Situationen simuliert, nämlich der Brief der ersten Situation, ein Brief für den Zustand und ein Brief nach besagtem Zustand des Gefühls; S. wollte auf diese Weise meine geringste und meine höchste

Energie-Quote in ein Verhältnis bringen, bezogen auf meine Durchschnittswerte allgemeiner Trägheit. Ich schrieb diese albernen Briefe natürlich nicht.
Ich nahm mir ein Bücher-Stilleben von Sciltian vor und beschrieb es mit Variationen und wechselnden Aktionsarten; dabei kommentierte ich jeden Schritt, der mich unausweichlich zur Wahl oder der Mißachtung bestimmter Bezeichnungen gebracht hatte; zu sehen waren neun Bücher, zwei kleine Bilder (offenbar Kunstpostkarten), ein Tintenfaß, ein Reißnagel auf einer olivgrünen Tischdecke und eine Muschel auf einem mit Maroquinleder gebundenen Buch, das auf drei Briefumschlägen lag, unter denen ein blauer war. Die Ordnung der Elemente gefiel Sinistram. Wenn ich jetzt noch, sagte er, meine Quantifikationen der allerkleinsten bis zu den nächstgrößeren oder den großen Elementen kommentierte, sei ein wichtiger Schritt getan. Leider sind diese Übungen verloren gegangen.

38

Trägheit ist der Widerstand jedes Körpers gegen eine Veränderung seines Ruhezustandes oder seiner Bewegung; ein Körper in Ruhe neigt dazu, unbegrenzt in Ruhe zu bleiben, während ein Körper in Bewegung dazu neigt, sich in konstantem Tempo weiter zu bewegen, wenn nicht eine Kraft auf ihn einwirkt. Trägheit kann als umgekehrt wirkende Kraft eines Körpers bezeichnet werden (Beharrungsvermögen) – so lautete die Definition von Bubneff. Die der »Reibung« (Reibung ist eine Kraft, die eine Bewegung hemmt, wenn –) war mir nicht so wichtig.
Auch das erste Newtonsche Axiom war mir lieb, das da mit seiner fernen Stimme sagte, jeder Körper besäße ein Beharrungsvermögen (eine Trägheit) und vermöge dieser Trägheit bleibe ein Körper, auf den keine Kraft wirke, in Ruhe oder aber er bewege sich gradlinig mit immer gleichbleibender Geschwindigkeit. Schön zu wissen, daß sich die kräftefreie Bewegung experimentell nicht verwirklichen ließ, da auf der Erde jeder bewegte Körper neben der Schwerkraft bewegungshemmenden Reibungskräften unterlag.

39

Verehrter Herr Doktor, so leicht ist es nicht mit dem Schreiben. Gewiß, es lenkt ein bißchen ab, aber ich weiß nicht, ob die Mischung gut ist. Es sind zuviele Elemente, die man beobachten muß, keine sehr eindeutige Sache. Meine Hände taten weh. Mein Daumen hatte einen Schreibkrampf. Reiseberichte wären mir leichter gefallen. Das wäre eine andere und bequemere Mischung gewesen, jedenfalls für kranke Laien – z. B. mit diesem Anfang –

Am dritten Tag der Überfahrt Punkt
unsagbare Mattheit Punkt Stunden ohne Umriß noch Inhalt Punkt nach zwei Tagen schlechten Wetters beginnt der Himmel (das Meer) zu blauen Punkt das Meer wird ruhiger Komma die Luft wärmer Punkt Ein Schwalbenflug (ein Albatros-, Kormoran-, Pelikan-, Usw-Flug) folgt unserem Schiff Punkt.

Die Herstellung der Mischung machte diverse Schwierigkeiten. Was hatte ich nicht alles exzerpiert und kompiliert, besonders aus dem achtzehnten und neunzehnten Jahrhundert. Was alles drängte sich nicht unwillkürlich als ein konstitutives Element auf, von den Reizoberflächen oder Untiefen der fossilen Strukturen nicht zu reden.

Als Laie, lieber Doktor, suchte ich die Symmetrie in der Auswahl, das Kontingente im Ganzen und das Bestimmte im Aleatorischen; am bequemsten war (an einem Mittwoch, als mir einer der Canini ausfiel, einfach so, ohne jede Vorbereitung) eine Mixtur von Confessions-Stil, Tagebuch- (der simplen und freien Syntax wegen), Traktat-Tonfall und Chronikenstil; andererseits hätte ich gern auch einmal auf diese Weise angefangen.

Ich bin meiner Eltern einziges Kind. Mein Vater war der jüngste Sohn eines unserer ältesten Earls, meine Mutter die unbegüterte Tochter eines schottischen Pairs. Er war ein gemäßigter Whig, der glänzende Mittagstafeln gab, Lady Franziska, meine Mutter, eine Frau von Geschmack, die besondere Vorliebe für Diamanten und altes, seltsames Porzellan hatte –

Aber dann wäre es nichts anderes gewesen als eine billige Kopie, die meinen Eltern nicht gerecht geworden wäre. Das Original dieser Textstelle erschien übrigens 1828.
Wie schon gesagt (oder getan) verbessert Spariel oder seine Methode jeden Stil, treibt kranke Laien noch früher ins Bett als gewöhnlich, setzt Gefühle der Wut frei, macht Kopfschmerzen, läßt die Augen tränen (so daß ich mir immer wieder sagen muß, wie gut es sei, diese Situation nur zu simulieren), aber reinigt doch insgesamt den sogenannten Briefstil.

40

Muß der Gesunde beweisen, daß er gesund ist? Muß der Kranke beweisen, daß er krank ist?

41

An dem Mittwoch im Februar, an dem Tag, an dem ich Sinistrams Praxis verließ, mit Magot den letzten Bericht anfertigte, das Flugzeug nach Bordeaux bestieg (und Magot einen Martini auf meine Weste goß), entschloß ich mich im Federbett des Zimmers 32 des Institutes Duveen in St. Jean de Luz, von dem darauffolgenden Tag an mein Leben vollständig zu protokollieren und die Protokolle fortlaufend zu kommentieren, in der Hoffnung, durch eine Gleichsetzung von Beschreiben mit Erklären den Punkt ausfindig zu machen, der an allem schuld ist und war oder bleiben wird.

42

Es war ziemlich still. Es hätte stiller sein können. Ich lag rücklings auf meiner Ledercouch. Die Ledermasse und ich hatten seit einiger Zeit den gleichen Temperaturpunkt erreicht. Bald wären wir eine einzige Masse bis zu einer gemeinsamen und lautlosen Abkühlung in einer unbestimmten Nachmittagszukunft. Meine rechte Hand hing herab. Am eingeschlafenen Daumen war meine Schlafmaske (mattschwarz) befestigt.

Tief unten fuhren die Autos mit gedämpften Schneegeräuschen; ab und zu kreischten zart die Hupen. Hinter der Stahljalousie sah man nur (vorausgesetzt, man öffnete die Augen) eine allgemeine Fallbewegung in einer unbestimmten Farbe. Ich erwartete Vera.

43

Nach dem Abitur besuchte ich eine Kunstakademie; den Namen der Stadt weiß ich nicht mehr. Ich glaube, man brachte mich in der Klasse für Gebrauchsgraphik unter. Man mußte etwa fünfzig Zeichnungen pro Semester vorlegen. Das kam mir übertrieben vor und außerdem konnte ich gar nicht zeichnen. Aber in den Ateliers war es warm und man konnte im Sitzen schlafen.
Mein Vater bat mich schriftlich und mündlich, etwas Ordentliches anzufangen. Nachdem ich vier Semester absolviert hatte, stellte man mich (aus Gründen, die ich vergessen habe) in dem Werbebüro einer Rollstuhlfabrik ein; meine Aufgabe war es, attraktive Schwarz/Weiß-Explosionsdarstellungen der Einzelteile bis zum fertigen Modell als Explosion der Rollstühle zu zeichnen. Ich war allein verantwortlich für einen Faltfahrstuhl (Rollstuhl) für Beinamputierte. Um mich einzufühlen, trug ich eine Zeitlang eine Prothese, bis ich bemerkte, daß meine Zeichnungen des Fahrstuhles (Arminius) dadurch nicht wesentlich besser wurden.
Besonderen Wert legte diese Firma auf die Darstellung der Zubehörteile, die außerhalb des Explosionszeichnungsradius an den Stellen ins Nichts zu fliegen hatten, an denen sie bei einer rückläufigen Bewegung bis zur kompletten Zusammensetzung des Modells anzubringen waren, wenn das der rechte Ausdruck für das Modell Arminius ist.
Zum Modell in meinem Büro unterhielt ich eine halbherzige Beziehung durch die Angewohnheit, ein bißchen zu hinken. Arminius glitzerte kalt in seinen Chromierungen, Vernickelungen und platinierten Teilen, verwandelte sich aber auf dem Koordinatenpapier in ein Monstrum mit tausend Teilen. Die Zubehörteile dazugerechnet, war es ein aus Einzelheiten bestehender Kosmos. Ich zeichnete und zeichnete. Nach drei Monaten kriegte ich eine enorme Explosion hin; allerdings fehlten zwei Zubehörteile. Es handelte sich um

den Schlupfsack (Rollstuhlinhaber beim Picknick oder als Observateur) mit Reißverschluß, als Sack aus Popeline (sehr schwer darstellbar) und eine sogenannte Scherenzange, mit deren Hilfe man entlegene Gegenstände (Taschentücher oder Armbanduhren) aufheben konnte. So sehr ich mich bemühte, so wenig ließen sich diese beiden Objekte in die Explosion integrieren. Der Popeline-Schlupfsack dräute wie eine Regenwolke und die aus Mangel an Platz (und Koordinationsvermögen) darunter gezeichnete Scherenzange schoß wie ein Blitz auf den Hausmann-Spezialeinsatz, eine Art Kopflehne. Der Chef des Büros hielt nichts von meiner Zeichnung nach der Natur und ich wurde entlassen.

44

Nach diesem Fiasko erhob sich das Problem, einem zweiten durch fortwährende Beobachtung und Kontrolle zuvorzukommen; auf diese Weise kam mein Vater auf die Idee, mir Begleitpersonen auf den Hals zu schicken (eine Mischung aus Studienberater, Detektiv, Freund und Referent), die eine gewisse divinatorische Begabung haben mußten, um den gewöhnlichsten Unglücken oder Unfällen zu entgehen.
An die Berichterstattung wurden keine besonders strengen Anforderungen gestellt; man hatte sich der Druckschrift zu befleißigen, zwei Copien anzufertigen und ein Resumee zu liefern.
Da die Observateure bestechlich waren, faßten wir bald die Berichte über meine Fortschritte gemeinsam ab oder ich verbesserte hie und da orthographische Fehler oder andere Solözismen.
P. legte keinen Wert darauf, regelmäßig unterrichtet zu werden; es genügte ihm, einen verläßlichen Observateur in der Stadt zu stationieren, in der ich gerade war.

45

Das Gilkin-Dilemma ergab sich etwa im Jahre 64. Ich studierte gerade einmal wieder, ich glaube Betriebswirtschaft oder etwas Ähnliches, und war schon durch zwei Vorprüfungen gefallen, wurde (kurz nach meiner Verlobung) recht fett und Haare und Zähne fielen mir aus (d.h. ich entdeckte niemals Spuren dieser Verluste in der gleichen Gegend zwischen unten und oben, die Zähne verschwanden und auf den Kissen sah ich niemals ein abtrünniges Haar) und ich lag auf dem Rücken. Gilkin behauptete, meine Untätigkeit erschwere seine Berichte.

Ich bin, sagte er bei einem Milchcafé zu mir, ein wahrhaftiger, wahrheitsliebender Mensch. Immer muß ich lügen, d.h. Behauptungen machen, die nicht wahr sind. Ihre Arbeit, sagte er, ich meine Ihr Studium, das ist ja ein Bluff. Und als Referent nicht wahr, existieren Sie für mich nicht als eine Person, nicht wahr, nicht als Individuum sozusagen. Sie sind ein zu beobachtender Gegenstand, Material.

Als Person sind Sie nur eine Art Spiegelung, ein Gespenst.

Aber ein Mann, der so etwas sieht, was sieht er? Er sieht jedenfalls kein materielles Ding, denn sie existieren ja nicht, weder so noch so.

Sie verstehen doch meine Skrupel, fragte er mich.

Ich sagte, ich verstünde ihn.

Wir einigten uns auf einen Bericht mit dem Text –

V. durch erste Prüfung gefallen; gute Durchschnittsquote erzielt.

Hauptprüfung in greifbarer Nähe. Herzl. gez. F. Gilkin.

46

Der Methode von Spariel (J. M. Spariel, 1812 bis 1881) liegt eine ebenso einfache wie wirksame Idee zugrunde.

Im Gegensatz zu Pinel und Esquirol, Planners oder Roderick V. (der sagte, Probleme seien allein zu lösen oder zu vereinfachen durch ihre Beseitigung) war für Spariel der Patient nicht das Opfer einer von ihm selbst geschaffenen Idee, sondern alle Ideen (der betreffenden Krankheiten oder Zustände) folgten einer durch Zufall oder providentiell herbeigeführten Selbstvergessenheit, während die eigentliche »Krankheit« durch eine Wiederholung der die Selbstvergessenheit zusammensetzenden Elemente erst möglich wurde. Spariel verschrieb keine schrille oder harmonische Musik oder diverse Zerstreuungen bis zur Rotation; er verordnete keine Dosen Mandragora oder Wechselbäder; die Patienten wurden nicht in immer wärmer werdenden Sitzen verschiedenen translatorischen Läufen ausgesetzt und er hielt auch nichts davon, ihnen im Trousseauschen Doppelsinn wandernde Wunden zuzufügen oder ihre Haut mit elektrischen Entladungen zu verstören.

Spariel vertraute ausschließlich und einsam auf die kleine Macht des Wortes, der »Kinder der Vernunft«, wie er noch zu den widerspenstigen Patienten oder Besuchern zu sagen pflegte.

Er sammelte seine Patienten (zuerst in England und als da vertrauenswürdige Patienten abnahmen, in Frankreich, Accous) schockweis, nicht mehr und nicht weniger durften es sein (er vertraute aus einem unbekannten Grund gerade dieser Zahl), separierte sie, je nach dem Gewicht und der Ernsthaftigkeit ihrer Indispositionen zu je einer Fünferschaft, legte unbeschriebene Blätter im Folioformat aus und befahl den Patienten, sich mit aller Kraft zu sammeln. (Welche seiner Methoden er bei diesen Konzentrationsübungen anwandte, ist leider verlorengegangen. Die Herren Durylin und Petrow kannten nicht einmal die unter dem Namen Fermail-Methode bekannt gewordene und in ›Incisum‹ von Dr. Spange beschriebene Verbesserung der Acedia-Zustände im Accouser Institut.)

War der gewünschte Zustand der absoluten Sammlung erreicht, ließ Spariel durch seine Assistenten (ehemalige, gutartige, sanfte, stark myopische Patienten) diverse Literatur austeilen, für jeden Patienten die jeweils auf seinen Zustand bezogene. (Die Prinzipien, nach denen Spariel in schwierigeren Spezialfällen sich richtete, sind zwischen Kent und Accous ebenfalls verloren gegangen.)

Nun wurden die Patienten angehalten, die verteilten Texte (Romane, pietistische Kirchenlieder, Traktate oder Aufsätze, einschließlich seiner eigenen, in ›Incisum‹ veröffentlichten, wie Dr. Spange sagt) mit aller Ruhe und Sorgfalt abzuschreiben. Die abzuschreibenden Texte durften unter keinen Umständen, nicht einmal durch unwillkürliche Fehler, verändert werden. Spariel wünschte Identität, d.h. eine vollständige Texte-Balance zwischen dem Original und seiner Wiederholung. Der Erfolg, der *but special* (Spange), richtete sich in den ersten Phasen nach der Zahl der möglichen Wiederholungen bei einer Minimumquote an Fehlern gegenüber dem Originaltext.

47

Carpe diem, schrieb P. immer wieder.
Versuchen Sie, alles neu zu sehen, sagte Dr. Sinistram.
Morbus sacer –, sagte ich.
Ändere dein Leben, sagte Vera.
Ora et labora, sagte meine Mutter.
Du bist dumm, träge und faul, sagte meine Schwester.
Wenn du mich liebst, fängst du von vorn an, sagte Vera.
Lassen Sie sich fallen, sagte Dr. Thenius.
Aufstehen und kämpfen, sagte Dr. Monvice.
Der Mensch hat vier Millionen Schweißdrüsen, sagte ich.
Wer immer strebend sich bemüht, schrieb mein P.
Ich will nicht alle kennenlernen, sagte ich.
Erkenne die Lage, sagte Dr. van Deysen.
Wir werden siegen im Liegen, sagte Valev.
Sie beobachten sich zuviel, sagte Dr. Sinistram.
Ich weiß nicht wer ich bin, sagte ich.
Trägheit ist eine Eigenschaft, die auf Gewohnheit beruht, schrieb Bubneff.
Trägheit ist ein Zustand, erwiderte Spariel.
Glauben, glauben, glauben, sagte meine Mutter.
Secretum meum mihi, schrieb Kardinal Newman.
Der Bleistift hat den Vorteil, daß der symbolische Samenverlust fortfällt, sagte Dr. Godegde.
Alles notieren, sagte Dr. Sinistram, alles analysieren, der Rest kommt von selbst.
Jungfrauen leiden, sagte ich, unter Hornhäuten und Schreibkrämpfen.
Immer vernünftig, sagte P., planvoll leben und maßvoll.
Das Schreiben ist ein symbolischer Geschlechtsakt, sagte Godegde.
Ich bin immer etwas xelprep, sagte Valev.

48

Auf diesem Klosett, in diesem babyblauen Toilettenraum, saß ich auf einer polierten Holzbrille, ich saß wartend, in den Fingern ein ungutes Jucken, eine Art Reiz, der nie zu befriedigen ist, es sei denn, man schlüge sich die Finger wund. Aber wer wollte schon durch selbst herbeigeführte

Schmerzen siegen. Vor mir schienen mehrere Wandflecke zu sein oder die Tapete hatte im Lauf der Zeit nachgedunkelt; jedenfalls (man muß diese unangenehme Geschichte vollständig erzählen) suchte ich meine Lesebrille, eine dieser halbmondförmigen Exemplare aus rötlich braunem Horn, um auf diese kurze Entfernung etwas zu erkennen. Meine erwartete Erleichterung blieb aus. (Diese Art von Verhalten bei einem Impetus hygienischer Art war ich bis zum Überdruß gewöhnt.)

Bei den Flecken handelte es sich um sechs ziemlich verschwommene fotografische Porträts von (links nach rechts) Jaroslaw dem Weisen, Andrej Bogoljubski, Timur dem Eroberer, Schachruch, seinem Sohn, Mironschach (gleichfalls ein Sohn Timurs), dem Skythenkönig Skiluros, in dessen *passe-partout* ein gelblicher Zeitungsausschnitt von geringem Format steckte. Die alten Herren sahen verdrossen aus und schienen mir eine reichhaltige Leidensgeschichte (Magen und Darmtrakt) hinter sich zu haben. Das Porträt Mironschachs gefiel mir am besten; dieser Sohn des Timur sah so aus, als habe man ihn mumifiziert. Sein linkes Auge war größer als sein rechtes. Auf der Stirn hatte er vier Querfalten. Die Ohren waren sehr schön geformt.

(Seine Gegner sollen ihm den Kopf vom Rumpf getrennt haben; er muß dann Gelegenheit gehabt haben, von der Spitze eines Speers [seine Schädeldecke war beschädigt] mit einem ähnlichen gedankenvollen Blick seinen Rumpf zu betrachten; das alles waren eben die Folgen übermäßiger Aktivität.)

Unter dem Rahmen war ein rechteckiges Messingschild mit der Aufschrift – rekonstruiert nach der Gerassimow-Methode.

Nach dem Lesen dieser Zeile bemerkte ich, daß ich meine üblichen Kopfschmerzen vermißte.

Aus Langeweile (und weil ich nicht immer diese alten Visagen ansehen wollte) las ich den kleinen Zeitungsausschnitt, der folgende Nachricht enthielt:

> Castelgandolfo.
> Papst Paul ist am Mittwoch in seiner Sommerresidenz in Castelgandolfo von einem offensichtlich geistesgestörten Mann mit Steinen beworfen, aber nicht getroffen worden. Der Papst soll den Zwischenfall nicht wahrgenommen ha-

ben. Der Täter wurde sofort von der Polizei festgenommen.

Und während der Sekundenklimax, überlagert von einem Rauschen, meine Herren, mußte ich lachen, d.h., ich verzerrte mich und mein Kopf fiel unwillkürlich nach vorn; wahrscheinlich war das Lachen eine durchaus hysterische Reaktion nach der blöden Koinzidenz, mehr nicht, aber nach dem Aufprall meiner Schläfe (oder des Schläfenbeins) an der Wand blieb ein diffuser, nicht direkt unangenehmer Schmerz hinter der Stirn zurück, der sich leicht durch einen Fingerdruck beruhigen ließ; eine Minute später aber sofort wieder einsetzte.

49

Ich wartete auf Vera und ruhte in mir selbst. Ich lag auf meiner Couch, auf der durch meinen Körper polierten Ledermasse auf ihren vier kräftigen Löwenkrallen, die wieder in runden Filzbetten standen. Die Temperatur meines Rükkens entsprach exakt der des Leders. Meine Lider waren bleischwer. Zwei oder drei Elemente kämpften aussichtslos in meinem Magen. Ich mußte handeln. (Schließlich wollte ich an diesem Tag, achtundvierzig Stunden nach unserer Niederlage in St. Jean de Luz, ein gänzlich neues, absolut anderes, von Energie und Frohsinn begleitetes Leben anfangen.) Ich erinnere mich, Doktor, daß ich aufspringen wollte, auf die Füße springen (oder was man unternehmen kann, wenn man im Stehen handeln will) oder einfach schreien, um meine gequälte und blödsinnige Ruhe loszuwerden. Aber es ging nicht. Das heißt ich hatte (glaube ich jetzt) die Verbindung mit Nerven und Gehirn verloren; sicher, selbstverständlich, das kann ich sagen, zuckte so ein Muskel in den Waden, sogar synchron; meine Hände öffneten und schlossen sich voller Tatendrang, meine Zunge schwoll an, mein Speichelfluß nahm zu, wie vor einem kleinen Wutanfall, meine Augen quollen, und eine Träne floß mir vor lauter Anstrengung aufs Kinn; aber es war mir technisch (bei diesem Wärme-Gleichgewicht auf meiner Couch) unmöglich, diesen traurigen Tropfen zu entfernen. Ich weiß noch, daß ich hundertmal und mehr murmelte Jetzt muß ich handeln oder laßt uns handeln oder (für die Nerven, diese ungleiche Gesellschaft) es müßte gehandelt werden. Veras Besuch war zu fürchten. Man mußte die Wohnung aufräumen, die Bibliothek ordnen und den Kühlschrank enteisen. In den eisigen und porösen Schluchten klebten vergessene Likörflaschen; im rotgelben Licht der Innenlampe schimmerte ein Damenfeuerzeug mit den Initialen V. Z. und nach der Pflege des Kühlschrankes müßte Valev (das wußte ich mit großer Sicherheit) seinen Körper pflegen, d.h. ein Stündchen in einer Wanne verbringen, bei unveränderlichen Temperaturen.

Ich glaubte fest daran, daß Vera diesmal versuchen würde, mich zu verführen, d.h. mit mir (womöglich auf meiner abschüssigen Couch) zu schlafen, d.h., ich müßte zeigen, daß ich nichts Bestimmtes gegen sie oder ihren Körper hatte. Der Gedanke an frische duftende Wäsche schläferte mich eine Weile ein.

Ich hätte gern eine blutrote Unterhose angezogen, einen aggressiv wirkenden Herrenslip, der für sich selbst sprach und für meine verborgenen Energien; die Hauptsache war, daß die Farbe mir bestimmte, von Vera zu erwartende Sätze ersparen sollte.

Bedauerlicherweise besaß ich keine blutroten Slips; als Anhänger der Bequemlichkeit trug ich lediglich Hosen vom geräumigen Typus in der Länge von Bermudashorts in den Farben grau, elfenbeinfarben und blau – aber von einem Blau, das an die Zungen von Chow-Chows erinnerte.

50

Betrachte ich die Zeitschriftenbilder Veras (*Vogue* und *Harper's Bazaar*), dann ergreift mich eine gewisse, nicht unangenehme Erregung, die bis zu einer schwächlichen Erektion führen kann, aber nicht unter den immer gleichen Bedingungen. Sie posierte allein für mich auf körnigen Schwarzweiß-Fotografien für Guerlain oder Coco Chanel (von der ich nur wußte, daß sie im Pariser Ritz gestorben war.) In den meisten Fällen war sie so gut wie bedeckt, ab und zu sah man den Ansatz von Brüsten oder einen gespannten Oberschenkelmuskel bis zu einem Chiffonrand. Die Erregung über Vera als eine fotografierte Vera ließ sich durch blindes Mi-

schen steigern. Als Miß Balmain fing meine private Kurve an; (kaum geschminkt und mit geschlossenen Augen sah sie mich so vergrößert an, wie ich sie nicht kannte.)
Dann erreichte ich sie als Peggy-Sage-Modell in gedämpften Rot-Tönen; zum Schluß erschien ihre vierfache Variation bei Chanel, durch einen Weichzeichner etwas verschwommen, so daß ich die Lippen nahe an das Bild bringen mußte. Dabei öffnete und schloß ich meine Lider, als nähme ich sie noch einmal auf.

51

Wir hätten es leicht gehabt, bei den Hörapparaten, die nur ein ätherisches Rauschen von sich gaben, von den Bildern zu den Körpern überzugehen, aber ich sagte immer, ich schämte mich, diese Apparate zu betrügen. Dann lagen wir dicht nebeneinander und spielten ein bißchen, während ich eine Fotografie von Vera betrachtete. Ahmte sie ihr Bildmodell nach, mußte sie unbeweglich bleiben, um bei mir die gleiche Erregung wie durch die Fotografie zu erwecken. Aber die lebenden Bilder, so sehr sie sich auch Mühe gab, hatten nicht die Qualität einer stillen Fotografie.

52

War eine mögliche Verführung nicht zu umgehen, schützte ich Kopfschmerzen vor oder bat sie, mir essigsaures Natron zu bringen.
Dann fütterte sie mich und ich schloß meine Augen, weil sie halbnackt war. Sie schlug mir vor, die Tote zu spielen; ich könnte dann ungeniert eine Art von mehrdimensionalem Foto benagen und auch besprühen; aber ich sagte, das käme mir ein bißchen abwegig vor. Wenn ich sie als leblosen Körper (oder in ihrer Konfiguration als Ohnmächtige) benutzte, hätte ich das Gefühl, sie öffnete mittendrin die Augen und sähe mich an. Sie machte den Vorschlag, ein Kissen oder ein Halstuch über ihr Gesicht zu legen. Das war unmöglich. Ich sagte, nicht zuletzt ginge von ihrer Vollständigkeit (die auf Fotografien viel besser überschaubar war) diese erregende Wirkung aus und wenn man ihr Gesicht nicht währenddes-

sen sähe, könnte ich bestimmt nicht erfolgreich arbeiten. So gaben wir einen physischen Akt resigniert auf und ich beschnüffelte weiter ihre vielen Fotografien, während sie mich dabei beobachtete.

53

Mein erster Versuch, ein neues Leben anzufangen, endete mit einem gedämpften Fall aus mittlerer Höhe um die Teezeit. In meinen Eustachischen Röhren knackte es in regelmäßigen Abständen, als werde ein Revolver gespannt. Drehte ich den Schädel auf das rechte Ohr, hörte ich von unten das Geräusch eines Staubsaugers.
Draußen fielen feiste Schneeflocken. Irgendwo klingelte ein Telefon dreimal hintereinander. Mein Kühlschrank summte. Ab und zu wurden die hörbaren Geräusche schwächer; dann öffnete ich den Mund und versuchte zu gähnen. Mein Herz schlug mit geringer Geschwindigkeit.
Eine Weile (zwischen Gähnversuchen und Herzschlagbeschleunigungen) lauschte ich auf meine sogenannten selbsterzeugten Geräusche und ihre winzigen Echos an den Endpunkten ihrer an die Körperoberfläche führenden Kanäle. Der Magen hatte sich offenbar beruhigt; er schwieg stille und schien auf etwas Unbestimmtes zu warten. Magen-Magen-Trakt – sprach ich mit weit geöffnetem Mund vor mich hin. (Die Anthropomorphisierung verschiedener Privatorgane ging in solchen Situationen leicht von der Hand.) Ein Fuß lag unter einem der Beine; ich kannte weder den Fuß, noch das Bein und am allerwenigsten die zutreffende Ordnung der physischen Empfindungen zwischen dem Druck eines Beines auf einen Fuß. Mir war so matt zumute, daß ich nicht einmal bei Feuer oder Explosionen meine Lage verändert hätte oder hätte verändern können oder wollen.
Der Wille, lieber Doktor, dachte ich damals auf meine sehr herabgesetzte Weise (immer in dieser fluiden, »auflösenden« Mattigkeit) der, dachte ich auf meinem Ohr, der Wille ist schon das wichtigste; aber wenn er nun einmal fehlt, muß man lavieren, so gut es geht, auf glückliche Momente des Körpers warten und – (so weiter, sagte ich damals, glaube ich, mit weit offenem Mund.) An dieser Stelle bemerkte ich meinen alten Pilgrim-Schmerz, d.h. eine seiner Variationen

und in der Variation eine ziemlich ungewöhnliche Abweichung von der üblichen Wanderung. Die Schmerzconnexion zwischen Kopfschmerz und Gingivaschmerz wurde durch ein kurzfristiges Intervall gestört; das von Valev gemodelte Modell hatte seine Lage verändert, während ich neben der Couch lag.
Ich erwartete jemanden und hatte Zahnschmerzen; aber es handelte sich um einen leichten, unlokalisierbaren, diffusen Schmerz, der im Rhythmus mit einem schwerfälligen Schlucken auftauchte.
Um das neue Schlucken zu erproben, stand ich nach einer halben Stunde auf, wärmte ein dünnes Glas mit Bauch und trank zuerst einen doppelten Cognac, nach dem ersten (ohne eine Veränderung des Schluckmodells) einen zweiten und trank so fort, bewußtlos auf der Couch.
Die Zunge wurde süß und pelzig von dem Zeug und eine lange Weile betrachtete ich Zunge, Zungenboden, Zähne, Zahnfleisch und Schlund mit meinem Taschenspiegel.

54

Manchmal schickte ich Telegramme oder Briefkarten oder Postkarten oder kurz gehaltene Briefe mit Erfolgsmeldungen, die ich Briefstellern entnahm; fiel mir nichts ein, was man sagen oder schreiben oder melden konnte, halfen mir die Freunde mit den wechselnden Namen Dombois oder Waldkirch, die Herren Gilkin oder Ghinkil oder Mandrill, Malarmat oder Magott (mitunter schrieb er sich auch nur mit einem t) oder Mafel oder Tavel (er war Pole oder etwas in der Art), die enorm viele Erfahrungen mit fingierten Nachrichten an zweiflerische Familien hatten.
Wir schrieben dann etwa in einem optimistischen Tonfall –

> höchste Punktzahl erreicht (oder hohe Trefferquote) – im Kolleg über das erste Gossensche Gesetz und über das Theorem des abnehmenden Grenznutzens –

oder

leider durch Indisposition durch Hauptprüfung gefallen; Dr. Sinistram hält Zustand nicht für unmittelbar besorgniserregend und empfiehlt nur Ruhe.

Am besten schien es mir, über stattgehabte Krankheiten in der Zeit der Rekonvaleszenz zu schreiben; meine Mutter war immerhin recht gefühlvoll und mein armer P. mochte die Überwindung einer Krankheit schätzen. Dann schrieben wir –

schon wieder gehfähig; stelle jeden Tag Kräftigung der Muskeln fest.

Hin und wieder empfahl es sich, rätselhafte Nachrichten zu verschicken.

(Fortsetzung der Behandlung bei Dr. Monvice avisiert, erbitten Einverständnis.)

Wenn auch nie eine Antwort kam, so hatte ich doch das Gefühl, mit meiner Familie in einem lebhaften, alle möglichen Gefühle der Zuneigung oder Erschütterung freisetzenden Kontakt zu stehen.

55

Dann nahmen meine herzlichen schriftlichen Kontakte ein wenig ab; ich stand damals unter dem Druck einer Kur mit Dämpfen (streng nach der Panowski-Methode), die man vermittels eines Inhalators einatmen mußte, und war deshalb fortwährend leicht betäubt; in dieser Betäubung wollte ich meinen liebenswürdigen Eltern keinen Schmerz durch unklare oder undeutliche oder gar unwahrhaftig klingende Nachrichten zufügen. Ich ließ mir einen Gummistempel herstellen (mit unbeholfenen Krankenbuchstaben meiner Signatur) mit dem immer brauchbaren Text –

Besserung bemerkbar; Brief folgt, V. –

und schickte diese Texte dann auf der Rückseite von Kunstpostkarten an P. und M. Häufig vergaß ich sie zu frankieren.

Da ich meine Adresse niemals angab, läßt sich schwer sagen, ob sie jemals geantwortet hätten.

56

Was Intelligenz und Fähigkeiten betrifft, schreibt Bubneff Einleuchtendes; falls meine Umgebung jemals eine Erklärung meines Versagens wünschen sollte, würde ich den modifizierten Bubneff, Kapitel XI, anführen; Bubneff vertrat die Auffassung (jedenfalls in diesem Kapitel von »Dein Körper und Du«), daß der erfolgreiche Abschluß in einem Test (oder einer Prüfung) oder einer bestimmten Aufgabe (wie z. B. Was ist das *working-capital* eines Unternehmens, s. Valevs Prüfungsbogen im Institut Duveen, St. Jean de Luz) von dem Zusammenwirken verschiedener (also mehrerer) gleichrangiger Faktoren abhinge; diese Faktoren seien nicht unabhängig voneinander; man spräche in diesem Zusammenhang auch wegen einer geometrisch möglichen Darstellung von einer schiefwinkeligen Faktorenstruktur; aufgrund der ermittelten Zusammenhänge zwischen den einzelnen Faktoren könne man eine zweite Faktorenanalyse durchführen, die sich auf die Korrelationen zwischen den einzelnen Faktoren stütze; das war schon sehr klar, konzis gesprochen und einleuchtend; auf diese Weise gelange man zu der Feststellung, daß die Korrelationen durch die Existenz eines einheitlichen Faktors, des sogenannten Allgemeinfaktors zweiter Ordnung, erklärt werden könnten.

57

Schreiben Sie darauflos, sagte Sinistram oft; der Rest wird kommen. Suchen Sie sich ein Ordnungssystem! Passen Sie sich diesem System an! Übersehen Sie nicht die Vorteile einer dezimalen Numerierung; sie ist unauffällig und läßt keine Rückstände; soweit mein belesener Freund, der Doktor.

58

Fängt man etwas an, das man in Einzeloperationen zerlegen kann, wäre mir die Ordnung einer Fibonacci-Reihe lieber.

58.1

Die Bequemlichkeit läge darin, die natürlichen Auslassungen später der Vollständigkeit durch planvolle Ergänzungen zuzuführen; so wie es meinen wechselnden Zuständen zukäme, gesetzt, ich benutzte nur überhaupt eine Methode, um mir über etwas klarzuwerden und vorausgesetzt, ich hätte Handlungen vor mir, die einzelnen Operationen und ihrer Ordnung entsprangen; d.h. ich müßte eine Definition vor dem Problem finden und das Problem mußte außerhalb meiner selbst liegen.
Aber ich hatte ja nichts auf der Welt, auf das ich mich verlassen konnte. Und wie wenig wäre mit einer Lösung eines (dieses meines) Problems getan.

59

Ich konnte P.s Vorliebe für neoerewhonsche Prinzipien gut verstehen; in Samuel Butlers Land pflegte man mit Kranken anders umzugehen; »wenn in diesem Land jemand von einer Krankheit oder einem Gebrechen befallen wird oder sein körperliches Empfinden sonstwie zu wünschen übrigläßt, bevor er siebzig Jahre alt ist, kommt er vor ein Geschworenengericht, und falls schuldig befunden, gilt er als verfemt und wird verurteilt, je nach der Schwere des Falles. Dabei werden die Krankheiten eingeteilt in Verbrechen und Vergehen, wie bei uns die Übeltaten auch«, sagt Herr Higgs, der ein Anhänger des sogenannten »gesunden Menschenverstandes« war.
(Mein Vater bekam schwere Anfälle von Zittern und Sabbern, wenn er die Ordnung des *common sense* erschüttert sehen mußte.)

60

Nach dem Treffen mit Magot brachte ich meinen Kadaver in den Boulevard Temple, in die Dreizehn-Zimmer-Residenz meiner Mutter und ihrer unaufhörlichen Gesellschaft.

Meine Gedanken waren verworren und ich hatte die Melmoth-Kopfschmerzen – eine Mischung aus einem wellenförmigen Schmerz, der mit wandernden, unberechenbaren Stichen eine gewisse Starrheit der Augachsen mit sich brachte. Ab und zu kroch er (dieser Schmerz) hinter die Augen, so daß sie tränten. (Vera weinte in solchen Fällen mit mir, in der irrigen Meinung, ich sei über etwas gerührt oder beabsichtige eine Liebeserklärung.)

Zu den Kopfschmerzen gesellte sich mein Reflex-Tic; das hieß, ich öffnete und schloß die Kiefern, immer der Auffassung, mein Reflex, den Mund zu öffnen, könnte versagen; hing wieder mit einem anderen erfahrenen Tic zusammen, dem Vomitus-Tic. Ich hatte bei einer beliebigen Unterhaltung mit beliebigen Gegenständen manchmal das Gefühl, Diverses von mir zu geben, wenn ich den Mund über einen Radius nach einer heimlichen Vorschrift öffnete. (Passierte nur einmal bei Freund Guisler bei einem zu großen Schluck Cognac, den ich auf den Chiffonshawl einer an ihn gelehnten Dame von mir geben mußte.)
Über diesen Zeichen-Komplex wollte ich in Ruhe nachdenken; zu Hause hätte ich mich nur wieder mit der Ledercouch vereinigt, in der Residenz waren mindestens ein Dutzend Leute, die ich kannte; ich legte mir, meine Herren, ein paar Themen zurecht, über die ich bewußtlos sprechen konnte, sollte einer der alten Primaten Interesse an meiner Schwammigkeit haben.

61

Etwa 1844 verließ Spariel England; die Patienten gefielen ihm nicht mehr. Außerdem hatte es mit seinem letzten Patienten gewisse Behandlungsschwierigkeiten gegeben. Sein Patient war ein Gelehrter namens B. Berfers, der sich die Aufgabe gestellt hatte, die Häufigkeit bestimmter Vokale

zur Häufigkeit bestimmter Konsonanten quasi statistisch zu erfassen.
Nach drei Jahren unaufhörlichen Rechnens wurde er von einer seiner Umgebung unerklärlichen Müdigkeit und von einer gewissen Idiosynkrasie gegen Dinge erfaßt, die kleiner waren als seine Fingernägel.
Aus einem Grund, den niemand mehr verfolgen kann, fiel er Spariel in die Hände, blieb acht Wochen in dessen kleinem Sanatorium in Kent und wurde gemäß der Schritt-Therapie Spariels behandelt; der Patient wurde nach einem bedeutenden Schreibkrampf als geheilt entlassen.
(Leider hatte Spariel damals noch nicht seinen Assistenten Dr. Spange, eine Gesellschaft, die Berfers sicherlich wohl getan hätte.)
Welche seiner vielen Methoden Spariel angewendet hatte, läßt sich schwer sagen. Jedenfalls hatte er die Exzerpierungsmethode wesentlich durch bessere (selbst geschriebene) Texte erweitert wie auch verfeinert, ob er schon so weit war wie in Frankreich bei seinen Behandlungsmethoden Schrift, Schreiben und Musik, ist uneindeutig.
(Bei dieser Therapie im zweiten Teil des Behandlungsweges mußte sich der Patient auf dreifache Weise konzentrieren; zuerst auf das saubere Abschreiben der Texte, auf das Erfassen, Begreifen oder Würdigen der Texte und zuletzt auf die Bedeutung der Töne für seinen Zustand, während er begriff [auffaßte und würdigte] und schrieb. Als Lärminstrumente benutzte Spariel Drehleiern, Schalmeien, Kurzhölzer, Maultrommeln, Fiedeln und unter Umständen Flöten, die er von zufällig herumlungernden Bediensteten schlagen, blasen und streichen ließ.)
Sein Patient Berfers entwickelte gegenüber den großen Werken der englischen Literatur trotz des sparielschen Heilzertifikats neue Aktivitäten – (während für Spariel eine Behandlung als abgeschlossen galt, wenn der Patient irgendwelche Arten von sogenannter Aktivität an den Tag legte, gleichgültig welche und mit welcher Wirksamkeit) – die sich bedauerlicherweise darauf konzentrierten, bestimmte Vokale einfach zu eskamotieren, um die Zahl der möglichen Beziehungen zwischen Konsonanten und Vokalen zu verringern.
Der Gelehrte schrieb eine kleine Abhandlung über das, was er das Nullisieren nannte, und hatte bei gewissen Puristen einen nicht lange anhaltenden Erfolg; eine Zeitlang hoffte

seine Umgebung, wenn sie gelehrt war, er habe ein neues System einer strukturellen Beschreibung der Grammatik und Syntaktik entdeckt; als man sein Prinzip der Reduktion einsah, ließ man ihn fallen. Seine Frau brachte ihn dazu, seine Bibliothek neu zu ordnen, wobei er die bibliographischen Angaben über seine sämtlichen Bücher von grünen Karteikarten in einem Format auf blaue Karteikarten in einem anderen Format übertrug. Als der unglückliche Mann anfing, auf eigene Kosten einen vokallosen Shakespeare drucken zu lassen, verließ ihn seine Frau.

Derlei geglückte Fälle faßte Spariel als Privatdruck zusammen – (»Répétition G, Einige Fallstudien«), ließ sie in England in französischer Sprache drucken und verließ England, um nicht mehr wiederzukehren.

62

Als meine Mama noch meine Adresse hatte, schickte sie mir zu jedem ihrer Geburtstage eine Fotografie von sich, aufgenommen von einer Freundin; der wackeligen Handschrift nach war es immer dieselbe. Meistens wählte sie ein Hochformat, auf dem sie vollständig, von den absatzlosen Schuhen bis zum Dutt zu sehen war.

Da sie meine Liebe zum Unbeweglichen kannte, änderte sie in den Jahren kaum ihre Haltung. Sie saß gerade aufgerichtet mit ihrem Arthritis-Stock nahe am Rand der Sitzfläche eines kleinen Sessels und blickte in der Höhe des Objektivs in die Kamera.

Alle zwei Jahre war die Aufnahme verwackelt und in einem fahrlässigen Schatten. Manchmal war der größte Gegenstand auf dem Bild ein vorgeschobenes Knie. Neben ihrem rechten Ohr sah man eine Zeitlang eine Gruppenfotografie, ein Ehepaar mit einem fetten Säugling zwischen sich, auf einem Pelz. Dann verschwand eines Tages der Herr; ich nehme an, meine M. hatte eine Retouche vorgenommen.

Kurze Zeit später folgte die weibliche Figur dem Herren nach und zurück blieb nur dieser fette Säugling, durch die Retouche sehr einsam auf dem weißen Pelz.

Diese Fotografien mußte eine Tante Cordelia erledigen, weil Aufnahmen mit einem Selbstauslöser das Zeitgefühl meiner Mutter täuschten.

Sie hatte mehrere Aufnahmen mit einer Selbstauslöseapparatur versucht, aber da sah ich zu ihren Geburtstagen entweder nur ihr geisterhaftes Hinterteil oder die Mittelnaht ihrer Strümpfe auf einer übermäßig glänzenden Wade. Einmal hatte es mit ihrem Zeitgefühl geklappt, aber auf dieser Fotografie sah sie mit geöffnetem Mund beiseite, als habe der Apparat sie zu früh erwischt.
Auf diese Weise überließ sie den Akt des Belichtens Cordelia, einer beleibten Tante, die sehr klein war, so daß sie zum Fotografieren auf einen Hocker steigen mußte. Dabei fürchtete sie sich vor Höhen und Mama mußte ihr in jedem Jahr von neuem alte Anweisungen über das angemessene Verhalten beim Fotografieren zuflüstern.
Cordelia war sehr penibel und da sie zwei Objekte gleichzeitig halten mußte, nämlich den Elektronenblitz und die Kamera, während unter vielen Augenblicken nur ein einziger der richtige für die Aufnahme war, zitterte sie und sagte (wie ich sie kenne) immerfort oi, oi, oi, wenn das nur gut geht. Dann sagte meine sonst cholerische M. vielleicht, sie solle sich nicht so anstellen. Auch hier spielte ihr Zeitgefühl ihnen mit, denn beide Damen hatten zwei verschiedene Auffassungen von Zeit; das eine Mal verging sie zu langsam, das andere Mal (für die Fotografin) zu schnell; daher die sanften und verschwommenen Schwarzweißtöne bei einem ununterbrochenen Bild.

63

Auf dem letzten Bild trug M. einen runden Hut, als wolle sie unmittelbar nach der Aufnahme ausgehen; durch eine andere Beleuchtung sah man vom Bild mit dem Säugling rechts von ihr nur den gläsernen Reflex; ihre Füße standen nicht nebeneinander. Man konnte nur ein Auge sehen. Auf ihrem Schoß saß ein Chow-Chow-Baby mit einer dicken, hängenden Zunge. Dieser Teil des Bildes war so scharf, daß ich auf den blauschwarzen Lefzen des Hündchens einen Tropfen Milch sehen konnte, der sich im nächsten Augenblick lösen würde.

64

In einer Ärzte-Zeitschrift las ich kürzlich in einem verfasserlosen Artikel eine interessante und aufschlußreiche Bemerkung über den Kopfschmerz, d.h. Cephalgien unklarer Genese.

> Die nichtvorhandene Wunschvorstellung führt als psychische Bedingung zum Zustand einer larvierten Depression, die sich in Form eines konversionsneurotischen Symptoms in der Art von Kopfschmerzen äußert.

(Ich erinnerte mich an meinen Zahnarzt van Ey. in A., der eine zahlreiche Familie hatte. Bei ihm entstanden die Kopfschmerzen direkt als Folge einer sichtbaren und fühlbaren Über-Zahl).

65

Ich vermied es von Anfang an, die Hände meiner Verlobten (später nicht nur die Hände) zu ergreifen oder zu berühren (bis sich Berührungen nicht mehr vermeiden ließen); bei Menschen, dachte ich, die ein gewisses Interesse aneinander vereinbart haben, sind Berührungen überflüssig, führen zu Unempfindlichkeiten und schließlich zur Verachtung. Meine künftigen Schwiegereltern habe ich nie angefaßt und werde sie voraussichtlich auch niemals anfassen müssen. Hygiene und Vorsicht ist alles und jede Definition eines »normalen« Umgangs muß sich nach ihren Prinzipien richten.
Es ist bedauerlich, daß eine Verliebtheit beinahe immer mit dem Austausch von Speichel verbunden ist, mit Küssen und wenn Küsse, mit weiteren Zärtlichkeiten. Meinetwegen hätte Vera ihr Gesicht mit einer Seidenmaske bedecken können – (früher schlug sie mir diese Möglichkeit vor); aber ich nahm auf unser Zartgefühl Rücksicht und verlangte nichts von ihr. Leider würde es, das war mir immer klar, nicht immer bei Küssen mit Mund oder/und Zunge bleiben.
Die Natur ist gegen jede Einseitigkeit, wie Bubneff richtig sagte.
Wir sind komplett ausgestattet (so fährt er fort), ausgestattet zu allen Spezifikationen der technischen Aspekte der Liebe,

was die Verrenkungen oder den Austausch von Säften betrifft; und nicht alle Aspekte sind allein für die Fortpflanzung da. Auch wenn wir keine Kinder wünschten, schien mir eine Menge bevorzustehen. Man kann nicht den ganzen Tag lesen oder essen oder auf der Seite schlafen. Einmal schenkte ich Vera ein hübsches amerikanisches Buch, in dem irgendwelche Christen vorkamen, die sich auf eine trockene und blitzartige Weise kopulieren; sie verlor es im Foyer des Hotels Golgatha. Insgesamt, pflegte ich dann in einem Anfall von Wortfluß zu sagen, ist nichts Besonderes daran. Wir sind keine Tiere. Wir können eine vernünftige Vereinbarung über unsere gegenseitigen Gefühle treffen und auch zu jeder Zeit Zusätze anhängen, sollte sich hinsichtlich unserer Emotionen etwas ändern. Schließlich kenne ich nicht alle deine Gewohnheiten und man weiß nicht, wie die Zukunft aussieht.

Vielleicht verdirbt dich ein schlechtes Lektüre-Beispiel und du willst etwas über unsere Vereinbarung Hinausgehendes.

Alles ist möglich, nur die Körpermetaphysik wollen wir vermeiden, das Animalische daran. Ich weiß, daß es schönere Ausdrücke gibt. An allem ist ja das Gehirn schuld, d.h. die Augen, die einen Reiz, nicht wahr, gegen ihren Willen wahrnehmen; diese Wahrnehmungsimpulse gehen zuerst zum Auge, vorausgesetzt, man hat sie aus irgendeinem Grund geöffnet, und dann über die Nervenbahnen zum Gehirn und dort erregen sie dann eine bestimmte Zone im Stammhirn (Hypothalamus setzte ich in manchen Fällen im Bett hinzu) und nach einem Befehl an die Hypophysen-Vorderlappen werden deine, ich meine vielmehr diese Hormone ausgeschüttet und die, verstehst du, wirken auf die Geschlechtsdrüsen. Also handelt es sich um bekannte, erklärbare und allen gemeinsame Reaktionen, von denen man nicht soviel Aufhebens machen sollte. Wie Frauen zu ihren ähnlichen Reaktionen kommen, das weiß ich nicht, glaube aber nicht an gravierende Unterschiede.

Bevor ich meine Erklärungen der Schönheiten der Parthenogenese anfangen konnte, war ich schon eingeschlafen.

66

Ich lag unter meiner Flickendecke auf der Couch und fing das neue Leben an. Das war nicht leicht. Entschlossenheit ist nicht alles. Vor allem braucht man Beispiele, nach denen man sich strikt richten kann. Bedauerlicherweise gab es keine absoluten Beispiele.
Beispiele, die brauchbar waren, kamen nur in Modellen vor und Modelle kannte ich nicht; nur schlechte, nicht absolut aufzufassende Beispiele aus der nächsten Umgebung.

Es schien mir das beste zu sein, abzuwarten und mit dem Zufall zu rechnen, wenn man mit dem Zufall rechnen kann.

(Unter meiner Flickendecke numerierte und memorierte ich stumm meine machbaren oder denkbaren Beispiele für mein privates Modell; das Valev-System; mitunter numerierte ich nicht, und das Beispiel verschwand, wurde durch andere ersetzt, fiel unter den Tisch und ordnete sich heimlich einem ausgedehnteren Beispiel zu.)

Ereignisse, die nicht aus Zufall passierten, wollten wir ausschließen; welche Determinanten?

67

Unter der Flickendecke lag ich und fror nicht; ich fror nicht und mir war weder kalt noch warm; es gab keine Transpirationen und keinen Herzschlag.
Von der Decke genau über meinem Schädel fiel ein Stück Putz herab.

Ich hatte meine Kopfschmerzen. D.h. ich hatte Zahnschmerzen, wenn man von einer Lokalisation ausgeht.
Minuten später fiel mir ein zweites Stück Gips auf den Schädel.

68

68

Wie bedauerlich (sagte eine Nummer unter der Flickendekke), daß die Urteile, die implizit oder explizit unsere möglichen Handlungen determinieren (nahelegen), selten die Wahr/Falsch-Dichotomie decken.

69

Es gab unter allen Beispielen ein besonderes Beispiel; dem war äußerst schwer auf eine vernünftige Spur zu kommen; ich meinte (an dem Tag, an dem Vera ankam) die Nachricht in der Form eines polypropositionellen Witzes, in dem der Papst mit Steinen beworfen wurde, ohne getroffen worden zu sein oder es überhaupt bemerkt zu haben.
Die Elemente waren nicht eindeutig bestimmbar.
Aber wenn ich die unbestimmbaren eliminierte, blieben die bestimmbaren übrig; blieben sie übrig, ergäbe dieser Rest eine unerhebliche Summe an Sinn; oder nicht.

70

Als ich wieder aufwachte, war mein Kadaver kalt und meine Visage mit Gipsstaub bedeckt. Ich weiß nur noch, daß ich in aller meiner Schläfrigkeit die Zahl 48 murmelte.
Beim Lesen der Notizen (ein Jahr später) stellte ich fest, wie wichtig No. 48 (Aufzeichnungen post Toilette) gewesen wären. Ich mußte noch ein Beispiel finden, jetzt, hier und heute, oder ein zweites, ein drittes nicht ausgeschlossen.

71

Mehrmals in einem Jahr nützt es, um aufzuwachen, an einen bestimmten Namen zu denken. Am besten sind bekannte Namen aus der Historie; die Träger müssen tot sein. Namen und Eigennamen aus der Umgebung, an die man mit Absicht denkt, erschrecken zu leicht.

Gemäß der Geschwindigkeit meiner Lidschläge sagte ich mir folgende Liste von Namen auf; unter all diesen (zufälligen)

Namen mußte einer sein, der eine Bedeutung hatte, die hinsichtlich der Reihe der Beispiele kein Zufall war.

Lowe oder Loewe
Bubneff
S. Leming
Newman
Quevedo
Sor Juana Inez de la Cruz
Ossipowitsch Panowski(y)
R. Ripar
Prosper Glosse
P. Oniever
Boswell
Taylor
Goldsmith
Johnson
A. France
S. Butler
J. J. Rousseau
L. Pelu
H. Ellis
J. M. Spariel
V. Rhode
H. Lindley
C. Hamel
Sydenham
D. Hune
D. D. Home
F. Hoffmann
A. C. Lorry
H. Semsade
Celsus
G. Campbell
L. Marschagakin
(du
mußt
die
Namen
notieren,
sagte ich mir immer und immer wieder.)

Nach wiederholtem Zählen (mit Hilfe von Fingern und Zehen unter meiner zeltartigen Decke) war es mir möglich festzustellen, daß ich insgesamt dreiunddreißig Namen hatte.

War es Boswell?

Wenn es Boswell war (als Name in dieser Reihenfolge zwischen P. Oniever Taylor), war es ein purer Boswell oder ein auf Johnson bezogener Boswell; war es ein Boswell vor oder nach der Reise nach den Hebriden?

(Vielleicht hatte der Herr, der Steine auf den Papst werfen wollte und nicht getroffen hatte, wer kennt die Entfernungen in Castelgandolfo, den Papst mit einem Bekannten verwechselt, einem Freund, einer Freundin, einer Tante, einer Mutter oder einem Onkel; Italiener [vorausgesetzt, er war kein Ausländer] haben ja große Familien und leben in matriarchalischen Verbänden. Neigen Italiener dazu, Steine auf Päpste zu schmeißen?)

Johnson? Allzu gesund? Nicht gesund? Aber auch nicht krank? Weder gesund noch krank? Jedenfalls hatte er keine von Boswell beobachteten oder notierten *vapeurs;* weder vor dem Wörterbuch noch danach. (Aber Boswell mußte ja nicht alles vollständig notiert haben, was ihm die vollständige Wahrnehmung Johnsons gestattete.)

Oder waren es weder Johnson noch sein armer Boswell, d.h. nicht zwei bestimmte Personen mit einer bestimmten Bedeutung, sondern eine zwischen zwei Personen hergestellte Bedeutung, nämlich die des Textes Boswell dauernd über Johnson; ich drehte mich auf die Westseite und dachte mit aller Kraft an »The Life of Samuel Johnson«.

Es mußte also Stellen geben; über dem Vorwort schlief meine linke Hand ein, mein rechtes Bein und das Telefon klingelte zwei- oder dreimal. (Der Schmerz hatte jetzt eine funktionssichere Passage zwischen Jochbein und Oberkiefer gefunden; man hätte nichts darüber sagen können, er [der Schmerz, den man einem Arzt gegenüber hätte beschreiben müssen] pulsierte nicht und zerrte nicht, da gab es kein Stechen und kein Brennen.)

73

Eine Krankheit kann ohne die sie definierenden Symptome auftreten, wenn Auftreten dafür der richtige Ausdruck ist.

74

Kurz nach 12 Uhr mittags erinnerte sich ein gipsbetäubter Valev an eine der möglichen Stellen; im Wortlaut von Butler (K.) hieß sie –

> Verlassen wir uns auf das Krankheitsdossier (das im übrigen sehr schlampig geführt wurde), so litt Johnson eines Sauerstoffmangels bei der Geburt halber an einem lebenslänglichen Trauma; die Nachwirkungen riefen die seelischen Gleichgewichtsstörungen hervor.

Das Lesen dieser Stelle erzeugte die Erinnerung an eine zweite Stelle. Aber es war nicht klar, warum ich mich bei dreiunddreißig Namen ausgerechnet an das Boswell-Johnson-Gespann erinnerte.
»Ich kann Sie im Dunkeln riechen?« dabei hieß es wörtlich (schlug später nach) – »ich rieche Sie im Dunklen«.

75

Eine Handvoll Fotografien sammelte ich von jenen verschollenen Vorfahren, die Ärzte waren, mit Ärzten zu tun hatten, durch Ärzte (oder eine hilfreiche Handreichung unter Kollegen) ins Grab gebracht worden waren oder ein Arzt (oder mehrere) ins Grab gebracht hatten. Die Ausbeute war leider nicht sehr groß; in der wilhelminischen Zeit hatte sich einer der V.s in Berlin niedergelassen und als praxisloser Arzt die Rolle eines gütigen Onkels gespielt, der nur brieflich per Vorauskasse auf Annoncen antwortete; er kaufte sich eine Villa und ließ nur diejenigen Damen vor, die ihrem Schreiben eine Fotografie beigelegt hatten; es kam eine große Anzahl zustande. Als sein Ruf gesichert war, unterließ er den Annoncenverkehr. Seine Heilerfolge sollen beträchtlich groß gewesen sein; seine Heilmethode war einfach. Er behauptete, der Mensch sei zusammengesetzt aus etwa 80 Grundstoffen, sogenannten Primaten, von denen sich im Lauf des Lebens einige schneller erschöpften als andere. Sei einer dieser Grundstoffe erschöpft, fühle der Mensch sich krank.

Vollkommene Gesundheit war also zu erlangen durch die Wiederherstellung, Regeneration oder Ergänzung der Grundstoffe. Alle abwesenden Primate lieferte V. in seiner Privatpraxis; die am häufigsten fehlenden waren Phosphor, Mangan, Kalk, Eisen und vor allem Wasser. Es entsprach seiner Exklusivität, daß dieser unser V. mit Wahrhaftigkeit in der Hauptsache Mangel an Wasser konstatierte, denn er schien von Chemie nichts zu verstehen. Statt dessen schaffte er sich eine Kollektion kostbarer Becher in verschiedenen Größen an und ließ, damit es seriöser aussähe, die Unglücklichen *aqua destillata* aus Gummischläuchen mit goldenen Mundstücken trinken. Ab und zu verabreichte er auch einen wohlschmeckenden Sud aus Marmorstaub und Likör, wenn eine ernsthafte Erkrankung vorlag. Mit Blumenwasser hatte er (in der Waldersee-Zeit) weniger Erfolg.

76

Eine zeitgenössische Fotografie zeigt meinen V. in einem fotografischen Atelier. Er steht im Gesellschaftsanzug auf einem Teppich neben einer Birke. Sein Bart macht den Eindruck, als sei er ein wenig aufgeweicht. In der rechten Hand hält er einen grauen Zylinder, in der anderen eine Phiole, höchstwahrscheinlich gefüllt mit *aqua destillata.* Nach dieser Aufnahme entdeckte er noch dreißig andere Primaten (Grundstoffe), so daß er seine Kollektion von Flüssigkeiten erweitern mußte.

77

Als Modell, sagte ich mir, war ich undeutlich. Ein paar Züge waren übertrieben ausgeprägt, andere fehlten. Selbst meine Empfänglichkeit für Tics, Beschwerden, Schmerzgefühle und Krankheitsbilder hätte besser funktionieren können.

Meine Vorfahren waren wenigstens noch rationale Tiere gewesen mit schwach ausgebildeten Reflexen, ohne Instinkt, aber begabt zu Vernunftschlüssen.
War man (wie ich) eine fette und fatalistische Existenz in einer unerschütterlichen Balance, wäre es das beste, sich cartesianisch zu definieren und die wirksamsten Schlafmittel auszuprobieren. Aber ich wollte etwas anderes und wußte nicht recht warum; vielleicht ließe es sich besser leben, wenn man fit und fett war.
Was bleibt denn übrig, als aktiv zu sein (oder zu werden), wenn man, laut Definition, »mangelhafte Materie (war) von zweifelhafter Ausstattung in einer uneindeutigen Mischung, umgeben von einem häßlichen Geruch und hörbar durch einen Plärrton im Ultraschallbereich, der den meisten Hunden angenehm ist?«
In diesem Augenblick, auf der Couch, mittags, unter meinem Flickendeckenzelt, war ich so gut wie fest entschlossen, mein Leben, was gewisse Aktivitäten betraf, irgendwann in der nächsten Zeit zu ändern. Nach dieser Überlegung schlief ich sofort ein.

78

Wenn wir einen Schmerz äußern, vereinbaren wir gewissermaßen mit unserem Gebrauch einer Konjunktionshypothese (Kausalhypothese) eine Connexion (Verbindung?) mit unserem zweiten Körper, der ein idealer Körper ist, weil unsere konjunktionshypothetischen Vereinbarungen über einen Schmerz auf ihn zutreffen. Erst dieser neu entdeckte Körper folgt nicht mehr den Gesetzen des üblichen Schmerz-Solipsismus; jetzt sind alle Zeichen Symptome und alle Symptome entsprechen dem Bild einer unserer Krankheiten. (Spariel im Jahre 1846 im Vorwort zu ›Acedia‹ in seiner englischen Emigration.)

79

Von Johnson stammte auch die Geschichte über »Das Frühe Aufstehen«. Leute, die morgens (mittags) schwer aufstehen, sammeln solche Geschichten. Aber das Sammeln nützt ihnen nichts; deshalb steht man nicht besser oder schneller auf. Die Dame, von der Johnson Boswell gegenüber sprach, befestigte am Abend ein Gewicht an einem Stück Schnur; ein Wachslicht brannte die Schnur zu einer bestimmten Zeit entzwei, das Gewicht – uswf. – jedenfalls eine nicht empfehlenswerte Methode.
Merkwürdig ist, daß Johnsons Angaben undeutlich sind; welche Entfernung mußte die Kerze von der Schnur haben? Wie dick mußte die Schnur sein und wie konnte man berechnen, zu welchem Zeitpunkt die Schnur verbrannt sein würde, so daß ein schweres Gewicht zu einer bestimmten Stunde herabfiel!
Boswell war mir da immer lieber; er sagt nach J.s Geschichte lediglich: »Ich habe schon erwogen, mich durch eine Art Flaschenzug langsam, aber sicher aufrichten zu lassen; allein das wäre keineswegs schmerzlos, da sich innerlich alles dagegen sträuben würde.«

80

Man hat hier gewiß mehr Ruhe, auch die Freiheiten sind besser festgelegt; aber mein Schreibtisch ist unzureichend.
Man hatte mir einen ausgedehnten, schloßlosen Tresor zur Verfügung gestellt, ein kompaktes Ding in Tischhöhe, dazu einen sogenannten Gesundheitsdrehstuhl, dessen Lehne fehlte.
Es gibt hier viele Annehmlichkeiten, jedenfalls überwiegen sie gegenüber den Unannehmlichkeiten, z. B. die Sprinkleranlage; die gemeinsamen Bäder. Vom Fenster aus sehe ich eine schöne, unter allen Umständen beruhigende Perspektive; links führt eine kleine Pappelallee zu einem verstopften, nierenförmigen Teich, in dem drei Frösche und zwei Kröten wohnen.
(Wir gehen dort manchmal, die Augen auf die Allee und die dahinter liegende Wiese gerichtet, spazieren.)
Man hält mich nicht oft dazu an, Spaziergänge zu machen.

Den offenbar wichtigen Ozon oder das Oxygen oder etwas Ähnliches kann man auch aus dem offenen Fenster beziehen.
Aber der Blick ist nicht übel. Bei der Perspektive habe ich oft nach der Natur gezeichnet, wie man sagt. Neben der rechten Pappelreihe steht ein geschwärzter Ziegelbau; das Gebäude wurde 1890 gebaut, hat drei Schornsteine, die selten rauchen und gehört zur großen Friedhofsanlage. Nach 1945 wurde eine Anlage für Inzinerationen eingebaut.
Von meinem Gesundheitsstuhl ohne Lehne läßt sich ohne Mühe sehen und richtig konstatieren, daß Erdbestattungen wieder beliebter werden.

Wir haben eine überempfindsame Sprinkleranlage; beim geringsten Temperaturanstieg entläßt sie aus mehreren (nicht allen) Düsen entweder lauwarmes, gelbliches Wasser, sehr heißes, schneeweißes Wasser mit enormer Dampfentwicklung oder eiskaltes Wasser, das blutig aussieht und bleibende Flecken hinterläßt. (Meine Seiten, jedenfalls die dezimalnumerierten, sehen aus wie oft wiederholte Briefe von Selbstmördern, die mit Äxten oder Rasiermessern arbeiten.)

Bei einem Feuer (im letzten Jahr) reagierte das mechanische Gruppensensorium der Sprinkleranlage nicht und ein großer Teil der Akten im Trakt IV verbrannte. Die Ordner mit dem Buchstaben N–Z existieren nicht mehr. Das hat seine Vorteile, das hat seine Nachteile. Mir ist es absolut gleichgültig, wie man mich anredet.
Aber das allerbeste ist die hier herrschende absolute Ruhe; der Tag ist überhaupt eingeteilt in Ruhe-Phasen. Da den Pappeln die Blätter fehlen – (sie vertrugen die Luft an diesem Ort nicht), gibt es kein Rauschen bei Wind. So oder so, ob Blätter oder nicht, ist es hier außerordentlich windstill. Vögel kommen selten. Wenn sie herumhocken, schweigen sie und bewegen nur die Köpfe. Eine ältliche Krähe kommt häufiger, sie sucht keine Gesellschaft. Sie scheint ein bißchen krank zu sein. Ihrer Qualitäten in Schweigsamkeit und Stoizismus wegen habe ich sie irgendwann aus einem unerfindlichen Grund Adujew genannt.

81

Während meiner genealogischen Untersuchungen erhielt ich aus der Schweiz eine Postkarte in einer großen und hastigen Handschrift, geschrieben mit einem überreifen, grünen Kugelschreiber; der Text war sehr sonderbar.

Mein lieber alter V.,
Sie glauben nicht, wie öde hier alles ist und in der Schweiz überhaupt.
Das Essen ist verträglich. Meinem Bein geht es besser und wie geht es Frau Vera? Dem Papa? Wie geht es der eigenen Gesundheit? Auch besser? Wurde in letzter Zeit von zwei (2) Hunden gebissen, von einem Spaniel (braun-weiß) und darauf ein Rottweiler. Arge Schmerzen, wenig Hoffnung.
Ihr alter Freund Domwald

Die Formel Ihr alter Freund Domwald war mit einem gelben Filzstift doppelt unterstrichen. Nach dieser Karte bekam ich öfter Karten von ihm, meistens mit grünem Kugelschreiber, manchmal mit einem dünnblütigen blauen; er schien sich eine Blutvergiftung zugezogen zu haben und seine Schrift wurde von Karte zu Karte hastiger und großzügiger.

82

Ich suchte weiter nach den verschlafenen Spuren von familiären Abweichungen, nach heimlichen Aktivitäten und angenehmen Passivitäten. Die meisten meiner Familie, vom 15. Jahrhundert an, waren im bürgerlichen Sinn erfolgreich, absolvierten verschiedene bedeutungslose Krankheiten im üblichen Zeitraum und nach der üblichen Inkubation und starben, bis zuletzt lebensheiter, in ihren Betten.
Eine Ausnahme fand ich im 17. Jahrhundert, bei einem in England naturalisierten Vorfahren. Dieser V. (der Hauptlinie) litt an Schlaflosigkeit infolge, wie die ihn behandelnden Ärzte sagten, überdrehten Lebensumsatzes; d.h. seine Lebensgeschwindigkeit war höher als die gewöhnlicher Leute, er kam mit einer Stunde Schlaf aus und setzte ungeheure Mengen von Energie pro Tag um. Er war Lordrichter und aus Schlaflosigkeit schrieb er Abhandlungen über Ethik; das

genügte ihm nicht, denn er schien nicht ausgelastet zu sein. Durch Zufall entdeckte er die Schönheit und den Nutzen praktischer und theoretischer Ballistik und erfand ein doppelläufiges Gewehr (Kugellauf und Schrotlauf), bei dem die Läufe gezogen waren. Vor lauter Unfähigkeit, Energie falsch zu vergeuden, schenkte er sich seine Stunde Nachtschlaf und von da an dachte und handelte er nur noch. Als er in den ›Philosophical Transactions‹ seine Theorie der siebzehn Züge erläuterte, setzte er zum erstenmal weniger um als er brauchte; soviel V. auch arbeitete, handelte, dachte und sich aktivierte, er wurde dicker und dicker und weil er dick wurde, verlangte sein Körper zuerst die Stunde Schlaf zurück, später mehr als nur eine Stunde; zum Schluß brauchte er 24 Stunden Schlaf, dann 38. Ein Stich zeigt diesen prachtvollen Mann auf einer geblümten Ottomane, schlafend. Auf einer Konsole steht ein Stundenglas, das längst abgelaufen ist.

83

Bubneff unterschied (»Auch du hast einen Körper«, S. 87ff.) vier materielle und geistige Werte erzeugende Tätigkeiten; die reproduktive, die applikative, die interpretative und die produktive Arbeit. (Ich kniete noch immer vor meiner Ledercouch und knetete abwesend meine kalten Pfoten.)
Für mich kam offensichtlich nur eine Form der applikativen Arbeit in Frage, in der sich, streng nach Bubneff, produktive und reproduktive Funktionen mischen. Mit Recht schrieb Bubneff, die applikative Arbeit richte sich auf die sinnvolle Anwendung bereits bekannter Kenntnisse, Methoden, Verfahren und Aspekte und es ginge dabei lediglich um Adaption und Deformation des schon Gelernten oder Erfahrenen im Hinblick auf ein gestelltes Ziel.
Wir übertreiben nicht, rief Bubneff zum Schluß, wenn wir behaupten, daß die ganze Menschheit (ausschließlich Valev) ihren Fortschritt auf allen Gebieten des Alltagslebens, wie auch in der Wissenschaft, Kunst, Technik und Politik, der applikativen Arbeit zu verdanken hat.

84

Für meine Existenz gab es keine ordentliche oder brauchbare Struktur, Gott, Struktur, es gab kein deutliches Muster, keine sicheren Zeichen, nach denen ich mich hätte richten können; was nützte die schönste Interpretation bei einem widersinnigen oder unklaren Text?

85

Mein linkes Ohr lag auf dem polierten Leder meiner Couch; ich suchte nach alten Geräuschen. (Dabei murmelte ich immer wieder Gleich stehe ich auf, ich erhebe mich sofort, gleich bin ich soweit, Achtung, bald bin ich oben uswf.) mein Herz schlug dumpf und regelmäßig. In beiden Ohren war ein feines Klingen, wie von ätherischen Insekten. Ich fing an.
Selbstverständlich war es überall sauber; aber der erreichte Grad an Sauberkeit und Hygiene genügte nicht meinen Ansprüchen mit Rücksicht auf die Aufgaben des Abends.
Ich war fest entschlossen, mit Vera zu schlafen.
Ich wechselte die Handtücher im Badezimmer; für alle Fälle versteckte ich noch ein paar zusammengefaltete im Schlafzimmer, weil ich mich unklar an einen Liebesroman erinnerte, in dem die verteilte und überall greifbare Existenz von Handtüchern eine Rolle spielte; mit einem Ätzmittel desinfizierte ich alle Becken; unter die Porzellanränder des Klobekkens applizierte ich duftende Seifenkugeln; in einem Glasröhrchen in den Tiefen des Medizinschrankes entdeckte ich vier Tabletten in milden Farben; um den schlechten Geschmack im Mund loszuwerden, lutschte ich zwei von ihnen; ich räumte den Kühlschrank aus und ich räumte ihn, um einen Mageninhalt vermindert, wieder ein; ich überprüfte, ob alle Birnen funktionsfähig waren; man wußte nicht im voraus, wozu Licht am Abend nötig sein würde; ich stellte neue Lichtquellen auf, um mit den neu installierten Illuminationen nicht eine Ecke dunkel bleiben zu lassen; Helligkeit und Klarheit hatte überall zu herrschen; am sorgfältigsten präparierte ich alle jene Stellen, an denen es passieren könnte.

Dr. Monvice hatte sich spezialisiert; er hatte seinen Blick auf die menschliche Sexualität und das Unbewußte gerichtet und war der Meinung, alle Handlungen, einschließlich des Ganges auf die Toilette, steifer Finger oder Kopfschmerzen, seien heimliche Ersatzhandlungen; nur die Onanie gehörte nicht zu diesen surrogativen Behelfen, weil er sie sozusagen direkt und voraussetzungslos als Therapie verschrieb.

Seine Patienten und ihre Apparate (die er unter einem schwarzen Tuch mit einer Taschenlampe betrachtete) teilte er nach einem mysteriösen System in sogenannte Fixierungen ein, wobei die Beschaffenheit der Glieder eine gewisse, wenn auch nicht besonders große Rolle spielte.

Monvice war der Auffassung, die Drüsen dächten infolge einer inzwischen verlorengegangenen Leidensgeschichte im Lauf der Jahrtausende, hätten aber inzwischen bedauerlicherweise ihr Gedächtnis nicht mehr vollständig und erinnerten sich an die falschen Dinge.

In jüngeren Jahren hatte er eine kleine Pathographie des weiblichen Organs geschrieben, das seiner vielfarbenen und enthaarten Illustrationen wegen gern gekauft wurde.

Inzwischen hielt er seine Ansichten über dieses Organ für fehlerhaft; früher, hatte er in jenem Büchlein behauptet, sei dieses bestimmte Organ – (er hatte auch einen Spezialnamen, eine Art wissenschaftlicher Koseform entwickelt) – in den Hochkulturen grundsätzlich unbehaart gewesen; mit dem Anfang der Leidensgeschichte unserer Drüsen (die zusammenfiel mit dem Abnehmen des organischen Gedächtnisses) habe auch die Behaarung angefangen. Ursprünglich habe das Weib eine zarte Wunde empfangen, ein Schlitzchen, eine Art geteilten Inkarnats zwischen den Gehwerkzeugen.

Außer der Scham sei alles andere im Drüsengedächtnis Gespeicherte der Selbstvergessenheit zum Opfer gefallen; nur durch unsere unbewußten Gesten und Handlungen versuchte sich unser Körper an die alten Schamlosigkeiten zu erinnern. Das war sehr einleuchtend; damit hatte Dr. Monvice bei mir sofort die faule Stelle herausbekommen. Denn meine Trägheit, meine Zustände und Krankheiten konnte man auf einen Punkt zentrieren; auf die qualvolle Wiederherstellung (die er mit einem Geburts-

trauma verglich) der Schamlosigkeit. Sie, sagte er unter der schwarzen Decke, haben pathetische Organe; durch die Sehnsucht nach dem Ur-Coitus aktivieren Sie ein tragisches Körperbewußtsein.
Als ich ihm mitteilte (unter der schwarzen Decke), ich sei bis jetzt Jungfrau, d.h. in einem jungfräulichen Zustand, hatte er sofort eine noch einleuchtendere Erklärung. Da notwendigerweise in diesem meinem Zustand jede physische Vereinigung unvollkommen bleiben müsse, schützten sich meine Organe durch blinde Ausfälle.
Ziel seiner Therapie sei es, den Organen ihr Gedächtnis zurückzugeben, und das sei allein möglich durch die dauernde Aktivierung der Drüsen.
Was damit erreicht sei, wenn man sie aktivierte, fragte ich.
Die Scham, sagte Monvice feierlich außerhalb der Decke, fiele der erwünschten Selbstvergessenheit anheim.
(Einer seiner Patienten, abgebildet in dem kleinen Werk, folgte Monvice in allem; durch eine rastlose Aktivierung seiner Organe, d.h. zweier bestimmter Drüsen, fielen ihm auch bald die schuldigen Haare aus und er konnte sich mit babyhaftem Flaum dem Fotografen präsentieren.)

87

Ich präparierte die Stellen auf meine Weise, ich bin nicht Tristan. Mir war so, als staffierte ich Rettungsboote aus. Unter der Couch (Kopfende) legte ich einen kleinen Stapel von Frottéhandtüchern, eine Taschenflasche Cognac (um während des sogenannten Vorspiels die Zunge zu erfrischen wie auch zu desinfizieren; und um wieder den alten Eigengeschmack zu erzeugen), mehrere Taschentücher, aber keine aus Papier.
Erwischte man mit einer blinden Hand bei Taschentuchbedarf mittendrin (zum Schneuzen oder Trocknen) ein Exemplar aus Papier, das man schon mehrmals benutzt hatte, war die Gefahr groß, kleine Wanderfuseln auf die Haut zu setzen; diese Papierartikel hätten das schöne und appetitliche Bild gestört, das Liebende einander zu bieten haben.
Neben die Taschentücher legte ich, keusch mit dem Zipfel eines Handtuches bedeckt, eine bebilderte Soixante-neuf-Anthologie für den Fall flüchtender Liebes-Geister. (Ich

weiß bis jetzt nicht, wie sich andere auf solche Erlebnisse vorbereiten; mir schien es vernünftig zu sein, mit allen Zufällen zu rechnen und nicht nur mit denen, die eine natürliche Folge eines Liebesaktes sein könnten.)
Eine Weile verbrachte ich bäuchlings auf der Couch, mehrere Kissen unter mir, die eine ohnmächtige Vera simulierten; dabei flüsterte ich verschiedene Silben in den Stoff, während ich mit beiden Greifinstrumenten (meinen verschwitzten Händen) nach meinen Gegenständen unter der Couch hangelte.
Ich erreichte alle so gut wie mühelos. Für alle Fälle legte ich noch ein paar Bonbons und zwei Tafeln Suchard aus; der Cognac konnte ja schneller verschwinden, als ich berechnet hatte.
Um alle Zufälle auszuschließen, versteckte ich eine Spraydose mit einem wohlriechenden Munddeodorant (d.h. ein belgisches Mundspray namens »Maintenant«) im Schatten des Couchvorderbeines.
Die Couch war präpariert.
Die Frage war, wo, an welcher Stelle und in welcher Reichweite meiner Hilfsmittel, ich handeln mußte, vorausgesetzt, sie wollte es überall machen, nur nicht gerade an den präparierten Orten des Raums?
Gesetzt, sie hatte Lust, meinen Teppich zu benutzen?
Angenommen, ich mußte sozusagen mitten im Raum handeln, die Initiative ergreifen oder einen Angriff über mich ergehen lassen, abgeschnitten von Couch oder Bett.
Aus diesem Grund präparierte ich den Ohrensessel mit den Gummirädern. Ich befreite den Sessel von seinen Schuhen, so daß er fahrbar war und ich ihn zur Not mit einem verzweifelten Griff (im Liegen) näher ziehen konnte. Für alle Fälle ölte ich die vier Kugellager.
(Das Ölen der Lager hätte ich unterlassen sollen, wie sich erst später herausstellte; die dadurch erreichte Geschwindigkeit war entschieden zu hoch.) Die für den Sessel vorgesehenen Gegenstände preßte ich zwischen Lehne und Sitzkissen. Dabei wurde der Auslöseknopf des Mundsprays beschädigt; der Atem des Retters sprengte das Lederkissen. Der Geruch war so stark und für eine zarte Mundhöhle so wenig geeignet, daß ich die Dose untersuchte. Meinem trägen Blick erschloß sich die aufgedruckte Empfehlung erst spät, aber nicht zu spät –

Halten Sie das Spraymittel in einer Entfernung von mindestens drei Metern vor den zu entfernenden Fleck; drükken Sie langsam und nicht zu heftig. Explosionsgefahr.

Ich ersetzte diese falsche Dose durch die richtige, rückte die Kissen zurecht und setzte mich probeweise hinein. Dabei muß ich mich so weit zurückgelehnt haben, daß es mir ohne Mühe gelang, einzuschlafen.

88

Kurze Zeit später brach ich meine Beziehungen zu Dr. Monvice ab. Er bat darum, meinen (wie er sagte) eunuchoiden Körper mit den zylindrischen Armen fotografieren zu dürfen; er schriebe gerade ein Buch über ägyptischen Sex und wenn man mich nur ein wenig verkleidete, wäre ich eine seiner schönsten Illustrationen zu diesem Buch.
Ich reagierte kühl auf diesen Vorschlag. Außerdem fing er an, nur noch Gruppen zu behandeln, immer unter mondbleichen Bildern von Organen, bei denen in einer geometrischen Progression die Behaarung bis zur vollständigen Epilation abnahm. Die Patienten mußten sich, ihrer Schamhaftigkeit zum Trotz, ausziehen und auf kleinen, mit weißen Pelzen bewachsenen Hockern Platz nehmen. Sodann hatte man sich an die Hände zu fassen und einen Sprechgesang anzustimmen.
Als ich Vera von dieser neuen Methode erzählte, sagte sie, Monvice sei bestimmt ein Scharlatan. Ich war nicht überzeugt davon.
Sein tiefer Ernst und seine Achtung vor den Organen hatten einen großen Eindruck auf mich gemacht.
Dann verschwanden die bepelzten Hocker und wir mußten uns auf eine schwarze Decke setzen; das Licht wurde gelöscht und Dr. Monvice funzelte mit einer Taschenlampe; die Damen mußten den Herren im Schneidersitz gegenüber hocken, um die Trennung der Organe und ihre Gemeinsamkeit (aufgehoben in der Schamlosigkeit) zu symbolisieren.
Eines Tages legte Dr. Monvice mit einem zarten Lächeln überall im halbdunklen Raum sogenannte Vibratoren aus; es handelte sich offensichtlich um ein Sonderangebot, um eine Okkasion besonders kleiner, batteriebetriebener Geräte mit

lachsfarbenen Köpfen und marineblauen Griffen. Ehe er seine Therapie fortsetzen konnte, die bestimmt irgendein Mißverständnis zwischen den Symbolen angerichtet hätte, trennte ich mich von Dr. Monvice und kümmerte mich nicht weiter um den schlimmen Zustand meiner Drüsen.

89

Nach der Präparation der Wohnung präparierte ich das Liebhaber-Modell Valev; ich cremierte und parfumierte diese Körpermasse vollständig ein und rasierte die Achselhöhlen; wer wußte schon, was in Achselhöhlen alles passieren konnte; womöglich hätten Haare an der Stelle eine Störung oder eine Stockung des üblichen Verlaufs verursacht; aber was war ein üblicher Verlauf bei Vera und mir? Um den Tablettengeschmack im Mund zu verändern (kurz vor einem Erholungs- und Vorbereitungsschläfchen auf der Couch), fand ich ein Glasröhrchen mit dem viersilbigen Namen Cardiazol; meine Pulsfrequenz war sehr hoch und meine Hände zitterten. Durch meine Werkzeugdummheit mit den Händen vor dem Medizinschrank fiel ein leichtes Päckchen auf die reinliche Gummimatte; es war eine Tamponschachtel. In einer sanften blauen Kursivschrift stand darauf: Tampons lassen unberührte Mädchen unberührt.
Ich fragte mich damals, an dem Tag und in dieser Stunde, ob Vera berührt oder unberührt sei. Ich hatte sie manchmal berührt, das war nicht zu leugnen. Aber ich hatte sie, glaube ich, nicht so berührt, daß sie nach meiner Berührung irgendwie berührt war oder einfach nicht mehr unberührt; außerdem hatte sie mich viel öfter berührt, als ich sie berührt hatte, wenn ich sie überhaupt berührte. Wenn jemand unberührt war, dann war ich unberührt, obwohl sie mich mehrmals berührt hatte. Aber vielleicht hatte ich sie, durch ein Versehen, unbewußt so berührt, daß sie nicht mehr als unberührt durchgehen konnte. Aber mir fiel so aus dem Gedächtnis nicht eine einzige Berührung ein, nach der sie nicht unberührt sein könnte, denn zu einer Berührung der Art, die einen nach der Berührung nicht unberührt läßt, gehört wahrscheinlich ein mir unbekannter Griff, den man ohne eine gewisse Erfahrung nicht leisten kann; denn meine Griffe (auch früher) waren alle getränkt von einer gewissen mit

Furcht gemischten Achtung vor den weiblichen Organen, die ja, wie ich lesen konnte, viel empfindlicher, zarter und sensitiver sind als unsere Organe. Es ließ sich nicht ein Griff vor dem Spiegel (cremiert duftend, rasiert und rosig) rekonstruieren, der eine heimliche Schamlosigkeit enthielt, die mir womöglich entglitten war; wäre mir ein solcher Griff möglich gewesen und hätte ich ihn vergessen, alles wäre möglich; aber mir fehlte Routine und je mehr ich mich nackt im Spiegel betrachtete, desto weniger wahrscheinlich schien mir ein richtiger, vergangener und vergessener Griff zu sein; zugleich war es (während ich ratlos die Tampons anstarrte) unmöglich, nach dieser Materie auf Veras Jungfräulichkeit zu induzieren; alle Frauen, ob berührt oder nicht, benutzten wahrscheinlich die gleichen Dinger. Selbst in der Zeit, wo ich die Griffe wechselte und mit meinen Lippen die fremden Lippen und Mundhöhlen vermied, um keine Unfälle mit Zungen und Zahnspangen zu erleben, hatte ich, bewußt oder unbewußt, nicht einen Griff oder einen Finger-Coup erfunden, der über das sogenannte Kontakt-Berühren hinausgegangen wäre.

90

Getreu der Methode und der Empfehlungen Dr. Sinistrams (s. »Das Placebo als Faktor des Placebo-Effektes«) notierte ich auf numerierten Blättern im Format Din A 5 jeden meiner Schritte.

91

In dieser Zeit des weltweiten (und meines) Kampfes gegen Karies in gut dokumentierten Großversuchen entdeckte ich in einem Wiener (oder einem anderen) Antiquariat ein ziemlich ramponiertes Exemplar einer englischen Zeitschrift (allerdings in einem französischen Privatverlag erschienen) namens »Incisum«, in der ein Dr. Spariel über eine Methode berichtete, die er die »Fermail-Methode« nannte.
Er hatte in Frankreich zwischen 1875 und 1880 einen Patienten (S.) behandelt, der an Fettleibigkeit infolge von Trägheit litt, und mit Erfolg diese Fermail-Methode angewendet.

Der Erfolg, schrieb Spariel, war mir nicht sofort beschieden, denn des Patienten (S.) Aufnahmefähigkeit und Reaktionsvermögen waren stark beeinträchtigt. Zuallererst verschaffte ich seinem Körper frische Luft und regelrechte muskuläre Bewegungen, die er mit dem Rumpf und dem Nacken, später mit Füßen und Händen auszuführen hatte.
Seine Haut war schneeweiß und an den Muskelzonen von einer ungesunden Röte, dem L-Inkarnat; seine Augen waren blutunterlaufen und die Haare fielen ihm aus. Alle Funktionen seines Körpers waren eingestellt auf Ruhe, während der alle lebenswichtigen und Lebensinnervationen reduziert waren.
Er ging nicht, er kletterte nicht mehr, er saß nicht, ja selbst in seinen Ruhestellungen verharrte er bis zur Taubheit der an dieser Position beteiligten Glieder auf dem Rücken liegend oder auf der Seite, je nach dem Grad der Beschädigung seines Bewußtseins. An Speisen nahm er nur jene zu sich, die sich mühelos schlingen lassen, so daß auch seine zum Kauen unerläßliche Muskulatur des Kiefers erstarb. Auf Schall oder Licht reagierte er nur schwach. Als ich eine Pistole neben seinem rechten Ohr abfeuerte, öffnete S. nur einmal eines seiner Augen und drehte sich mit dem Gesicht zur Wand, während er mit einem seiner Finger einen Halbkreis an der Wand beschrieb. Ich sperrte ihn zu der Zeit seiner größten Gedämpftheit und Selbstvergessenheit in einen dunklen Raum und brannte ein Pfund Magnesium auf einer Kupferpfanne ab; der Patient warf einen schweren Gegenstand in meine Richtung und schlief sofort ein. Das Geräusch einer hölzernen Treiberrassel berührte ihn wenig; er steckte sich die Zeigefinger in die Ohren, während er sonderbarerweise die Daumen mit den Zähnen festhielt. Da es bei Detonationen üblich ist, den Mund zu öffnen, damit die Trommelfelle nicht platzen, läßt sich im Hinblick auf S. sagen, daß er sich trotz seines verminderten Zustandes mechanisch (und auf die erste beste Weise, die sich mit seiner Schlafposition verbinden ließ) gegen Schall schützte. Kaltes oder heißes Wasser brachte ihn zu einer lediglich animalischen Reaktion; er suchte sich nach einem Guß immer wieder trockene Stellen. Töne in hoher Frequenz litt er ungern; dann verkrampfte sich sein Körper oder er nahm eine pränatale Haltung ein, aus der man ihn allein durch volle und warme Töne erlösen konnte.

In Wahrheit regten mich nur Fotografien auf.

Als ich fünfzehn war, schenkten mir meine Eltern eine Box im Schafspelz, d.h. einen Apparat, mit dem ich bei einer Erzeugungsfähigkeit von Bildern im Format 6 x 9 oder 9 x 12 (es waren einmal gerade-ungerade und dann ungerade-gerade Maßzahlen, das weiß ich noch) die Welt, wie sie sagten, entdecken sollte.

Mit dieser schwarzen Box stellte ich jahrelang lustlos trübe Bildchen her, immer in den gleichen Formaten. Mit dem glasigen Blick dieses Dings (durch einen Plastiksucher, der unregelmäßig bewimpert war) mußte ich Landschaften, Häuser, Tiere und vor allem Menschen betrachten, auf den kleinen Stabknopf drücken und mit einer freien Hand (die Kamera fest an der rechten Brust oder neben einem zitternden Kinnmuskel) am Filmtransporträdchen drehen; in welchem Sinn, Uhrzeiger oder entgegengesetzt, weiß ich nicht mehr. Durch Landschaftsmotive hofften meine Eltern meinen Schönheitssinn in Gang zu setzen. Es wurden große lederne Alben gekauft, in deren Folioseiten unter knisterndem Papier die jeweils in einem Jahr hergestellten Fotografien geklebt wurden, unterhalb des (gezackten) Bildrandes zart beschriftet. Unter Einzelzufällen von Visagen mußte ich Porträt schreiben, unter mehrere Visagenfälle (vorausgesetzt, eine gewisse Distanz war eingehalten worden) mußte ich Gruppenporträt schreiben. War ein Baum größer als ein Mensch oder eine Gruppe, handelte es sich um Landschaft. In Klammern hatte unter der Bezeichnung Landschaft die für diese Aufnahme allein mögliche, vom Sichtbaren abziehbare Spezifikation neben dem Datum zu stehen. Die Geschichte der Box endete mit einer Art endlosen Films, auf dem, von Aufnahme zu Aufnahme, immer weniger zu sehen war. Menschen (meine Eltern, Tanten und Onkel, diverse, längst verblaßte Geburtstagskinder neben geplatzten Würstchen) ließ ich allmählich grundsätzlich aus und fing vorsichtig an, sie am Rande des Suchers verzweifelt lächeln zu lassen; eine Zeitlang kappte ich die Köpfe und nahm statt dessen Knöpfe auf, Mäntel, Capes oder ältliche Paletots. Später (bei einer ebenso endlosen Wanderung nach unten) konzentrierte ich mich allein auf Füße oder Schuhe. Im letzten Stadium des Künstlers der Box sah man entweder den reinen

Äther oder die Oberfläche des Planeten; sehr streng ohne menschliche Wesen oder ihre Zubehörteile. Nach dem Verlust der Box (ich ließ sie im Klobecken einer Autobahnraststätte) verlegte ich mich auf das sehr viel weniger anstrengende Sammeln alter Fotografien.

Von jeher hatten meine Eltern zur Erzeugung von Aktivität und Weltläufigkeit – was Ausschnitte betrifft – an meinen Sammeltrieb appelliert; vor der Box sammelte ich (nicht länger als vier Jahre) Stanniolpapier. Meine Umgebung verachtete das Sammeln von Stanniolpapier; es sei geistlos.
Das mag sein, in jedem Fall war es bequem. Man konnte Kugeln machen und sie nach Größe oder Gewicht katalogisieren oder man konnte eine einzige Kugel drehen, wie ein schokoladeessender Totenkäfer. Ich machte eine einzige monströse Kugel. Brachte man mir Schokolade mit, fraß ich sie auf der Stelle, glättete mit den abgeknabberten Fingerspitzen die silberne und weiche Fläche, drehte mit geringer Geschwindigkeit eine Kugel und schlug diese neue Kugel mit einem Spielzeughammer in die mütterliche Kugel.
Meine Eltern beklagten meinen Stumpfsinn und befahlen mir, Vernünftigeres zu sammeln, z. B. Briefmarken oder Versteinerungen.
Da Briefmarken leichter zu bekommen waren, sammelte ich keine Versteinerungen. (P. unterhielt damals eine umfangreiche Korrespondenz mit vielen ausländischen Partnern.)
Nach einer Weile schien es mir, als sei das Sammeln von Versteinerungen leichter. Zuerst mußte man lange Zeit Couverts in Papierkörben suchen. Beim Bücken stieg mir das Blut zu Kopf und ich bekam leichte Asthmaanfälle durch den Staub. Dann mußte man die Dinger von den Umschlägen lösen, ohne sie nennenswert zu beschädigen. Das schien aus einem unerfindlichen Grund wichtig zu sein. Nachdem sie auf den Umschlägen geklebt hatten, klebten sie nach dem Wasserakt an den Fingern. Das hartnäckige Kleben kleiner, bunter Stücke von Papier an meinen Fingerspitzen widersprach meinem hygienischen System. Ich schnitt die Marken einfach ab und klebte sie mit allen Brief-Schichten (es waren vier, zählte ich richtig) in die Alben. Diese bequeme Sammlung eines Amateurs wurde entdeckt. Man schenkte sie einem Kind aus der näheren Verwandtschaft, das nach einer Meningitis schwachsinnig geworden war. Das Gedächtnis

meiner Box bewahrte noch lange Zeit das Bild des neuen Sammlers auf; einen dünnen kleinen Knaben, der auf einem fetten Album hockte.
Ein befreundeter Arzt (ein Dr. van Deysen) riet meinen Eltern, mich Streichholzschachteln oder auch Zündholzschachteln sammeln zu lassen; das Sammeln dieser Schachteln sei deshalb so nützlich, sagte er, weil das Entzünden eines Streichholzes etwas Prometheisches hätte. Diese Ansicht leuchtete meinen Eltern ein. Sie baten Freunde des Hauses, von ihren Reisen exotische Zündhölzer mitzubringen.

Bald füllten sich meine Schubladen und Schränke mit Zündholzschachteln aus aller Welt. Man wies mich an, einen Zündholzkatalog anzufertigen. Um den Schachteln zu entgehen, brachte ich ostentativ Kieselsteine oder Ziegelsteinreste nach Hause, legte sie in einer Reihe aus und beschriftete sie Stück für Stück.
Als meine gequälten Eltern nicht bemerkten, wieviel Steine ich schon besaß, jagte ich eines Tages in einer schläfrigen Minute (und wahrscheinlich ohne besondere Absicht) die Sammlung von Zündholzschachteln in die Luft. Der Schrank des kleinen Amateurs brannte vollständig aus, aber meine Eltern waren glücklich über das Zeichen von Aktivität.

Nach dem Feuer verlegte sich meine Umgebung auf das Sammeln von Versteinerungen. Die meisten Stücke wurden mir geschenkt, eine fossile Libelle z. B., eine hübsche rezente Qualle (ein natürlich eingesunkenes Exemplar, das verschlafen aussah; erwischt im Schlaf), die Imitation fossiler Bakterien in den Tracheen eines Käfers, zwei Facettenaugen eines Trilobiten, verschiedene Ammoniten und Belemniten, eine Menge von Mikrofossilien (Foraminiferen und Ostracoden), tertiäre Pollenkörner (Nachahmung) und in trägen Stellen eingelagerte Seesterne.
Ich sehe mich noch mit meinen Nachhilfelehrern (ich war schwach in mehr als vier lebenswichtigen Fächern) im Garten nach Versteinerungen graben; sie hatten einen Spaten und ich einen geräumigen Eimer.
Wir fanden nicht viel. Die Tiefen, in denen wir gruben, waren zu gering. Einmal erschreckten wir einen Erdwespen-

schwarm. An einer anderen Stelle fanden wir rostfarbenen Kot, den ich als Mammutkot für meine Sammlung wünschte.
Von allen Sammlungen meines Lebens (außer meinen späteren und schmutzigeren Sammlungen) war mir die paläontologische Kollektion die liebste.
Mit der Hilfe einer neuen Box versuchte ich sogar in einem Anfall von Nervosität, meine Exponate zu fotografieren.
Um mein Interesse an diesen toten Objekten zu fördern, schenkte man mir eine Laufbodenkamera, eine Bergheil 9 x 12; mein Exemplar hatte einen wunderbaren Rahmen aus Edelholz, brauchbar unter Tropenbedingungen. Die Herstellung menschenloser Bilder machte mir ein sanftes Vergnügen. Ich hockte stundenlang hinter dem Rahmensucher und glotzte unbeweglich auf die ausgeleuchteten Fossilien. Auf den Diopter fixiert, hielt ich endlos lange Belichtungszeiten aus. Bald gesellte sich ein Stativ dazu; ich war nicht mehr auf Bücherunterlagen angewiesen.
So liege ich noch heute auf Kissen in einem winterlichen Licht hinter meiner Balgenkamera; das aufrechte, aber seitenverkehrte Brillantsucherbild (mit einem tränenden Auge durch eine Sucherlupe betrachtet) zeigt für alle Zeiten den in Kalkstein erstarrten Geburtsvorgang bei einem Fischsaurierweibchen; drei Jungtiere schlafen in der Leibeshöhle, ein viertes ist in Begriff, das Muttertier zu verlassen.
Mit dem verkleinerten Abbild dieser Erstarrung durch die Unbeweglichkeit des Apparates und sein unbestechliches Auge schlief ich jahrelang ein.

93

Man wird hier (im Sanatorium) natürlich enorm gefilzt; sie dachten anfangs immer, ich versteckte in meinen umfangreichen Zwischenbacken (dabei hatte ich zwei Kilo abgenommen) diverse Handelsobjekte, die in der unbekannten Zirkulationssphäre beliebt waren, so z. B. silberne Drehbleistifte mit vier bis sechs Farben, pornographische Fotografien oder Weckamine; meine potentiellen Handelsobjekte waren für niemand außer mir nützlich oder wertvoll, aber man nahm mir beinahe alles ab. Während man mich entblößte bis auf meinen taubengrauen Slip, über den mein Bauch hing, mach-

te man allerlei gut formulierte, an diesem Ort offensichtlich bewährte Erklärungen mit Gelatinestimmen.
Zuerst wurde mir ein Bonbon angeboten. Es schmeckte auf eine ungute Art säuerlich. Mein Herz flatterte, aber niemand hätte es durch die Valevsche Fettschicht bemerken können. Man konfiszierte beinahe alles, woran ich hing. Viel Material blieb nicht übrig. Ein paar weniger wichtige Erinnerungsstücke ließ man mir, als man meine Gleichgültigkeit gegenüber ihrem Verlust bemerkte. Ich behielt eine kleine aufrecht stehende Madonna aus Lourdes in einem Plastikzylinder, umspült vom heiligen Wasser der Grotte. Dafür verlor ich meinen Folioband mit den sepiafarbenen Fotografien »The Assembling of Victorian Erotic Photographs«. Aber wenn man (wie in diesem Sanatorium) so vielen Bequemlichkeiten ausgesetzt ist, wäre es undankbar gewesen, sich über den Verlust toter Dinge zu beklagen. Ich weinte und greinte ein bißchen über meinen Taschenspiegel, mit dem ich die Fortschritte in der Mundhöhle beobachtete; aber man sagte mir, es sei besser für mich, für eine Zusammenstellung meines Gesichtes Pfützen oder die Oberfläche einer ablaufenden Badewannenflüssigkeit zu benutzen; außerdem könnte ich mich schneiden.
Auch Bubneffs »Auch du hast einen Körper« wurde mir weggenommen; sie vermuteten schmutzige Bilder und dazu passende Texte und blätterten den armen illustrierten Band (schematische Darstellungen der menschlichen Anatomie) angewidert durch. Frances »Insel der Pinguine« hielt man für ein Tierbuch; das Signet eines Eisvogels überzeugte sie und man sagte mir, ich dürfe Vögel füttern, aber nur im Winter. Godegdes »Hausbuch der Homöopathie und Allopathie« beschnüffelten sie sehr sorgfältig; man holte sogar ein Fremdwörterlexikon, bei dem leider der alphabetische Schatz von A bis M fehlte.
Die schöne Ausgabe von Havelock Ellis »Die Gattenwahl beim Menschen mit Rücksicht auf Sinnesphysiologie und Biologie« vernichteten sie vor meinen Augen an Ort und Stelle, in einem Metalleimer, aus dem noch lange Zeit später zarte Flöckchen schwebten. Behalten durfte ich Loweses »Phraseologie«, eine Duodezausgabe von Celsus' »Aleatorik, Kombinatorik und Logik« (der lateinische Text, Leyden-Reprints, bei dem ein Idiot die sechsundzwanzigste Seite herausgerissen hatte), und zum Schluß eine häßliche,

fehlfarbene Ausgabe der »Apologia pro vita sua« des unvergeßlichen Kardinal Newman.
Besonders viel Aufhebens machten die Herren vom kleinen Campbell-Buch, das mir Guisler irgendwann geschenkt hatte. Komplett hieß es »A Dissertation on Miracles, Containing an Examination of the Principles Advanced by David Hume, Esq. in an Essay on Miracles«. Es kam ihnen verdächtig vor, wie oft im Titel »miracle« vorkam; sie durchblätterten es verzweifelt nach Positionen, aber der kleine Band enthielt nicht eine Illustration außer der eines Porträts von Hume, in Kupfer gestochen und in einem ovalen Rahmen mit einem Sockel; ich konnte sie nicht von der Harmlosigkeit von David Hume, Esq. überzeugen. (Dieses Porträt zeigte einen feisten Hume, der auf einen Punkt außerhalb des Ovals starrte; er sah sehr wach aus, aber auch ein wenig überdrüssig; eine seiner Locken hatte der Künstler dem alten Herrn über der Stirn zu einem S stilisiert.)

94

Um besser eliminieren zu können, schrieb ich alle Namen, die mir wichtig zu sein schienen, noch einmal auf ein Blatt handgeschöpften Papiers; es fing an mit Loewe und seiner »Phraseologie« deutsch/französisch, dann folgte der gute Bubneff »Auch du hast einen Körper«, S. Lemings »Über die Physiologie der Sinne«, »Der Sinne Sinn« und zuletzt (immer der gleiche monomanische Verfasser) »Wie sinnvoll sind Sinnesdaten«; Newmans »Apologia pro vita sua« –

95

Vera schlief immer auf dem Rücken und immer mit halb geöffneten Lippen. Ich hatte sie (nicht nur beim Fotografieren) oft gebeten, den Mund zu schließen, weil bei einem fortwährend geöffneten Mund die Mundflora unangenehm wuchere und schwer definierbare Düfte hervorbringe; sie hielt sich nicht an meine nicht privat gemeinten Hygieneregeln, sondern fuhr fort, die Lippen, so wie sie es von anderen Fotografien kannte, halb geöffnet (halb geschlossen) zu halten. Sie hielt den Mund nicht nur häufig halb geöffnet, in der

Meinung, ich fände den Anblick erregend oder schön oder attraktiv, sie bewegte auch noch ihre Zunge im Mund.
Sie machte träge Versteckspiele und sah mich dabei mit weit geöffneten Augen an, als wolle sie mir stumm etwas Bestimmtes mitteilen; nicht wenig oft trug sie auf dem Rücken der Zunge aschfarbene Bonbons, die ihre Maße ohne merkliches Lutschen oder gar Kauen verminderten; dann roch sie nach einem mir nicht bekannten Sekret und bekam den Mund überhaupt nicht mehr zu. Ich lobte bei vielen Gelegenheiten (z. B. bei der Herstellung meiner – ihrer Fotografien) die Schönheit ihrer geschlossenen Lippen ohne fremde Floren in der Dunkelheit; verband ich diese Art von Schönheit mit meinem Begriff von Appetitlichkeit, mußte sie unwillkürlich lachen oder lächeln, so daß ihr Mund so offenstand wie vordem.
Nichtsdestoweniger war ich an diesem Tag glücklich, daß sie auf dem Rücken (mit geöffneten Lippen) schlief und mich nicht im mindesten belästigte.

96

Die Reihe nach dem Kardinal wurde fortgesetzt von Quevedos »Fortuna ohne Hirn«, dann folgte das traummystische Langgedicht der Sor Juana Inez de la Cruz (aus einem nicht ersichtlichen Grund fiel mir sofort St. Jean de Luz ein), nach dieser Pause kamen die Namen von Ossipowitsch Panowski, R. Ripar, Prosper Glosse, P. Oniever, Boswell, Tyler und Taylor, Goldsmith, France, A. S. Butler, L. Pelu, H. Ellis, J. M. Spariel, V. Rhode, Spange, H. Lindley, C. Hamel, Sydenham, D. Home, F. Hoffmann, Lorry, H. Semsade, Celsus, G. Campbell, L. Marschagakin, W. Culp und drei gänzlich zerfledderte und abgegraste, stockfleckige und eselohrige Exemplare einer deutsch/englich-französischen Zeitschrift, herausgegeben von einem Dr. Dr. Spange namens »Incisum«.

97

Fotografien von Frauen waren mir lieber als Frauen; mit Fleisch und Blut konnte ich von jeher wenig anfangen. Ich

hatte mich aber immer redlich bemüht. Man sagte mir immer, Beziehungen heterosexueller Art zwischen Mädchen und Knaben gehörten dazu. Zeige man geringes Interesse an diesen Beziehungen, sei irgend etwas faul. Nach den trockenen Küssen in Kinopalästen sei es, sagte man mir, völlig normal, dualgeschlechtliche Beziehungen mit Hilfe sogenannter französischer Küsse (wie man sie damals nannte, bevor die große Aufklärung kam) zu intensivieren. Grundsätzlich, sagte man mir, sei Homosexualität nicht direkt krankhaft, verstoße aber letztlich doch in einer gewissen Weise gegen gottgegebene Gebote und damit gegen bestimmte menschliche Sanktionen über Freizügigkeit, denn im Sinne der menschlichen Sexualität sei ein Lustgewinn ohne Ziel unmoralisch. Die natürliche heterosexuelle Pärchenbildung dagegen, wurde mir gesagt, sei wichtig für die Erfahrung und Erfahrungen schlössen alles ein, französische Küsse ebenso wie den Kauf von Blumen in einer bestimmten Unzahl, kleinen Geschenken in Kunstschmuck oder Süßigkeiten.
Zu der Zeit litt ich an Heuschnupfen, einem hartnäckigen Husten ohne Auswurf, unbestimmten Herzschmerzen, verbunden mit vereisten Handnerven; diese Handnerven mit ihren toten Zonen korrespondierten mit den eisigen Schauern in den Kieferklappen durch Novocain; mein Gebiß schlug gerade über die Stränge und mußte durch Stahl und Klammern gesichert werden. Auf diese Weise waren alle meine mühsam herbeigeführten sogenannten Kontakte mit oder ohne Ziel, aber immer streng heterosexuell (von einer unbedeutenden Ausnahme abgesehen), verknüpft mit meinen ersten Zuständen von Larviertheit oder Krankheit oder Stadien von Eingriffen gegenüber meinem privaten Körper, den ich plötzlich quasi nach Übereinkünften öffentlich einzusetzen hatte. Mir war, als kämpfte mein Körper in zwei verschiedenen Fassungen (nach dem illustrierten Prinzip Vorher-Nachher) gegen eine gefährliche Welt.
Die lebendigen, nichtträgen Elemente dieser Welt waren mir unbekannt. Am besten lernte ich durch die Anschauung (unrein) mit Hilfe von Fotografien oder sogenannten Positionsfotos. Aber ich lernte sehr langsam und die anderen waren mir immer einen Schritt voraus.
Bei meinem ersten Zungenkuß (während eines Films über Sphingidae in einem seidigen Puppenstadium) verhakte sich,

wer weiß wie, meine Zahnklammer im hinteren unbeleuchteten Teil meiner Höhle mit der Zunge des Mädchens; sie mußte sich mit Kreischen und Sabbern zurückziehen; bei meinem zweiten Versuch geriet mir ein fremdes Bonbon in den falschen Kanal und dieser überall empfohlene Akt endete mit Husten und Spucken; das gleiche passierte kurze Zeit später mit einem Kaugummi; die anderen Male gingen nicht ohne Würgen und Knirschen ab; dabei war ich an diesen Unfällen wahrscheinlich schuld, denn ich bat meine Begleiterinnen, mit dem Konsum von Bonbons nicht zu sparen; am deutlichsten spüre ich noch jetzt den Sirupgeschmack von Coca-Cola auf der Zunge.

98

Wort für Wort, Satz für Satz und meine belegte Zunge im Mundwinkel schrieb ich auf, was ich von einer Untersuchung des Valevismus (Ursprung und Genese) mit Rücksicht auf die Herren Roderick Baron Valev, Culp, Spariel und vielleicht Dr. Spange (der sich, bibliographisch gesehen, immer noch hartnäckig entzog) zu erwarten hatte. Ich schrieb, wie es sich gehört, mit der rechten Hand auf ein Stück Papier in einem mir unbekannten Format und ich schrieb sehr langsam, bedacht auf Sauberkeit, Leserlichkeit und kontemplative Wiederholbarkeit jedes Satzzeichens, vorausgesetzt, ich erinnerte mich an die Bedeutung der gesetzten interpunktiven Mittel.
Zu beichten ist, liebe Doktoren, daß ein paar Stellen während des Schreibverlaufs an die kleinen Schritte von Idioten denken lassen, wenn man ein wenig auf den Tonfall achtet. Aber ich kann versichern, heute wie damals, es ist –
(Ich numerierte jeden noch so kleinen Denk- oder Schreibschritt; da ich nicht wußte, wie groß die Differenz zwischen dem Gedachten und dem dann zu Schreibenden zu veranschlagen war, versah ich einfach alles, was mir zu dem einen oder dem anderen (und dazwischen) einfiel, mit einer Nummer oder einem Buchstaben des kleinen oder großen Alphabets; ich numerierte sogar die bei Schreibpausen entstehenden Kontakt-Interjektionen; während meine rechte (Schreib-)Hand vor lauter Kohärenz-Bedürfnis in den Augenblicken, in denen ich weder schrieb noch numerierte,

blinde Schreibbewegungen in der Luft vollführte; man schreibt ja gewissermaßen auch dann, wenn man numeriert, aber ich wünschte, es wäre möglich gewesen, ein paar der Texte der Luft aufzubewahren.)
Es handelte sich immer (wir erinnern uns an die Zeugen M., G., D. und H. T.) bei mir jedenfalls um eine Form milden Irreseins, um einen sublimen Hauswahn ohne Gackern oder Kreischen oder Benutzung der Hände zum Gehen.
Auch V. (meine Ex-Verlobte) benutzte in gewissen, sogenannten zärtlichen Minuten (oder Sekunden) immer einen bestimmten, nur für uns allein bedeutungsvollen Kosenamen, den ich an dieser Stelle nicht wiedergeben möchte. Eine derart kurze Distanz zu mir steht nur meinen Ärzten zu.
Wort für Wort setzte ich mein Puzzle zusammen; ich war damals entschlossen, meine Arbeit über H. nicht unter zweiunddreißig Kapiteln zu lassen.

Die erste Seite sah so aus, d.h., mein Gedächtnis erinnert sich an dieses und kein anderes Blatt.

kap. 1/eins, erstes kapitel doppelpunkt: natur natur
natur und selbstbehauptung (')
zweites kap. No. 2, kapitel II – der diskurs über den körper körper körper
arbeit balancen obsessionen (kap. III, drittes kap.) (so lassen so?)
ak aktivität und konstitution (no. 3)
viertes kap. – konstitution und aktivität
kap. fünf (5. kap.) selbstdisziplin
kapitel 5 (fünftes kap.) –
sechstes kap. mythos von der gesundheit und der krankheit
die die die ausgesetzte die ausgesetzte differenz
7 leibesübungen und hypochondrie hypotonie hyper brady
8, o.n. geläufigkeit als zwangscharaktr des-
des (kap. 9)
kap. 9 arbeit als selbstdiszipinäre technik. (s. culp?)
10. kap. eine rückläufige bewegung auf schloss weldhall
elf. idyllandszenerien (immer ein stück davor betreffs zustand larv.?)
no 12. zeichen und mirakel
13. kap. mirakel und zeichen
14. kap. die heilung Die Heilung heilen geheilt als geheilt heilung entlassen
fünfzehn der unbestimmbare schmerz
16. appetitlichkeit (geruchspsychosen)
siebzehn: die natürliche kar die natürl. kraftlosigkeit

18. kap. zahnverfall verfall der zähne als
regre als rückzug (s. dr. monvice, zähne und ihre bedeutung für die menschl.
sexualität-)
18. kapitel kapitel v. v. v. veravera arev valev velav sinn' s t raum culp-iert
dr. doktor ak aktiv mamma mille spherebooks kap. 19
schmerz-traurigkeit und willen pelaguiskommentare
20. kap. die schmerz schmerzreferenz bei trägen trägheit träg tragen
du trägst es nicht meine aquiline nase sch abababababa a b a und b und a und

(Bis zu einem zweiunddreißigsten Kapitel bin ich niemals gekommen, weder durch Zufall im Kopf kurz vor dem Papier noch als eine flüchtige Spur auf dem Papier außerhalb meines Apparates; an dem Abend dieser Notierung schlug mich Vera auf meine Kopfschmerzen unklarer Genese.)

99

Es müßte schön sein, nicht an die Bewegungen seiner Schreibhand gefesselt zu sein, an ihr bekanntes Gewicht und die Reibung der Haut auf dem Papier bei den unbeholfenen Schreibspuren in einer vorgeschriebenen Geschwindigkeit; es wäre wunderbar, eine mechanische oder elektrische Maschine zu benutzen, die sich lautlos den geringsten Impulsen anpaßt, mit einer immer von dir ausgehenden, gleichmäßigen Geschwindigkeit ohne Reibungseffekte; zuerst, ginge es gut ab ohne die möglichen Zufälle, die von einem nicht zart mechanisierten Schreiben ausgehen, schriebe ich alles das, was mir vor der Maschine einfällt, geordnet nieder oder auf; meine Finger bewegten sich mit einer von der Maschine geborgten Kraft; die Geräusche der fallenden Tasten erschreckten zuerst meine Kopfschmerzen, das ist wahr; aber nach den ersten Wiederholungen eines immergleichen Buchstabens bis zu einer fleckigen Valev-Spur wäre alles gut.

100

An meinem Schreibtisch (ein naives, vierbeiniges Ding) hatte ich eine alte Lampe, ein Erbstück, das Lieblingsexemplar von Beleuchtung eines entfernten Verwandten, der die kleine Bernadette verehrte.

D.h. er war kein Katholik, er verehrte nicht den anämischen Zustand der kleinen Heiligen, der sie zu ihren ekstatischen Visionen befähigt hatte; er verehrte die kommerziellen Resultate, die sich aus ihrem Zustand einerseits ergeben hatten und der Verbindung von Casterot und Soubirous andererseits. D.h. er hatte eine gewisse Empfindung gegenüber der Grotte.
Der Sockel der Lampe war aus Kupfer, von enormer Größe; in diesen Sockel eingelassen war eine liebevoll und präzise ausgeführte Nachahmung der Grotte von 1864 in einer allerdings leicht antizipierten Form; der unbekannte Künstler und Liebhaber (ich stellte ihn mir immer als wieder vervollständigten Krüppel vor) meiner Lampe hatte rechts und links vom Eingang der Grotte kleine silberne Krücken angebracht, silberne Stöcke und Korsagen, befestigt mit Hilfe winziger Metallschrauben. Die Miniaturgrotte wurde erst spät elektrifiziert. In ihrem Inneren flackerte (durch einen Wackelkontakt) eine rote kleine Birne, die Vera unangenehm an das ewige Licht erinnerte.
So waren Quelle und Kupfergestein samt Krücken aus Tulasilber festlich illuminiert. Unterhalb der Stelle, an der die goldene Miniaturfigur der kleinen Bernadette mit zwei Knieschrauben befestigt ist, ließ man kurz nach der Vollendung des Kunststückes eine kleine Inschrift in Cicero-Lettern eingraben, das unsterbliche Zitat des Abbé Peyramale, »alles entwickelt sich in ihr auf eine erstaunliche Weise«.
Das Ende des Zylinders, durch den das Kabel führte, reichte hinab in die Grotte; am Ende war eine kleine Goldkrone angebracht; bedauerlicherweise fehlte die dort früher eingebettete Zuchtperle.
Um während des Schreibens meiner Notizen einen Halt zu bekommen, der mich bei Nicht-Arbeit nicht am Schlafen hinderte, hatte ich durch den Sockel von innen ein Loch bis zur Schreibtischplatte gebohrt und eine lange Schraube das Gewinde hinabgeführt, durch Kupfergrottengestein und die Peripherie der Quelle (eine lebendige Quecksilberkugelfamilie unter einer kleinen Glasscheibe), so daß ich den rechten Arm um die Lampe legen konnte, um mich festzuhalten oder nicht mit dem Ellenbogen vom Tisch oder mit dem Körper vom Stuhl zu rutschen; wenn mich meine Müdigkeit überkam. Von hinten gesehen sah diese Position bestimmt sehr günstig aus; als arbeitete ich mit großer, durch nichts

abzulenkender Konzentration an sehr kleinen Handschriften. Auf die Idee, ich könne in dieser äffischen Haltung schlafen, ruhen, schlummern oder dämmern, kam man erst spät.

101

Aus Durylin und Petrow exzerpierte ich die folgende Definition der Hypochondrie; wie die bärtigen Verfasser übereinstimmend versicherten, folgte man dabei der sogenannten Culpschen Fassung –

> hypochondria, vom Griech. eigentlich seitenweichen. Die Medicin bezeichnet damit eine Verstimmung des männlichen Organismus, namentlich eine Störung im Unterleibe, welche unzählige Erscheinungen hat, als Krämpfe, Unverdaulichkeit, Mißmut, Gram, Spleen, unbegriffener Wechsel der Gemütsstimmungen und Einbildung aller Zustände. Bei den Frauen, wo das Geschlechtliche vorwaltet, heißt diese Depotenzierung der Lebenskraft Hysterie. Über-reizungen, Über-maß in jeder Beziehung, von der positiven und der negativen Seite, viel Sitzen, Mangel an frischer Luft und Gemütsdruck mögen wohl die Hauptursachen dieser Übel sein und die Fernhaltung dieser Ursachen die beste Medizin.

(In dieser Auflage der Enzyklopädie existierte J. Culp, aber nicht Roderick Baron Valev; Dr. Spariel, aber nicht sein deutscher Assistent, Dr. Spange.)

102

So regulierte ich (so sagte Spariel in der Nummer von »Incisum«) am Trägen (damit war sein unglücklicher Patient S. gemeint) die sechs natürlichen Notwendigkeiten, Luft, die Nahrung, Schlafen und Wachen und die Gemütsbewegungen.
Durch einen unangenehmen Dauerton mit hoher Frequenz hielt ich S. fortwährend wach; selbst durch den Zustand der sitzenden oder stehenden Untätigkeit setzte er mehr Energie

um als gewöhnlich, so daß ich ihn unschwer zur Einnahme von Speisen und Getränken bewegen konnte. Sodann setzte ich ihn dem Eindruck von Schönheit oder Gefälligkeit aus, also Bildern, Blumen oder schönen oder vernünftigen Texten. Leider konnte sich S. nur mit großer Mühe konzentrieren, und er aß ohne Gemütsbewegungen die zum Schmuck gedachten Blumen.
Nun galt es, die selbst-vergessene Seele wieder durch schärfere Eindrücke hervorzurufen.
Leider fiel er selbst bei den stärksten Reizen immer wieder in apathische Zustände; ich spielte ihm auf dem Cembalo geistliche Stücke von hohem Reiz und malte ihm Najaden von bestrickender Anziehungskraft; eines Tages zog er sich mit einem der Bilder (badendes Mädchen von Accous) in seine Kammer zurück.
(Leider fehlten die vier daraufolgenden Seiten; was hatte S. mit dem Bild gemacht? Was würde Spariel unternehmen? Wäre ich der Patient S. gewesen, ich hätte meinen Zustand der Untätigkeit einen einzigen Augenblick unterbrochen, Spariel erwürgt oder erschlagen und wäre zufrieden zu Bett gegangen. Aber das können wir nicht, meine trägen Brüder; dazu gehörten Nerven und ein ruhiges Auge an einem zum Schlafen gedachten Sommerabend.)

103

Die Culp-Papiere fand ich aus Zufall (wie alles) auf dem Dachboden einer Tante L. zwischen dem Ausfall des zweiten Zahns im Oberkiefer und mehreren Konsultationen bei verschiedenen, gänzlich unvoreingenommenen Ärzten.

104

»Wir kamen am 4. April in E. an und das Wetter war wendisch, mitunter windig. Ich trug einen Pelzmantel, darunter zwei Röcke von gleicher Farbe, der eine etwas größer als der andere, aber dafür mit längeren Ärmeln; unter dem Rock mit den kurzen Ärmeln trug ich nicht weniger als drei Westen; um den Hals hatte ich mir einen Angorashawl geschlungen, während meine Hände (üblicherweise) in einem

mardernen Muff stecken; leider nicht während dieser Reise nach H. in E. in GB. Auf dem Kopf hatte ich meinen dicken Sealpelz mit der Kokarde meiner heimatlichen Provinz.
Meine Beinkleider waren aus mehrfach gewirktem Serge-Stoff; um die Schenkel hatte ich die zerschnittenen Stücke eines Karpatenbärenpelzes geknotet, um mich vollständig gegen Zugluft, plötzliche, d.h. überraschende Winde und Einbrüche hinterer oder seitlicher Kälte zu schützen, sonders die wehen Hände vermittels des mardernen Muffes, den man durch ein sinnreiches Zugsystem an beiden Enden, ohne die Zähne zu benutzen, verschnüren konnte.
R. V. (Roderick) behagte meine Aufmachung nicht und er fragte mich mehrmals in einem höhnischen Ton, ob ich zu baden Lust hätte.
Dies als ein Beispiel seines alles durchdringenden Humors. R. V. selber trug denn auch nichts anderes, um mir ein musterhaftes Beispiel zu geben, als einen Rock aus dünnem Stoff, darüber ein seidenes Cape. Er ging den letzten Teil des Weges (wir hatten bis zum Schloß noch eine halbe Stunde zu gehen) derart rasch, daß ich zurückbleiben mußte, um mich nicht einem meiner Asthma-Anfälle oder meiner *Maladie de St. Guy** auszusetzen; ich bat mehrmals, doch langsamer zu gehen und meinen Zustand zu schonen, aber der Baron beschleunigte vielmehr seinen Schritt. Dabei sprach er fortwährend zu sich selbst oder seinem Spazierstock, einem schönen Ding aus Birnenholz mit einem Knauf in der Form eines Skarabäus, dem er, denke ich wohl, heimlich magnetische Kräfte zusprach.**
Zu der fliegenden Hitze, die meine künstliche Eigenbeschleunigung zusammen mit meiner Kurzatmigkeit erzeugte, kam eisige Kälte durch die Löcher meiner Ärmel und durch einen kleinen Riß in meinem linken Stiefel; dazu ein Zerren in der rechten Schulter, verursacht durch das Tragen der schweren Roderickschen Tasche.
Diese Tasche war über neun Jahre eine der Ursachen meiner Leiden; als ein überaus reger und interessierter Mann blieb

* Die *Maladie de St. Guy* ist eine sogenannte Kribbelkrankheit, die bis zu einem schmerzlichen Jucken geht.

** Roderick glaubte zeit seines Lebens nicht an das Phänomen des Magnetismus, nicht einmal dann, wenn man es vorführte; im Gegenteil verfolgte er alle jene Leute, die eine einleuchtende physikalische Erklärung des Magnetismus anboten und legte ihnen (S. Culp) nahe, sich purgieren zu lassen.

Roderick an den schlimmsten Orten stehen, bückte sich (ohne Mühe) und sammelte irgendeine seiner Unappetitlichkeiten; dann befahl er mir, diese Tasche zu öffnen, was ich immer mit eng an die Nasenscheidewand gedrückten Flügeln tat, und warf dann eigenhändig zum schon bestehenden Unrat und in das Chaos von unhygienischen Exponaten das eben Gefundene oder Entdeckte, worauf ich die Tasche wieder zu verschließen und weiter zu tragen hatte, bis zu einem nächsten Aufenthalt, den seine Neugier bestimmte.

Durch das in gerader Proportion zu der verfließenden Zeit zunehmende Gewicht wurde meine rechte Schulter derart in Mitleidenschaft gezogen, daß ich bis jetzt, als endlich approbierter Arzt, durch diese unselige Tasche* mit einer schiefen rechten Schulter leben muß.

Nach vier Meilen Fußmarsch in eisiger Kälte, umströmt von kühlen Winden aus allen Himmelsrichtungen, überschüttet von Regentropfen, geblendet von unerwartbaren Sonnenschüssen durch eine träge nach Osten drainierende Wolkenmasse erreichten wir bald einen Schlammweg, der zur Grafschaft führte.

Mit einem Mal erschien die Sonne in einem geringen Durchmesser mit einem Hof um ihren blassen Kern und schickte Strahlen in einem Winkel von 51/52 Grad auf uns herab. Durch diese Lichtpassage veränderten sich einerseits die Sichtverhältnisse oberhalb des zu beschreitenden Humus, halbglobal gesehen und mit dem Gewicht der Tasche am rechten, immer länger werdenden Arm, wie auch das Wahrnehmungssystem meines sogenannten inneren Auges, das ich immer benutze, wenn ich nichts Besonderes sehen will oder es nichts Besonderes zu sehen gibt.

Durch diese plötzliche Herabsetzung meines Gefühls für die Proportionen des Weges vor mir, des Gewichtes der Tasche neben mir, der Sonne und ihrer Bahn über mir und des Grabens links neben mir,** will sagen, unbeschadet von ei-

* Diese Tasche befindet sich noch jetzt im Besitz eines Onkels. Bei einer Untersuchung wurde nichts Interessantes ans Licht gezogen. Der Boden der Tasche war aus Metall und magnetisiert; Roderick Baron Valev hatte die Auffassung, man könne sich bei einem Münzenfund unauffälliger davonmachen, wenn man einfach auf die Fundstelle zuging und rasch (mit einer flüssigen Bewegung) die Tasche daraufsetzte.

** Diese Stelle, schreibt Dr. Spange in »Incisum«, sei eine der weniger berühmten, zu Unrecht vergessenen Beispiele für die Modelle der sogenannten Culpschen Beobachtungssprache.

nem vorstellbaren Verlauf der Zeit mithilfe eines Bildes unter mir, geriet ich außerhalb meines gewöhnlichen Gleichgewichts und verschwand, wie Baron Valev später sagte, mit einem Mal seinen Blicken. (Er sagte in der Tat, ich sei aus seinem Blick verschwunden, so, als habe er seinen Blick, als ich fiel, auf mich gerichtet; dabei sieht er mich niemals an, es sei denn, es läßt sich nicht vermeiden, wenn er eine neue Krankheit oder frische Vapeurs bei mir zu konstatieren glaubt.)
Infolge der übermäßigen Blendung stürzte ich also in einen mit Dung, Moder, Wiesenschaumkraut und Wasser gefüllten Graben. Das Fallen eines Menschen aus einer Situation des aufrechten Ganges kopfüber (kopfunter besser gesagt) in eine nicht reine Flüssigkeit hat eine deutliche Connexion zum Auftreten eines Schmerzes.
Nur ist die dabei entstehende Empfindung eine andere; das Schmerz-Gefühl im Kopf ist dabei von dekrepiter Allgemeinheit und führt auch bei Nachdenken über die Situation zu nichts. Die Ängste eines Nichtschwimmers vor bestimmten Überraschungen mit dem Wasser-Medium sind üblicherweise größer als die eines schwimmfähigen und so gut wie unsinkbaren Athleten, denen man nur bei Feuer einen Mangel an Kaltblütigkeit vorwerfen kann; erschwerend bei meinem Fall war der plötzliche Verlust der Schwerkraft, das heißt, die Verlagerung des Schwerpunktes in die Richtung eines nicht gewöhnlichen Standortes; immer gut durchblutet in unserem kostbaren Organ, dem heiligsten, denke ich wohl, nahm eine sinistre Farbe in einem schwärzlichen Rot mir den Blick; in der Tat begriff ich zu diesem Zeitpunkt alle Elemente noch nicht vollständig, weil ich im ersten Augenblick, zwischen Landmasse und Graben, die Topographie des Horizontalen mit der Linie des Vertikalen nicht berechnen konnte.
Geübte Schwimmer sollen unter Wasser die Augen geöffnet halten können; das ist mir ein unappetitlicher Gedanke und nach dem Fall dachte ich auch nicht einen Augenblick daran, die Augen zu öffnen; ich preßte sie zusammen und drückte gleichzeitig mit letzter Kraft den weichen Griff der roderickschen Tasche. Ähnlich einer sehr jungen Kaulquappe drehte ich mich wieder dem Erdmittelpunkt zu, in der Hoffnung, mein Kopf könne sich von dem Sud befreien.
Bis zum Hals im Graben richtete ich meinen allerersten Blick auf den Baron, der mich, auf seinen Stock gestützt,

aufmerksam betrachtete. Ich bat ihn mit vernünftigem Stimmaufwand, mir herauszuhelfen. Allein, er blieb in seiner Beobachtungsposition und nickte zweimal, als dächte er über meinen Fall nach.

Ich glaube, ich sagte etwa so viel (und nicht mehr), er möge mir seine Hand oder den Stock reichen, ehe ich mich erkältete.

Merkwürdigerweise konnte ich wohl die Beine in dem Moder bewegen, nicht aber den Rumpf. Die Sonne blendete mich noch immer.

Anstatt mir zu helfen, vindizierte er die Tasche mit den Worten, »(')«; und ob mir bekannt sei, daß ich im Augenblick einer rheumatischen Erkrankung vorbeuge.

Ich bat abermals darum, mir auf der Stelle Stock oder Hand zu reichen. Er schien diese Situation zu genießen oder durch die Tatsache unserer unterschiedlichen Höhen kurios zu finden; mehrmals fragte er mich, was ich darüber wohl schreiben werde.

(Roderick wußte damals, soviel ich weiß, wie sehr es mir darauf ankam, alles, was mir zustieß, was zu denken oder zu fühlen war, deutlich zu protokollieren; aber er war der Meinung, ich führte allein Tagebuch über seine Person. Zu dieser Ansicht muß er gekommen sein, weil ich, wie er weiß, ohne Zögern einem geschmeidigen, d.h. allen Gegenständen allezeit angemessenen Stil den Vorzug gegenüber dem kultivierten Stil gebe.)

Als ich mein Gewicht in dieser Brühe vom Standbein zum Spielbein verlagerte, verlagerte sich meine volllständige Person nach Süden, nach hinten, während ich bis zu den Ohren versank und mit den Füßen, die ich auswärts stellte, keinen Grund fand. Roderick bat abermals um seine Tasche. Bedauerlicherweise hatte ich an seiner Tasche in diesem unglücklichen Augenblick wenig Interesse; als ich ihm meine Ansicht mitteilen wollte (der grausame Mensch lächelte auf mich herab), verschluckte ich einen ekelhaften Brei. Durch diesen Ekel wurde ein Kraftimpuls in die andere Richtung erzeugt, so daß ich mit einem entsetzlichen Schmatzen an einer anderen Stelle wieder auftauchte.

Roderick schrieb zu der Zeit an seiner »Misanthropischen Ethik«, d.h. er schrieb an einem bestimmten Teil der Einleitung mit Rücksicht auf Socke (»Über die angeborenen Ideen und die einfachen Bestimmungen«) und war von großer

Ängstlichkeit, das Werk, in all seiner Unvollkommenheit, könne verloren gehen; da er nun sehen mußte, wie ungeschickt ich war und wie sehr ich durch meinen Aufenthalt in dem Graben das Werk gefährdete, schien mir die Verzögerung, mit der er den Gedanken faßte, mich zu retten und dann die Tasche oder zuerst die Tasche und dann mich, unverständlich; denn bei einem Feuer in einem Gasthaus in der Nähe von Cornwall hatte er während des Brandes stillschweigend seine Tasche gerettet und sich außerhalb der Gefahrenzone daraufgesetzt.
Mit ärgerlicher Stimme sagte er mehrmals: »Aber geben Sie doch die verdammte Tasche heraus«; mir geht es deshalb darum, diesen Bericht so präzise als möglich zu machen, weil die Vorkommnisse seine Wesensart unübertrefflich klar charakterisieren; jeder andere Mensch hätte sich entsetzt und mir seine Hand, zumindestens aber seinen Stock gereicht; in dieser Lage hätte ich auch seinen Fuß ergriffen, ohne etwas Verächtliches darin zu sehen.

Bei dem Versuch, die rechte Hand mit der Tasche zu heben, sank ich mit dem Fuß, der unter dem Gewicht zu leiden hatte, vollständig ein.
Ich berichtete schon, daß es sich mit der Flüssigkeit im Graben um kein wäßriges Medium handelte; vorausgesetzt, man hätte die Hand vor die Augen legen können, man hätte nichts gesehen.
Ich weiß noch bis zum heutigen Tag, welche Geräusche mich umgaben, während rings um mich her dunkle kleine Blasen aufstiegen. Mit ruhiger Stimme erklärte ich R. die physikalische Unmöglichkeit, ihm zur Tasche zu verhelfen. Die Reihenfolge der Handlung schien ihm klar zu sein, aber er rührte sich nicht. Ich sagte ihm klar, wenn er seine ›Misanthropische Ethik‹ retten, vor Verlust oder Beschädigung bewahren wolle, müsse er zuallererst meine Person befreien.
Aus der Ferne schrien Vögel des Feldes; die Sonne tauchte in den zerfransten Rand einer kugeligen Wolke; neben meinem rechten Ohr (wiesenwärts) quakte ein Frosch,
(vor Fröschen fürchtete ich mich von Kindheit an; ihre schleimigfeuchte Präsenz, ihre Ballerinabeine, die man auch essen kann, das breite Maul, ihre quellenden Augen und ihre übermäßig laute Stimme waren mir zuwider).

Endlich reichte mir Roderick den Stock; er sagte, er habe während der Beobachtung meines Bades eine hübsche Idee gefaßt, brauchbar für Patienten mit cholerischem Temperament oder renitente Kollegen. Ich ergriff den Stock an seinem Knauf mit der linken Hand und schwieg durchaus still. Nun hing ich am Stock; dadurch verloren die Beine, besonders auf der Taschenseite, ihren Halt und ich mußte mit den Beinen rudern, um nicht wieder abzusinken; Roderick genoß, wie er mir später mitteilte, mit gewisser Rührung meine Haltung, mit der ich mich aus dem Graben ziehen ließ, über und über bedeckt mit Schlamm, kleinen Pflänzchen ohne Blüten und aufgeweichten Kuhdungstücken.«

105

Ich wachte durch Geräusche auf. Ich hatte geträumt, ich faßte in die berühmte Tasche und fände nichts als verklebte Taschenbücher und einen wütenden Schrumpfkopf mit einer Stricknadel im Schädel; draußen bellten Hunde, Kinder kreischten (wahrscheinlich, um die Hunde zu übertönen) und mein Telefon klingelte. Ich schluckte (das erste Mal nach dem Aufwachen, auf meiner Ledercouch, untertemperiert, zwölf Stunden nach der Nacht, unberührt) meinen Speichel; dabei löste sich durch das unwillkürliche Heben des Zungenbodens eine Kirsche, die sofort in den falschen Kanal geriet. (Ich hatte vor dem Einschlafen eine in Alkohol mit Schokolade schlummernde Kirsche zu mir genommen, um den Geschmack dessen loszuwerden, was ich vorher im Mund gehabt hatte – uswf.). Der Lärm war unerträglich.
(Guisler wohnte im dritten Stock eines Hauses mit lauter Kaninchenhaushalten; die Zahl der Kinder war unbegrenzt; jede Woche kamen neue dazu; fühlte sich G. gestört, ließ er mit Urin gefüllte Plastiksäcke in die Lärmzentren fallen und hatte Ruhe; Kinder mögen keinen fremden Urin.)

Ich befand mich an der Peripherie des Schlafes. Mein Rückgrat schmiegte sich eng an den Rücken der Lieblingscouch. Mein Puls schlug regelmäßig. Im Zimmer herrschte ein sanftes Grau. Auf der Parkettfläche spiegelte sich ruhig das vierfach unterteilte Fenster. Die vier Gläser enthielten nichts als eine vierfache Unterteilung eines blassen Himmels ohne

Verzerrung an den Rändern. Jetzt schlug mein Herz regelmäßig.

106

Gehen wir doch ins Kino, sagte Vera immer, wenn sie meine Schläfrigkeit bemerkte, meine elementare Antriebslosigkeit oder meine Furchtlosigkeit vor übergangslosen Schläfchen in jeder Position.

In Wahrheit glaubte sie, wie ich, an eine makellose, ernsthafte, den armen Valev paralysierende Krankheit. Sie fragte mich nach Symptomen aus, wenn wir nicht über den Unterschied zwischen Liebe und Verliebtheit plauderten, und wollte wissen, wann alles angefangen habe.

Um mir eine Freude zu machen (ach, alles vor der unseligen Reise nach Lourdes), verkleidete sie sich manchmal als katholische Krankenschwester, schrieb mir Traktätchen mit obszönen Wünschen und steckte mir ein quecksilberkugelloses Thermometer in alle Öffnungen, die sie erreichte. Aber ab und zu bat sie mit Recht um eine Begleitung in einen der überhitzten und überbevölkerten Kinopaläste.

Ich sprach dann, auf meine Weise, sehr vernünftig zu ihr.

Vera, sagte ich, oder Meine Liebe Vera, das wollen wir besser nicht tun oder machen oder unternehmen. Unternehmen ist zutreffend ausgedrückt. Sieh mich an und sieh dich an und dann vergleich doch bitte unvoreingenommen. Der Gedanke, Aufsehen zu erregen, ist mir unangenehm. Das sage ich um Gotteswillen, Liebling, nicht aus Eitelkeit, obwohl mein Phänotyp – du weißt doch, was das ist? – nicht der günstigste ist, ich meine den Eindruck, den er macht, nicht wahr. Außerdem kennst du meine Ängste vor Menschenmassen. Dies sage ich nicht aus Verachtung; ich liebe die Menschen, wenn ich sie nicht sehe. Bestimmt findet sich hier und da ein großartiges Exemplar. Gerade diese Idee hält mich davon ab, dich zu begleiten.

Ich bin als Modell bestimmt nicht vollkommen. Unterbrich mich nicht, gib mir ein Taschentuch. Nehmen wir an, wir sitzen in den Sesseln, Hand in Hand, wie es uns gefällt und neben uns sitzt ein attraktiver Mann, was dann, meine Liebe? Ich bin nicht der Typ, der solche Blicke aushält, damit meine ich nicht deine Blicke, obwohl – aber lassen wir das, ich bin ein bißchen müde. Was mich noch stört, das ist eben die gewaltige Zahl fremde Körper, weißt du, fremde Haut, fremde Gerüche, fremde Haare oder Epithel und Follikel; du wirst keine weiteren Einzelheiten verlangen. (Zudem bin ich mit schwierigen Problemen unserer Genealogie beschäftigt.) Nicht allein die Masse macht es, Gott verhüte. Wer bin ich, daß ich arrogant sein dürfte gegenüber der filmliebhabenden Bevölkerung. Sagen wirs mit einem Satz, der direkt aus der Misanthropischen Ethik stammen könnte; Selbstekel gibt das Recht, den anderen ekelhaft zu finden. Aber bitte, das schließt uns selbstverständlich aus; ist Küssen oder der gemeinschaftliche Austausch von Sekreten nicht ein Zeichen von Vertrauen und eine Überwindung dieses Ekels?

Nehmen wir doch z.B. deine Eltern –

Selbstverständlich gibt es noch andere Beispiele. Es geht nur darum, was du empfändest, wenn du erführest, entschuldige diesen Konjunktiv im Doppel, daß deine Eltern es noch treiben. Rührung über soviel Wut der Erinnerung oder Ekel? Dabei bin ich erst bei den allerallgemeinsten Formen. Und wie ist es mit Männlichkeit und Stärke? Mit Recht nimmst du an, ich wäre ängstlich oder furchtsam. Diese Gefühle haben ihre Ursachen, die nicht in der Masse meines Körpers liegen. Natürlich könnte man denken, es wäre mir möglich, mich einfach auf einen Gegner zu setzen und zu warten, daß seine Knochen knacken. Das aber wäre, wie du als Kinobesucherin weißt, heuchlerisch und würdelos. Viel lieber würde ich schlagen oder stoßen, stechen oder boxen. Dagegen aber gibt es wieder Gründe, die nicht nur vernünftig sind, zu unterlassen zu schlagen oder zu stechen; denn meistens wird zurückgeschlagen und -gestochen, wo bleibt dann dein armer Valev? Du machst dir ein falsches Bild, ich meine, die Packung täuscht oder natürlich wäre es mir eine Freude, einen potentiellen Gegner mit der nackten Faust, wie sagt man, niederzustrecken. Aber wie müßte der Mann aussehen, den ich niederstrecke oder erlege oder wie man zu einem solchen Akt des physischen Kontakts sagt? Er müßte schon sehr klein sein, völlig hilflos, absolut wehrlos, nach Möglichkeit einen starken Links- oder Rechtsastigmatismus haben und dazu noch betrunken sein. Dann wäre der Sieg unser.

Was den Besuch von Filmen im speziellen betrifft, gibt es auch bei der Wahrnehmung von Bildern in Begleitung weiblicher Erwachsener gewisse Gründe, einen Besuch mindestens zu verschieben, ehe es nicht andere Gründe oder Bilder gibt. Mir ist es z. B. unmöglich, Filme zu betrachten, die nach 1960 gedreht wurden. Sicher ist das irrational und ich weiß auch nicht hundertprozentig genau, warum ich sie ablehne. Es kann an den neuen Farben liegen oder an den neuen Idolen. Die Schauspieler müssen einem liegen. Es hat keinen Sinn, über neunzig Minuten Visagen anzusehen, die man nicht einmal in einem Klobecken gespiegelt sehen möchte. Ach, es gibt so viele Bedingungen, unter denen man unter keinen Umständen ins Kino gehen darf. Ich weiß, wie gern du jeden Film siehst. Es kommt dir nicht darauf an, was du siehst. Du schätzt allein die Lieferungen von x Bildern in der Minute und weniger als sieben Sekunden für eine Sequenz machen deiner Netzhaut offenbar nichts aus. Ich bin etwas empfindlich. Als Kind wollte ich zum Beispiel niemals im dunklen einschlafen; aus Angst, man würde mich am nächsten Morgen blind vorfinden und zu einer Wendeltreppe führen.

107

An einem Sonntagmorgen, bei einem kleinen Gabelfrühstück, lehnte sich Herr S. (Veras Vater) mit einemmal langsam zurück, öffnete den Mund, als ob er etwas Bestimmtes sagen wolle, verharrte in dieser Sitzposition, während er die Gabel mit einem Stück Aspik mit dem Griff aufrecht auf den Tisch preßte. Wie ich später erfuhr, wartete die Familie (zwei Neffen, Frau S., eine Tante) mit achtungsvollem Schweigen auf die durch das Öffnen der Lippen zu erwartende Äußerung, bis einer der Neffen (ein Sammler plastischer Legionäre und Gladiatoren) vor Nervosität ein Stück Parmaschinken in eine Sektschale fallen ließ; diese unbedachte Handlung entdichtete die Spannung und man fuhr fort zu essen, während Herr S. in der beschriebenen Haltung, erstarrt in seinem gewöhnlichen Sonntagsmorgenhandlungsfluß, seinen Blick auf einen jenseitigen Punkt gerichtet hielt. Schließlich bemerkte die Familie immerhin die Unbeweglichkeit ihres Hausherrn und schloß daraus, etwas sei nicht in Ordnung.

Man sprach ihn mehrmals in verschiedenen Lautstärken an, aber S. reagierte nicht.
Frau S. dachte sofort an eine Dämmer-Attacke von berechenbarer Dauer; als man bemerken mußte, wie wenig sich im Lauf einer halben Stunde die Position des Aspiks auf der Gabel (mit einem kleinen Stück Fisch darin) änderte, hob man (so sagte Frau S.) die Tafel auf und der Hausarzt wurde gerufen, der dem Unbeweglichen sanft die Gabel entwand, im übrigen aber an einem Sonntagmorgen und mit einem sitzenden Patienten an keine Diagnose dachte. Man brachte den alten Herren zu Bett. Während des Tragens (mit Hilfe der beiden Neffen) fiel durch die Durchquerung verschieden heller Lichtzonen verschieden viel Licht in die Augen des Patienten; der Hausarzt mußte konstatieren, daß sich die Pupillen gemäß den Lichteinfällen weder verkleinerten, noch vergrößerten.
Im Schlafzimmer legte man ihn auf den Rücken und der Arzt maß Puls und Temperatur. Der Hausarzt tippte ohne Zögern auf eine Apoplexie, war sich seiner Sache der abweichenden Einleitung wegen nicht sehr sicher. Man dämpfte das Licht.
Der Patient lag in seiner eben verlassenen Sitzposition, also mit angewickelten Knien auf dem Rücken und sah unbeweglich zur Decke. Frau S. setzte sich mit einem Buch dazu (eine Taschenbuchausgabe von Thurbers »So spricht der Hund«) und wartete geduldig auf die Rückkehr des Hausarztes, der aus einem unerfindlichen Grund seine Tasche vergessen hatte.
Das Bett, in dem Herr S. lag, war ein altmodisches Kastenbett mit drei fetten Matratzenteilen und einem Keilkissen. Das Holz des Kopfendes war intarsiert; sah man genauer hin, war es eine flache Landschaft mit mehreren Kiefern, beleuchtet von einer dunklen Sonne ohne Strahlen.

108

Hätten wir Sheratons Sommerbett mit den zwei Compartimenten gehabt, alles wäre gut gewesen. Unsere Empfindungen hätten sich getrennt entwickeln können; aber einen Ersatz für das Sommerbett besaß ich nicht, lediglich einen Stich, versehen mit zwei Herren, die auf dem Rücken liegen.

Die surrogativen Formen beschränkten sich auf zwei gleichgroße Betten mit einem Nachttisch dazwischen.
Ach, ich hätte auf ägyptischen Faltbetten geschlafen in der Haltung von Embryonen oder Gekreuzigten; ich schliefe nackt in heißer Holzasche; selbst ein Gyrgatus mit Festschnallen durch dünne Riemchen hätte ich nicht verschmäht; von dem Empirebett, das Whistler erbte, wollen wir schweigen; es erinnert an eine im Sommer und im Winter benutzbare Schaukelwiege für schläfrige Erwachsene verschiedener Länge; Jahre meines Lebens verbrächte ich auf den Charpoybetten mit ihrem elastischen Geflecht; mein Leben hockte ich dahin auf Sheraton's *grecian squab couch* oder seinem *sofabed,* dem planvoll konstruierten *camp bed* (geeignet für längere Landaufenthalte), dem *swinging crib bed* oder dem schlichter gehaltenen *french bed*; aber es gab immer eine Bedingung; ich mußte allein schlafen.
Ein Herr Graham, sagte ich zu Vera, hat im achtzehnten Jahrhundert tausend vernünftige Gründe angeführt, nicht zusammen zu liegen oder zu schlafen; da seien (sagte ich in einem Anfall tranceartiger Geschwätzigkeit) z.B. die Dünste, entstanden durch die spezielle Erhitzung des Körpers – (immer sprechend in diesem Tonfall der cartesianischen Physiologie nach der Lektüre von Culp) –, bestimmte Lebensäußerungen, fuhr ich fort, ließen sich auch bei Liebenden nicht unterdrücken; tränke man nicht fortwährend, um die Mundschleimhäute zu imprägnieren, entstünde gegen Morgen unweigerlich ein ekelhafter Geschmack; sicher gäbe es Filme, in denen geschmackloserweise die Pärchen sich nach dem Aufwachen zu einer neuerlichen Kopulation anschickten, ich aber nicht, sagte ich. Und dann das Schlafen, das Schlafen, sagte ich, sieh, ich schlafe manchmal auf dem Rücken, aber etwas verquer. Niemand außer mir hätte Platz. Außerdem schliefe ich unruhig und wechselte etwa zweihundertmal und mehr meine Lage. Bei schlechten Träumen rollte ich mich zusammen, klebte sozusagen Haut an Haut an mir und das, sagte ich, nimmt Raum weg. Deine Nähe ist mir ja nicht widerlich, sagte ich, im Gegenteil; du bist sehr appetitlich. Gerade deshalb will ich durch eine herabgesetzte Distanz meine Empfindung nicht verstören; ein jeder riecht irgendwann ungut. Je öfter das passiert, desto größer ist die Summe verschiedener schlechter Gerüche, mit denen man im Laufe seines Lebens fertig zu werden hat. Ist erst einmal

dieser Punkt erreicht, ich meine den der Aufmerksamkeit, schärft sich das Sensorium; bald riecht man nur noch Übles, wo nichts ist; die Schleimhäute täuschen einen; man zieht nur mit einem bewegten Rüssel durch Betten und Landschaften; bin ich denn ein Hund? So sprach ich mit ihr, auf meine vernünftige und überlegte Weise.

109

Besonders viele Geisteskrankheiten hatten wir nicht in unserer Familie, ausgeprägte Idiosynkrasien überwogen; die meisten endeten im Elend. Einer meiner Vorfahren (weibliche Linie, 18. Dez.) ließ sich nach dem Bettmodell des Charles d'Orme seinen Zufluchtsort in einem Trakt des Hauses bauen; die Bettstatt war aus Ziegelsteinen und hatte, wie das Vorbild, eine eingebaute Toilette. In die Ziegelwände waren kleine Kohleöfen eingelassen, deren Außenklappen man im Sommer für einen Durchzug öffnen konnte. Dieser Schläfer legte sich während eines strengen Winters in seine Bettwohnung und stand niemals wieder auf; er war, das rekonstruierte man später, schon in der zweiten Nacht an Kohlenmonoxyd erstickt; die Dienerschaft unterließ es über einen Monat, ihn zu wecken, denn er war mit allem Nötigen versorgt; nach Ablauf dieser Zeit fand man seinen außerordentlich gut erhaltenen Leichnam auf dem Rücken liegend, ein Bein ausgestreckt, das andere zart an den Leib gezogen, als dächte sein Körper noch immer nach.
Außer Roderick Baron Valev gab es in unserer Familie einige gut vertuschte Fälle mit verbrecherischen Anlagen, ein paar ernst zu nehmende Juristen, Ärzte, Tänzer und Mörder, aber die meisten neigten dazu, von ihrem Geld oder (sehr viel früher) ihren Apanagen zu leben, nichts zu lernen, wenig zu denken und vor allem jeder physischen Anstrengung aus dem Weg zu gehen.

Berühmtheiten dieser Familie (der männliche oder weibliche V-Zweig) gab es nur in zwei oder drei Fällen; es handelte sich immer um Ausnahmen, über die sorgfältig Buch geführt wurde, vom ersten Hinfallen bis zum letzten Sturz.
Da gab es z.B. einen Dichter in der Zeit der Konzeptionisten, der bei einem Bootsbrand ums Leben kam; einen

Schachspieler im siebzehnten Jahrhundert und einen ausgezeichneten Skeet- und Trap-Schützen im zwanzigsten Jahrhundert.
Die letzte überregionale Berühmtheit und Begabung hat ein schlimmes Schicksal. Dieser Großonkel übte zeitlebens nur zwei seiner physischen Möglichkeiten und ihrer Relationen; Auge und Hand.
Von allem anderen sah er mit Absicht ab. Er kannte nur seine Waffen und andere Herren in Haltungen, mit denen sie entweder schossen oder ihre Skeet/Trap-Waffe trugen. Andere menschliche Formen waren ihm fremd und ihre Existenz störte ihn. Bei einer Meisterschaft in Südfrankreich erreichte er die vorgeschriebene Punktzahl nicht. Traurig setzte er sich in ein Straßencafé und trank eine halbe Flasche Absinth; am Nebentisch aß eine deutsche Gesellschaft von Musikern, die sich laut über die Prinzipien der Heterophonie unterhielten. Unser Mörder fühlte sich durch die groben Laute (die ihn an heimliches Gelächter erinnerten) gekränkt und schlug auf den Tisch. Die Musiker unterhielten sich deshalb lauter, um seine Geräusche unhörbar zu machen. Er bat sie, die Lautstärke zu dämpfen. Diesmal lachten sie in der Tat, blieben sitzen und fingen an zu singen. Mein Großonkel stand auf, fuhr mit dem Taxi in sein Hotel, holte eines seiner Lieblingsmodelle (eine italienische Doppelbockflinte mit Chokebohrung), kehrte zurück und betrat abermals das Lokal; aber da saßen sie nicht mehr. Der Wirt sagte, sie seien in Richtung Bordeaux abgereist.
Eine baltische Tante, Gouvernante bei den Romanows, mochte ich am liebsten; sie litt von Kindheit an nicht nur an den Absencen, die jeder vernünftige Mensch kennt, sondern an regelrechten Schlafanfällen. In dieser Zeit regenerierte sie sich selbständig und aus eigener Kraft, wachte erfrischt auf und schrieb kühle Gedichte mit vierzehn elfsilbigen Reimen.

In der Schweizerischen-französischen Linie ergab irgendeine Mischung einen jungen Mann, dem die Zähne ausfielen; ehe er sich eine Prothese von Berdmore anpassen lassen konnte, wurde sein Zahnfleisch hart, die Ränder scharf und binnen kurzem hatte er die Beißwerkzeuge einer Schildkröte. Auf nicht sehr exklusiven Gesellschaften hatte er mit der Vorführung dieser Abweichung einen gewissen Erfolg.

Das Sterben und die Geburt wurden in den zugänglichen Chroniken entweder übergangen oder bestimmte Einzelzüge wurden übertrieben. Im achtzehnten Jahrhundert (nach einem Hinweis bei Dr. Spange in »Bilder aus der Welt der Krankheiten«) gebar eine der deutschen Damen mit großer Präzision dreimal hintereinander Vierlinge; als die Zwölfergruppe vollständig war (immerhin sechs Pärchen), begann der Gatte (ein erstklassiger Patiencenleger, bei dem es immer aufging) nachzudenken und er zog einen Freund zu Rate, einen berüchtigten Abtreiber und Papsthasser. Nach dem Beispiel des bekannten englischen Romans (»Die Geschichte des Klappbettes«) konstruierten sie ein Bett, an dessen Fußende eine Klappe befestigt war. Öffnete man die Klappe, fiel jeder Gegenstand, den man hindurch fallen ließ, durch den Bettenboden, die Matratze und den Fußboden; im Stock unterhalb des Bettes mit der Klappe befand sich eine Zinkwanne; am Tage der Geburt füllte man Säuren in die Zinkwanne und wartete geduldig auf das Erscheinen der neuen Vierlinge. Vor dem ersten Exemplar würde man die Klappe öffnen, so daß der Säugling, ohne Klaps und Schrei, kopfüber durch die Klappe in die Wanne stürzen könne. Leider spielte sich dieses Verbrechen im Sommer ab; die Fenster waren geschlossen und es war sehr heiß. Die beiden Herren wurden durch eine zufällige Verzögerung des sonst reibungslosen Geburtsvorganges schläfrig und durstig. Sie holten sich einen schweren Weißwein und erfrischten sich. Ab und zu, nehme ich an, drückte der Gatte ermunternd die feuchte Hand der Gattin.

Zuguterletzt schliefen die beiden Herren, je an einer Seite der Klappe, ein, während in kurzen Abständen ein Säugling nach dem anderen kam; wie die Dame diesen Akt ertrug, ist nicht überliefert. Alle Säuglinge waren kerngesund, hatten blaue Augen und kräftige Stimmen; ihre Zahl war fünf. Nach diesem Vorfall wurde dieser Vorfahr mit den siebzehn Kindern religiös, schloß sich einer Sekte an, die eine Kinderherrschaft auf Erden wünschte, und schlief unbequemerweise nur noch in einer von Howard entworfenen Wiege; er schrieb einige schwärmerische Briefe an Mrs. Toft, eine Dame, der es gelungen war, im November 1726 einem Wurf Kaninchen das Leben zu schenken; obwohl die Zahl seiner Kinder die Zahl der Kaninchen um zwei unterschritt.

(Der unglückliche Großonkel verfolgte übrigens die musikalische Gesellschaft durch halb Frankreich, erwischte sie, über Heterophonie redend, in einem Dorf zwischen Paris und Orleans, suchte sich einen Herrn [namens Husche] aus und schoß ihm eines seiner Projektile durch das linke Auge.)

110

Nach einem Vera-Kuß wollte ich mir abends die Zähne putzen. Nach dem Spülen meiner empfindlichen Höhle führte ich ordnungsgemäß meine vorschriftsmäßig gekrümmte Bürste ein und fing systematisch an, meine derangierten Dentes zu behandeln. Bei der Enfernung des Mundinhaltes in das milchige Becken durch Ausspucken konnte ich, wenn ich den kurzsichtigen Blick näher an die rechte und linke Porzellankurve brachte, mehrere Blutstropfen sehen, vermischt mit der Kalkfarbe meiner Zahnpasta.
Unbeweglich betrachtete ich eine Weile im Licht der rötlichbleichen Neonröhre meine Artikel und Apparate; es war nicht meine Paste, es war nicht meine zartrosa gefärbte Spezialpaste, die mich seit Jahren durch eine wohltuende Nivellierung der Farben und Beimischungen über mein lebendiges Zahnfleischbluten täuschte; diese Volkspaste war schneeweiß und bestimmt für Leute, die ohne Zögern in Äpfel beißen konnten, ohne einen blutigen Gebißabdruck zu hinterlassen; diese neue, falsche Paste hatte einen vulgär zusammengesetzten Namen und versprach weißere, kariesresistente und parodontoseunfähige Zähne bei täglichem Gebrauch. Die restliche Masse steckte in einem zerdrückten Plastikkörper mit türkisfarbenen Streifen auf ultramarinblauem Grund; mit einem müden Griff erwürgte ich sie und siehe, sie gab zuerst ein wenig Schaum von sich und dem Schaum folgte eine kalkweiße Schlange. Zum Schluß entwich noch Luft; ich reinigte das Becken und spülte längere Zeit mit Vademecum, um kristalline Klarheit in die Backentaschen zu filtern; als ich sicher war, meine Gingiva habe das Austreten des Blutes vergessen, ging ich zu Bett.
Ich schlief schlecht und auf dem Bauch; manchmal schien es mir, als schliefe ich auf dem Rücken, aber ich fand mich beim Aufwachen immer auf dem Bauch. Arme und Beine schliefen ein. Irgendein Nebengeist trennte sich mitten in der Nacht von meinem Körper und träumte einen neuen, der

träumte, er sei wach; derlei Zustände kannte ich von früher. Man schläft, aber man träumt, man läge mit zwei offenen, nicht tränenden, unbeweglichen Augen wach und fixierte genau das Zimmerplateau, das man sähe, wäre man wach.

Am Morgen war meine Schnupfen-Watte verschwunden; (wozu, fragte Vera einmal befremdet, brauchst du jeden Morgen Schnupfenwatte, wenn du nicht erkältet bist? Aus einem, sagte ich, einfachen Grunde; morgens ist bei mir alles verstopft. So verschließe ich die Nasenräume. Meine Watte enthält ätherische Dämpfe. Sie wirken belebend auf meinen Organismus. Einatmen gehört zu natürlichen Handlungen, die man so gut wie bewußtlos unternimmt; also atme ich regelmäßig ein und daraufhin ebenso regelmäßig aus. Durch das Einatmen gelangen diese belebenden Dämpfe in den kompletten Valev. Manchmal, aber nicht oft, findet eine gewisse Erschütterung statt; ich muß niesen. In den meisten Fällen aber bin ich nahe am Ersticken und zwar in einer sehr kurzen Zeit. Der Schritt zwischen Schläfrigkeit [die bei mir ja ein gewöhnlicher Zustand ist] und dem Stadium des Erstickens macht mich munter. Für eine kurze Zeit fühle ich nicht einmal meine Nebenhöhlen, das Zahnfleisch ist taub und mein Kopfschmerz versucht den Dämpfen zu entfliehen. Offenbar sind sie unangenehm für ihn, ich weiß nicht warum.
Um nicht zu ersticken, nehme ich meine griffbereite Pipette und suche meine Visage im Taschenspiegel, um mich zu retten. Das Gefühl, gerettet zu sein, nachdem ich die beiden Watten aus den Kanälen entfernt habe, läßt mich, wenigstens bis zum Frühstück und seinen Schwierigkeiten, daran denken, wie angenehm das Leben sein könnte, gäbe es nur Watte, aber keine Kanäle, die auf die Applikation von Watte angewiesen sind.) In meiner Glaskugel lag nur noch eine einzige Watte, mit der ich mich versehen konnte. Eine Watte allein bringt die Atemtechnik durcheinander. Bei der Suche nach meinen Pantoffeln stolperte ich im S-Zimmer über einen Gummiball, an dem eine Pipette mit Konus hing.
Das Geräusch der unter Druck entweichenden Luft erschreckte mich und ich machte, mit einem Atemkanal weniger, einen matten Sprung nach links oder nach rechts. Die Himmelsrichtungen wie auch Links-Rechtsverhältnisse kannten mich morgens noch nicht.

Mit dem rechten Fuß trat ich in etwas Weiches, Feuchtes und Klebriges. Auf diese Weise war mein Fall vorbereitet. In der Meinung, mein linker Fuß stände noch auf dem Gummiball, der das Geräusch von sich gegeben hatte (dabei hatte ich die Sohle ängstlich in die Gegend des anderen Wadenbeins gelegt, wo sie bis zum Sturz vertrauensvoll ruhte), benutzte ich das linke Phantombein und das tatsächliche rechte, an dessen Fuß diese Masse klebte, um einen Sprung zu machen; und richtig landete ich mit hängenden Armen in meinen Gerätschaften, einer Sammlung optischer Instrumente aus der Zone der Augenfehler und der Blinden. Dicht vor meinen Augen war ein Besteck von konischen Tränenpunktsonden, Bowman-Sonden in einem Sondenständer nach Oppenheimer.
Meine Stirn ruhte auf der rechten Fußklappe eines Operationsstuhles nach Braatz, in dessen Sitzfläche die Sonden lagen.
Zwischen meinen Fingern waren viele verschiedene Typen von Wundhäkchen. Mein Bauch schmerzte; eine Wolke mikroskopisch kleiner Glassplitter senkte sich. Das Gestell mit den Undinen, Topfflaschen und Salbenflaschen war kaputt.
Ich atmete in diesem Augenblick aus einem Nasenloch und dem Mund; mit dem Fall war eine angenehme kleine Betäubung der Nerven verbunden. Es war sehr still in der Wohnung.

III

Die Reise mit dem Zug nach Wien verlief verhältnismäßig angenehm, ohne Zwischenfälle, Peinlichkeiten oder Anfälle; aber ich kehrte krank zurück, in jedem Fall ein wenig kränker, als ich vorher krank war, wenn ich krank war, wenn auch mein Zustand nach den Reisen sich von dem Zustand vor den Reisen nicht so wesentlich unterschied, daß es einem meinem Körper ähnlichen Körper aufgefallen wäre; meine physische Präsenz hatte sich auch nur geringfügig verändert; ich ging noch langsamer als früher und hob bei jedem noch so kleinen oder überflüssigen Schritt die Brauen.
Im Abteil erster Klasse waren wir zwei Stunden allein. Ich schlief am Fenster, während Vera mir gegenüber mit Hilfe des *Reader's Digest* ihren Wortschatz erweiterte. Immer wenn ich aufwachte und behutsam schmatzte, um die übli-

chen Zwischenstadien nicht zu stören, erweiterte sie ihn noch immer. Mit den Lippen memorierte sie halblaut die neuen Vokabeln, die zur Herstellung nagelneuer Sätze führen sollten. Aus sportlich-rezeptiven Gründen las sie zuerst die Seite mit den Gebrauchsvorschlägen von A bis D, suchte sich die nach ihrem Gefühl (und Gefühle täuschen bei dieser ersten Wahl fremder Vokabeln selten) zutreffende Erklärung aus und modelte mit ihren (sechzehn oder siebzehn) neuen Wörtern einen sinnvollen Satz, den sie laut sprach, um seinen Gebrauch sofort der dünnen Luft eines umgangssprachlichen Verfahrens auszusetzen; in den meisten Fällen war ihre Entscheidung für ein bestimmtes Wort richtig, aber nicht über seine Bedeutung als Einzelstück hinaus; d.h., die Bedeutung der Erklärung eines bestimmten Wortes fiel nicht immer mit der Erklärung der Bedeutung seines erhofften Vera-Sinnes zusammen, so daß wunderhübsche Blüten zustande kamen, die ich notierte, wenn ich nicht schlief.

Ich schlief mit ausgestreckten Beinen; mein rechter eingeschlafener Arm ruhte auf meiner weichen Tasche; in meinem Nacken lag mein Spezialkissen, im Rücken hatte ich meine füllige Lederwurst, aus deren Ende manchmal sonderbare Dinge durch meinen Bewegungsdruck im Schlafe fielen.

Ab und zu sprach Vera halblaut zu mir. Sie fing sehr schnell an zu sprechen, wurde langsam, als sie meinen Schlummer bemerkte und ließ, wenn ich nicht reagierte, den angefangenen Satz fallen, um einen neuen Versuch zu machen.

Irgendwann stiegen zwei umfangreiche Leute, offenbar ein Paar, ein, die sich an den Gangplätzen niederließen. Nach kurzer Zeit ließen sie sich Bier in Flaschen mit goldenen Stanniolhälsen bringen und tranken, gerade aufgerichtet, vorsichtige Reisende, aus kleinen silbernen Bechern. Vera memorierte wieder halblaut und sah mich, wenn sie ein Wort wiederholte, aufmerksam an.

An einer Station steckte mir Vera etwas Kompaktes in den Mund; da ich nicht bemerkt hatte, womit sie mich fütterte, behielt ich die Masse eine Zeitlang in einer Backentasche, bis ein Zahn zu schmerzen anfing. Ich schob die Masse über meine belegte Zunge in die andere Backentasche und schlief wieder ein, bis mich Veras Taschentuch weckte. Im Schlaf hatte ich den Mund geöffnet und einen Faden Schokolade über mein Kinn fließen lassen; Vera schnaubte zärtlich durch die Nase, als sie mich abwischte. Nach drei Stunden mußte ich das Gefühl, rücklings zu reisen, durch eine Platzänderung modifizieren. Aber ein leichter Kopfschmerz vertrug nicht die flache Landschaft in der nach hinten wandernden Geschwindigkeit, so daß ich meinen alten Platz aufsuchte. Vera seufzte.

Durch den Wechsel gelang es mir nicht, wieder einzuschlafen. Draußen war eine ergiebige Mischung von Panorama und Diorama, wenn man sich den eigenen Schädel (mit einem schmerzenden Glasauge) als Kamera dachte. Durch das Öffnen und Schließen der Lider ergaben sich beliebte Sensationen; durch meine Wimpern bestimmte ich den Lichteinfall und alle Lichtveränderungen. Mein braves Objektiv erzeugte eine neblige Schüssel, über die Drähte hüpften.
Wenn ich den Kopf mit einer gewissen Geschwindigkeit hin und her drehte, gingen mehrere Landschaften stufenlos ineinander über.
Die Farbe der Objekte veränderte sich ganz nach Belieben. Ein matter und anspruchsloser Regenbogeneffekt ließ sich, ähnlich einer kolorierten Blende, auch erreichen. Weit hinten sah man ein Panorama, getrennt von seinem durchs Auge bestimmten Horizont. Durch ein hysterisches Flattern der Lider überführte ich diesen Prospekt durch eine selbsterzeugende Täuschung des projektiven Elements in einen beinahe transistorischen Effekt einer Einzeldarstellung, indem ich die Augen in einem regelmäßigen Rhythmus öffnete und schloß. Nach einiger Zeit wurde mir etwas schwindelig und ich verkroch mich wieder unter Veras Pelz.
Vera fragte, ob ich wieder Kamera spielte, aber ich antwortete nichts.

Wenig später beobachtete ich auf die gleiche Weise das Sujet Vera; durch die Kameraeinstellung war es möglich, die Bewegung ihrer Lippen unmerkbar zu machen. Ich nahm nur ihr schönes und ruhiges Gesicht auf. Um den Hals hatte sie ein schwarzes Samtband; in guten Zeiten hatte sie daran ein Glöckchen befestigt und wir spielten, mit viel Stolpern und Stoßen auf meiner Seite, Wolf und Schaf.

Gegen Mittag legte mir Vera einen fetten Pfirsich in eine schläfrige Hand; der Entschluß, ihn anzunagen, dauerte etwa eine Stunde.
Vera hatte ihren Pfirsich hinter sich. Ihre Lippen glänzten und ihre Zunge tupfte noch immer auf die Oberlippe. (Ich drückte heimlich den Pfirsich, während ich dieses Bild aufnahm; das Drücken dieser immerhin weichen Frucht korrespondierte mit einem gewissen Druck in meinen virilen, roten Unterhosen. Vor lauter Körperverlegenheit führte ich diesen Pfirsich an den Mund und versuchte mit allen Hilfsmitteln des Beißens und Saugens, an den Kern zu kommen. Vera blickte in diesem Augenblick von ihrer Bildungsspalte auf [Akzidenz bis unreflektiert, wie ich später erfuhr] und besah sich ernst meinen Kampf mit dem weichen und saftigen Ding. Der Saft tropfte auf meinen Schlips [der doppelte Windsorknoten ist jetzt noch hart] und ich verschluckte mich mehrmals. Meine Drüsen arbeiteten. Ich schloß die Augen und biß auch richtig auf den Kern. Eine Hälfte [global gesehen] lag noch vor mir. Vera streckte sich. Auf der glatten seidenen Fläche ihrer Bluse erschien ihre linke Brustwarze.
Der Saft dieses Pfirsichs nahm kein Ende; ich schluckte und schluckte. Dabei versuchte ich mit einem Trick, meine Methode der Wahrnehmung zu ändern. Was mich erregte, war der Eindruck des fotografischen Tableaus. Bewegte sie sich, wäre alles gut, der Pfirsich verschwände, der Druck verflüchtigte sich und es bliebe nichts anderes als das Gefühl, aufs Klo gehen zu wollen.)
Der Charcutier saunierte brachial sein Akzidenz.
Ich hatte den Kern in der Hand und noch immer eine Erektion. Ich fragte Vera flüsternd: Wohin damit?
Vera lächelte und übersetzte (frei nach Vera) ihren Satz –
Der Zuckerbäcker dünstete sein Aufgenähtes.

Der Kern war ein Problem. Ich wußte nicht, wie Vera ihn losgeworden war.
Hatte sie ihn geschluckt? War er im Aschenbecher? Und wenn er nicht mehr in ihrem Mund war, auf welche Weise hatte sie ihn entfernt, ohne Aufsehen zu erregen. Selbst zum Essen von Pfirsichen in öffentlichen Abteilen der ersten Klasse braucht man eine gewisse Erfahrung. Der Herr mir schräg gegenüber, an der Gangseite, fixierte mich über eine hornige Lesebrille.

Ich versteckte den Kern in der Faust. Es fühlte sich ekelhaft an, wie eine der nassen Kugeln, die einem manchmal Hunde oder kleine Kinder überlassen. Vera versuchte einen neuen Satz mit neuen Elementen. Ihr Gebrauch sah so aus: Der Fungizid (das Fungizid, sagte ich flüsternd) silierte alternierend in der Ottomane des Fellachen; sie lächelte und fügte ihre Transkription hinzu – ähnlich wie Der Schädling (stimmte) lagerte (stimmte) auf dem Sonnendach (stimmte nicht) des Segelschiffes (stimmte nicht).
Während ich eine Verbesserung anbot (Der Schädling wohnte regelmäßig in der Ottomane des Arabers) versuchte ich, den Kern fallen zu lassen. Der Kern fiel genau auf meine Schuhspitze, prallte ab und rollte mit einem ekelhaften Geräusch vor die pelzbesetzten Stiefel des Herren mit der Lesebrille.

In der Annahme, man erwarte keine deutlichen oder unterschiedenen Reaktionen oder Elaborationen, suchte ich mit einer Hand nach den Tagebüchern des J. Culp, einem aus Sparsamkeitsgründen äußerst klein gedruckten Band mit abwechslungsreichen Seitenspiegel-Inseln; der Band war 1798 in englischer Sprache erschienen, als Privatdruck, und ein Jahr nach Culps Tod (1799) auf deutsch in einem holländischen Verlag als Nachdruck, das zweite Mal allerdings versehen mit einer zärtlichen Dedikation an Roderick – meinem geliebten Roderick Baron Valev, meinem Lehrer, dessen Schüler ich bis zuletzt sein durfte –; in der englischen Originalausgabe hatte man entweder die Widmung Culps vergessen oder Culp hatte keine Widmung hinterlassen. Ich schlug den Band an der Stelle auf, wo ich den armen Culp, noch meilenweit von der Heilung H.s entfernt, im Schlamm vermutete.
»... vernünftigerweise darauf insistierte, mich zu säubern, den Schlamm aus den Stiefeln zu entfernen und ...«

Val, sagte Vera mit leiser Stimme. Der Blick des Herren mit der Lesebrille war unverwandt auf mich gerichtet. Vera sagte, sie wolle, um allen Zufällen vorzubeugen, ein paar Instruktionen geben im Umgang mit ihren zur Hälfte erkrankten Elternteilen.

112

Sie bat mich, einen guten Eindruck zu machen, gelassen zu wirken und nicht zuviel zu trinken; beim Sprechen nicht zu gähnen und vor allem während einer Unterhaltung nicht zwischen zwei Sätzen einzuschlafen, nicht bittesehr das Dessert zur Einnahme meiner speziellen Placebos zu mißbrauchen und endlos mit einem kurzstieligen Löffel nach verlorenen Tabletten in Glasschalen zu fischen; während des Gebetes (das auf eine protestantische Weise kurz gehalten war und auch nicht über mehr sprach, als man tatsächlich bekam) keine nackenmuskulären Übungen zu machen, nicht vor Nervosität zu zwinkern (eine Zeitlang hatte Veras Mutter mir daraufhin immer zugenickt), im Zimmer des alten Herren nicht zu lesen oder einzuschlafen, falls es die Krankensituation ergäbe, dort eine Weile am Lager zu stehen, zu sitzen oder zu plaudern.

Dann ging Vera von ihrer erledigten November-Nummer des *RD* zur Weihnachtsnummer über und modelte jungfräuliche Sätze in eindeutiger Syntax mit den freien Gebrauchselementen Alligator, Dementi, Diabolo, Elaborat, Exekution, gerieren, Hydra, Kaverne, Kontribution, lamentieren, Membrane, Mustang, nekrotisch, Pointe, Symbiose, Tutor und vandalisch während ich allmählich in Culps Tagebüchern verschwand.

113

»... den Schlamm aus den Kiefern (ein Lesefehler und später der Fehler mangelhaften Exzerpierens) Stiefeln zu entfernen und wenigstens hier schon, mitten in dieser Wiesen- und Schlamm-Wildnis die Hosen zu wechseln; aber Herr Roderick raisonnierte wieder dagegen und duldete keinen Aufenthalt, so begierig war er, den kranken Philosophen zu sehen. Seit dieser Zeit, nehme ich an, habe ich meine rheumatischen Erkrankungen und leide unter einer gewissen, leider völlig unberechenbaren Blasen-Insuffizienz. Zudem ging ich jetzt, beschwert durch die verfluchte Tasche, schon unter den Fittichen einer all-umfassenden Erkältung. Meine Beine waren von unendlicher Schwere. Die beim Gehen vollführten Ge-

räusche waren von der Art, die ich, üblicher- und gewohnterweise, niemals in meiner nächsten Umgebung gestattet hätte. Wäre das Wetter nicht schon so übel gewesen, hätte man sagen können, es sei übel. Sonderbare Wolkenformationen begleiteten uns. Bei jedem Schritt sank ich bis zu den Knöcheln ein, während Roderick in aller Freiheit seiner Glieder, in seiner Frische, Trockenheit und Wohlgemutheit dahinging.
Zur Teezeit erreichten wir unser Ziel.«

114

Die beiden bärtigen Herren, Verfasser der Standardwerke »Enzyklopädie der psychischen Störungen«, Durylin und Petrow, erschienen im Jahre 1934, waren die einzigen, die Jonathan Culp erwähnenswert fanden.
Im Alphabet fand sich unter C der Name Culps; im Begriffsregister war er unter B zu finden, zwischen Bipolarität und Blödsinn, mit einem Blasenleiden, atypisch. Die Reihe der rechten Seite dieses bewährten Werkes von Durylin und Petrow weiß ich jetzt noch auswendig:

Bakteriengift
Balkanvölker
Barock
Bastardierung
Begabung
Besessenheit
Bewußtsein
Bilderschrift
Bildung
Bipolarität
Blasenkrankheit
Blödsinn
Blutchaos
Boxer
Buddhist
Byzanz

Durylin und Petrow behaupteten, Culp sei ein berühmter anglo-französischer Entomologe gewesen; »sein Leiden be-

stand darin, daß er in den Jahren seit etwa 1740 entweder sein Wasser nicht halten oder aber nicht lassen konnte. Rückführung auf Ursache durch Infektion durch geschlechtl. Betät. nicht ausgeschloss. Häufiger Besucher d. damals noch nicht berühmten Bordells des Scharlatans Dr. James Graham, Edinburgh, später London.«
(Petrow sprach in einer anderen Untersuchung [»Die Fermail-Methode«], die ich noch später fand als die Enzyklopädie, von dem Auftreten einer Krankheit, die später unweigerlich zum Tode führen mußte, ohne die sie definierenden Symptome.)

115

»D. H., Esq., saß auf einer bequemen, an einem Baum befestigten Bank, unter sich zwei bestickte Kissen, auf denen sein dünner Hinterer ruhte, gehüllt war der Philosoph in mehrere Decken von flauschig-pelziger Konsistenz, während die Füße (die umfangreich zu sein schienen) auf einem erhitzten Stein unbeweglich standen, die Spitzen einwärts gekehrt. Ich dachte bei mir, seine Mattigkeit und Larviertheit nähme nicht wunder, wenn man bei der Witterung außerhalb des Hauses säße, sagte aber kein Wort. H. war noch jung (und nicht so gut im Fleisch, wie ich ihn später einmal auf einem Markt sah) und las mit hängender Unterlippe in einem braunen gepappten Band von legerem Schnitt und unzureichender Bindung; ich trat nach der Begrüßung einen Schritt näher – er las in Lockes Versuch über den menschlichen Verstand – und machte zwei Schritte zurück, weil Roderick seine Begrüßung anfing.
Will sagen, ich weiß es nicht, wer mit einer Begrüßung anfing, denn ich stand mit klappernden Zähnen hinter Roderick und schlug mir, ein ums andere Mal, die Arme um Schultern und Leib.
(Unser Patient, denn solange ich noch nicht im Bette war, konnte man ihn als unseren Patienten betrachten, war bleich und ein wenig verquollen; die Augen waren blutunterlaufen, was zur bleichen Farbe nicht wenig passen wollte und seine Nase lief, ohne daß er die Kraft oder den Willen gehabt hätte, sie allein durch die Tatsache unserer Ankunft sofort abzuwischen.)

Der junge Mann begrüßte Roderick (und damit mich hinter seinem Rücken) mit der Sentenz *Non vivere, valere vita.* Roderick räusperte sich, spuckte zur Seite aus (der Wind brachte mir Teile davon getreulich zu) und erwiderte heiter mit Hippokrates, *Vita brevis, ars longa* (– eine in diesem desorientierten Stadium der Untersuchung unverschämte Taktlosigkeit gegenüber jedem Patienten).
Der junge Skeptiker schwieg, als suchte er nach einem passenden Zitat oder einer gebührenden Antwort, und sagte dann mit trauriger Stimme und Maximian, *Non intellecti nulla est curatio morbi.*
An dieser Stelle, nachdem Herr H. geendet hatte, gluckste Roderick und sagte nichts weiter (aber mit unfreundlicher Betonung) als *Principiis obsta; sero medicina paratur, cum mala per longas invaluere moras.* Der Kranke senkte seinen Blick auf den erhitzten Stein und sah dann gen Himmel. *Cui dolet,* murmelte er dann, *meminit.*
Ah bah, sagte Roderick herzlich, *impavidi progrediamur,* wie?
Danach machten die beiden Herren eine Pause, weil ihnen die Zitate ausgingen. Und richtig plauderten sie hinfort nur noch in ihren mütterlichen Sprachen; entfiel ihnen ein Ausdruck (was besonders Roderick des öfteren zustieß) war ich zur Stelle, um übersetzend, glättend oder berichtigend einzuspringen.

Noch an diesem Tage ergriff mich heftiges Fieber, so daß ich die Fortschritte der Therapie nicht mit wünschenswerter Klarheit verfolgen konnte, ich weiß nur, daß Roderick Baron Valev sich bemühte, noch weniger orthodox vorzugehen, als er es gewöhnlich, zum Schaden der Therapie nach Vorschrift oder des Patienten, ohnehin schon tat.
Natürlich wurde mir nicht erlaubt, ohne weitere Verzögerungen mein Bett aufzusuchen; ich hatte ihm Handreichungen zu leisten, die er in genügendem Umfang selbst hätte unternehmen können.

In einem Raum mit hellen Wänden, drei Stühlen und einem Kastenbett an der südlichen Wand mußte ich die Tasche ausräumen.
Zuunterst, entsprechend der von ihm angewendeten Methoden, waren die Egel, nach denen er verlangte, eine Familie mit vierzehn Mitgliedern aus den Sümpfen von E.

Jaja oder etwas Ähnliches murmelte mein Herr Roderick, als er an des Philosophen physische Oberfläche drei Egel setzte; ein über die Maßen dicker hatte sich schnell an meinem Daumen installiert, so daß ich im Gebrauch meiner linken Hand beschränkt war.
Es waren sehr rege Egel, die ich da gefangen hatte. Der meine war nicht zu sättigen und peinigte mich bis aufs Blut. Ich steckte ihn in eine von Rodericks Spezialpasten (gut gegen furunkulöse Stellen und eitrige Beulen), aber der Egel verließ mich nicht; im Gegenteil, es schien ihm zu schmekken. Niemand kümmerte sich um mich, niemand fragte nach mir. Allein auf mich gestellt (im Augenblick auch ohne Aufgaben), suchte ich in der Tasche nach dem Instrument von Speckenham, einer Art von Hohlnadel, die er Translator nannte, weil das Instrument sowohl zum Ansaugen wie auch zum Absaugen geeignet war. Während meine Kräfte schwanden (bei mir zehrt Fieber von Anfang an und besinnt sich nicht) senkte ich die Spitze der Nadel in den Leib meines Egels am Daumen und saugte, (um mein persönliches Blut wieder dem gewöhnlichen Kreislauf zuzuführen) mit aller Kraft an meinem Ende der Speckenhamschen Nadel, so daß mein Blutbesitz nicht verloren ging; bedauerlicherweise saugte das Tier andächtig weiter, während ich an ihm saugte, um den Kreislauf nicht zu unterbrechen.«

116

Über die Heilung des großen H. war bei Culp nichts zu erfahren, der ausführlich über seine Erkältung und das Abenteuer mit dem Egel schrieb; der absurde Kreislauf und seine geringe Rationalität ging ihm erst spät auf, denn der Kreislauf des doppelten Saugens war ja nicht zu unterbrechen, solange der Egel etabliert blieb. Leider sprach Culp an keiner Stelle von des Egels oder seiner Sauggeschwindigkeit. Mein Vorfahr erlöste Culp schließlich durch einen beherzten Schnitt eines Messers; da Culp nach diesem Akt eine Blutvergiftung fürchtete, wagte er, trotz seiner verstopften Nase, dem Fieber und seinem leicht dämmerigen Kopfe nicht, sein Bett aufzusuchen. Vielmehr hockte sich der arme Culp auf einen unbequemen Stuhl und versank in die Betrachtung des blessierten Daumens, während Roderick den Skeptiker heilte, über den allein Ripar (»Hume et le problème du mal«), was Heilung betrifft, schrieb, ohne Rücksicht auf die Methoden von Roderick oder Culp:

»... ungefähr durch mehr als vier Jahre mußte seine (H.s) zarte, sensible, leicht affektable Natur um verschiedene Formen von Selbstbehauptung kämpfen; da waren schwere Zerrüttungen und Störungen nervöser Art und auch physischer Art, hervorgerufen durch geistige Überanstrengungen.
Der seelisch Niedergebrochene kann nur durch ärztliche Behandlung und selbst auferlegte körperliche Übungen, Handlungen und Strapazen ganz allmählich und nach mannigfaltigen Rückschlägen das innere Gleichgewicht wiederherstellen. Der ganz an die sitzende Lebensweise Gewöhnte unterzieht sich in dieser bedeutenden Situation (während der Hervorbrechung und Gestaltung des eigenen Denkens) anstrengenden Fußwanderungen und Spazierritten, bis sich endlich im Mai 1731 ein gewaltiger Appetit einstellt, der innerhalb von sechs Wochen aus einem melancholischen, schlanken, hageren und schwächlichen Jüngling einen kräftigen, stämmigen, rotbackigen und heiter dreinschauenden Mann macht. Von da an«, fährt Ripar fort, »scheint die körperliche Genesung, auch weiterhin durch Leibesübungen gefördert, rasche Fortschritte gemacht zu haben und auch der Geist nimmt einen kräftigen Aufschwung, wenn auch die seelischen Hemmungen noch lange fortdauern.«

Dr. Spange dagegen sagt es mit einem Bild; mit Hilfe eines kolorierten, sehr sorgfältig ausgeführten Stiches, in der dritten Nummer von »Incisum«, 1879; unter dem Bild, kursiv gedruckt, findet man den Text –

Professor Culp, den schottischen Philosophen
von seiner Trägheit heilend –

und man erblickt den Esq. auf einem Küchenstuhl sitzend, zwischen den feisten Beinen eine Porzellanschüssel; sein Oberkörper ist unbedeckt und übersät mit kleinen Kugeln aus Glas mit je einem Loch, als seien es Schröpfköpfe, die sowohl Roderick wie auch Culp gründlich verachteten. Durch einen kleinen Irrtum in der Chronologie liegen auf dem Tisch neben dem Philosophen sämtliche Werke ab

1740, dem Betrachter alle Titel in horizontalen Vignetten zuwendend. Über dem Tisch könnte man (nähme man eine Lupe zu Hilfe) unterhalb eines kleinen Trompillon einen Stich mit dem grämlichen Profil Rousseaus sehen.
Mein Roderick wird nicht an einer Stelle bei Ripar oder in einem der vielen Aufsätze in Spanges »Incisum« erwähnt.

Der lebenskluge Culp ließ sich während der folgenden Stunde von einer Magd den Daumen lutschen, um einer Vergiftung des Blutes, entstanden durch Rodericks unhygienisches Messer (Culp hatte eine gewisse Schwäche für Asepsis, sogar bei Kranken, die er nicht schätzte oder deren Krankheiten er nicht mochte oder unergiebig fand) vorzubeugen; als sich kein Zeichen einer Vergiftung blicken ließ, ging er befriedigt ins Bett, ohne die Fortschritte in der Roderickschen Therapie weiter zu beobachten.

117

Der Zustand des alten Herren war so gut wie unverändert. Wir machten eine kurze Visite im Krankenzimmer. Niemand war zum Sprechen aufgelegt. Meine Sprechlust war ein wenig größer, als die der anderen; schließlich ging es um Leiden, Krankheit, Schmerz und womöglich Tod; Themen und Variationen, über die ich ausgesprochen gern spreche, unpräpariert und mit einer gewissen Geläufigkeit. Es schien mir, als läge eine Lähmung vor, war aber nicht sicher, weil der Patient abwechselnd einmal das linke und dann wieder das rechte Auge öffnete oder nach Bedarf schloß.
Die Ruhe im Krankenzimmer tat mir wohl. Von draußen erreichten uns ab und zu gedämpfte Schneegeräusche, unten im Haus wurde Staub gesaugt.
Kurz vor dem Einschlafen mußte ich mit Vera das Krankenzimmer verlassen. Im Gastzimmer benutzte ich das Waschbecken hinter einem Samtvorhang, um mich nicht auf dem Weg zu den Toiletten zu verirren, suchte meinen Pyjama aus der Tasche, boxte eine Weile schläfrig mit meinem Spezialkissen, um die beste Fasson für einen Mittagsschlaf zu erreichen und legte mich nieder. Meine Organe (innen, meine ich, innen) funktionieren nur in wünschens-

werter Vollständigkeit, wenn ich liege; sie sind eingerichtet für ein Leben im Liegen.

118

In der Zeit der Schwierigkeiten mit Küssen bekam ich, weil ich es strikt vermied und mich allein auf den Körper der Mädchen, unterhalb des Kinns, konzentrierte, bald den Ruf eines Lüstlings. Dabei hatte ich die Damen lediglich keinen Unfällen mehr aussetzen wollen und mich nicht mehr dem Gefühl, mit einem sensiblen Mundmüllbeutel ausgestattet, Zahnklammern, Bonbons oder Kaugummi zu sammeln. Auf diese Weise vereinfachte ich das Kontakt-Modell und stürzte mich nach gewissen, häufig irritierenden Zeichen nur noch auf den Körper. Am einfachsten fand ich Brüste und die weiche Gabelung der Beine in der Zeit der Röcke. Die Brustwarzen ließen sich leicht finden, weil sie exponierter waren als die übrigen Körperteile und hatte ich sie erst einmal gefunden, war ich schwer von ihnen zu trennen. Manche Mädchen gossen dann Coca-Cola in das ihnen zugängliche Ohr oder bissen mich ins Ohrläppchen. Es war schwer zu lernen, ob das Beißen in die Läppchen von Ohren ein sinnlicher Akt war (ein Folgephänomen) oder ein Zeichen dafür, die Stelle zu wechseln. Mit Röcken und dem Griff der Hand mißlang ein Kontakt selten; in den meisten Fällen hatte ich nach dem Griff einen Bluterguß oder ich blieb erstarrt wie ein Nesthocker sitzen, dem man ein Insekt mit Fehlfarben angeboten hat; in den meisten dieser Fälle wußte ich nicht weiter; mit offenem Mund blieb ich sitzen, bis meine Zunge trocknete und ich so laut schlucken mußte, daß man sich beschwerte.

119

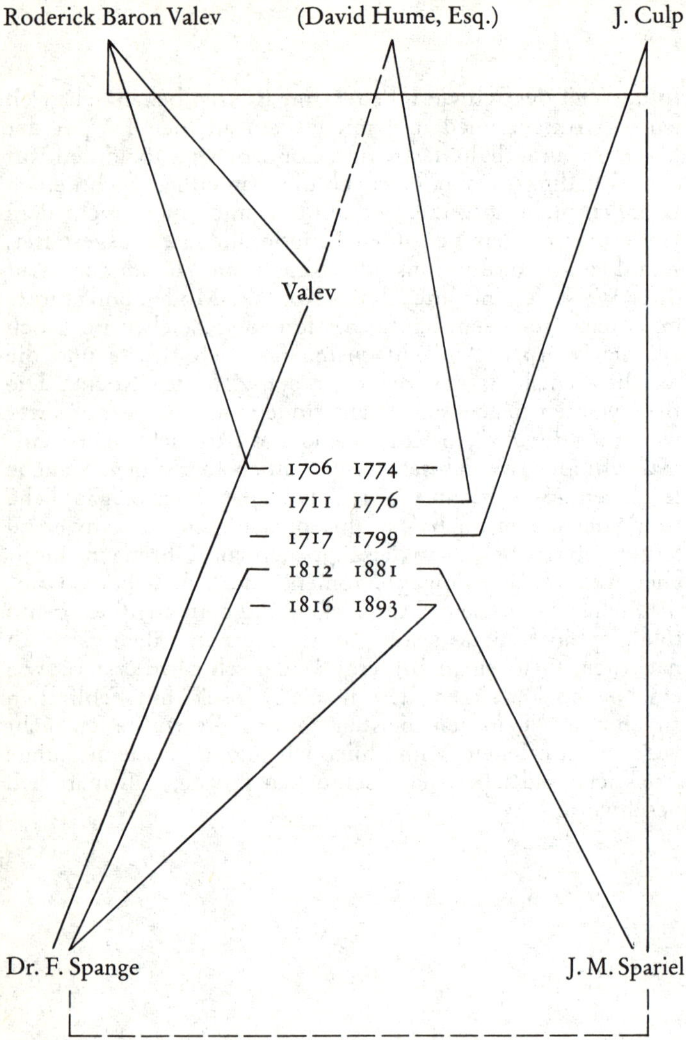
Roderick Baron Valev
(David Hume, Esq.)
J. Culp
Valev
1706 1774
1711 1776
1717 1799
1812 1881
1816 1893
Dr. F. Spange
J. M. Spariel

Das magische Quadrat (mitsamt den Jahresdaten von der Geburt bis zum Tod) mit den beiden Komplements hatte ich; aber außer Culps Tagebuchnotizen (die Notizen einer sehr trockenen Geisterstimme, immer belegt) und nicht vollständigen Teilen des Roderick-Culpschen Schmerzwörterbuches, fortgesetzt von Spariel (oder Dr. Spange) hatte ich kaum Material. Rodericks Misanthropische Ethik existierte nur in Exzerpten von Culp; und Culp war ein vorzüglicher Beobachter, aber ein schlechter, zu Spekulationen neigender Analytiker. Der Traktat über die heilsamen Erschütterungen hatte eine Zeitlang kurz vor Rodericks Verschwinden (zusammen mit Herrn Culp) in London kursiert; das gemeinsame Unternehmen des Schmerzwörterbuches war in der Fortsetzung durch Spariel aufgegangen; von Rodericks Erfindungen gibt es nur eine unzureichende Darstellung mit unbeholfenen Illustrationen von Murdon Moxon (nicht zu verwechseln mit Joseph Moxons »Mechanick Exercises or The Doctrine of Handyworks«, 1676); und alle Werke des großen Spariel sind durch die Nachlässigkeit, Trägheit und Vergeßlichkeit seines deutschen Assistenten Dr. Franz Spange entweder verlorengegangen oder während der vielen Reisen an unbekannten Orten vergessen worden. Die bärtigen Verfasser der Enzyklopädie gehen sogar so weit, Spange alle Verluste anzulasten; er habe, versichern sie glaubwürdig (in dem Artikel »Kausalhypothetik und Schmerzkasuistik«), während der Zeit mit dem großen Spariel heimlich die Drukker bestochen, barbarische Kürzungen vorzunehmen, Verballhornungen und geschwärzte Seiten oder künstliche Seitenverwechslungen, nachdem er (der immerhin sehr träge Spange, der verläßlich inaktiv war) die bedeutsamsten Stellen exzerpiert habe.

Vom Brand des Landgutes in Frankreich wissen Durylin und Petrow nichts, über den Spariel schreibt, ihm sei alles zum Opfer gefallen.

Genausowenig kennen die Verfasser den Akt der Rettung durch Dr. Spange; bei einem Mittagsschlaf brach das Feuer im Zimmer Spariels aus. Dr. Spange roch den Rauch und sprang, ein Kopfkissen rettend, ohne Besinnen aus dem Parterrefenster; aus Angst, er müsse fortwährend an einer Fortführung des Schmerzlexikons (inzwischen angelangt beim

Buchstaben L) arbeiten, hatte er es in seinem Leib- und Magenkissen versteckt; Spariel gegenüber hatte er behauptet, er fürchte Mäusefraß und die Lust bestimmter Kerbtiere auf das schöne Papier. Diesen schönen Vorfall wieder berichtet ein französischer Pädagoge namens Lachellier, der eine neue Methode erfunden hatte, trägen Kindern das Denken nahezubringen; die Opfer seiner Methode mußten im Frühling Löcher in den Humus graben und ihren Kopf hineinstecken, um auf diese Weise die natürlichen Kräfte des Erdreiches zu assimilieren. Später stellte er, als die Intelligenz seiner Schüler nicht merklich verbessert wurde, Bonbons aus Sauerampfer her.
Dieser Lachellier besuchte die beiden über Schmerz träumenden Gelehrten häufiger, als ihnen wahrscheinlich lieb war, und er entdeckte an Dr. Spange alle Anzeichen verminderter Lebenslust. Spange schlief zu der Zeit den ganzen Tag und Spariel mußte mit einem Hammer gegen eine Schrankwand schlagen, um ihn zu wecken, wenn man einen philologischen Leckerbissen wollte.
Zu welchem Zeitpunkt Spanges Trägheit anfing, ließ sich aus der Literatur nur schwer zusammensetzen. Wann Rodericks große Trägheit (gegen die Culp mit allen Kräften kämpfte) anfing, weiß man genauer.
Sie begann in der Zeit, in der er den Skeptiker heilte.

121

Meine Fotografien hütete ich im Sanatorium mit Hilfe eines mit Vaseline präparierten Plastikbeutels; die Mitpatienten fürchteten diese Fettschicht. Mehreren teilte ich mit, eine Berührung des vaselinesierten Plastiks brächte entsetzliche Infektionen mit sich, bis zu einem immer letalen Ausgang. Ich sprach sehr ausführlich über diese möglichen Krankheiten und erfand diverse dazu. Es waren in der Hauptsache Sporenkrankheiten dabei; besonderen Anklang durch Furcht, Anteilnahme oder Interesse (bei gleichzeitiger Entwicklung von rührenden Schutzmechanismen, vom Abwenden des Blickes bis zum Kriechen auf allen vieren) fand ich durch die Erfindung einer Sonderform der Bilharziosis; meine neu erschaffenen Trematoden (das waren Saugwürmer) waren eine Species von großer Durchdringungsfähigkeit; ich sagte, eine flüchtige Berührung genügte schon, um sie wie Geschosse in die Epidermis zu treiben; diese meine Schutzerfindung erklärte ich mit den allereinfachsten Prämissen. Einen der Patienten, der an Quaddelbildungen litt, nahm ich als Beispiel einer Infektion. Bedauerlicherweise geriet er als Beispiel meiner Krankheit in Mißkredit. Er haßte mich ausgiebig und versteckte ab und zu an nicht berechenbaren Punkten persönlich gemeinte fäkulente Partikel.

Es waren insgesamt 212 Fotografien auf Entwicklerstreifen. Ich konnte sie mit meiner schweren Lupe stundenlang betrachten; ich wurde nicht müde, die immergleichen Positionen unserer Körper im Raum in wechselnden Distanzen zu betrachten; die Vergrößerungen betrachtete ich selten. Ihre Farben taten weh. Veras Körper zeigte immer zwei oder drei dominierende Farben, ein körniges Hellbraun, vermischt mit Goldreflexen und ein kaltes Blau.

Chronologisch (und in der Welt der Bedeutung durch Bildchen-Entelechie) enthielt diese Bilderkette Valevs komplettes Leben mit zufällig gelieferten Zuständen.

In der letzten Zeit liebte ich besonders die Bilder vor der Reise im Rover noch Lourdes. Während unseres Krankenbesuches erholte sich Veras Vater mit großer Geschwindigkeit und verfügte bald wieder über elementare Interessen.
Ach, ich fotografierte sie, sie fotografierte mich, wir fotografierten uns, wir fotografierten alles.
Jeder hatte eine Kamera; ich hielt meiner alten Balgenkamera die Treue und Vera benutzte eine einäugige Spiegelreflexkamera.

Von Valev gab es aus der Zeit einige traurige Selbstauslöserfotos; der Fotograf war immer außer Atem, weil der Selbstauslösemechanismus nicht mehr funktionierte und saß oder stand dann mit offenem Mund, ein wenig atemlos und mit weit geöffneten Augen vor dem Objektiv; von meinen Augen sah man wenig. Geblendet durch die Blitze, erinnerten sie im Augenblick der Wahrheit mit ihren sichtbar gewordenen Äderchen an die Augen von Angorakaninchen.
Ich hatte sogar eine schön ausgeleuchtete Fotografie des alten Semenow auf seinem Bett, mit einer anhaltenden Belich-

tungszeit während eines Schläfchens aufgenommen. Der Kranke schlief in seiner Lieblingsposition, auf dem Rücken. Auf dem Nachttisch leuchtete in einem Champagnerkelch der obere Teil einer Prothese, an den Canini durch eine frontale Lichtentwicklung sanft gebrochen.

Eine scheußliche Nacktaufnahme des Fotografen verschenkte ich an einen bedürftigen Patienten, der dicke Männer liebte.

Auf dem Bild saß mein zylindrischer Rumpf leicht gekrümmt auf einer Chaiselongue im Empirestil. Meine eunuchoide Schambehaarung hatte durch die langsame Genese einen matten Kupferglanz; meine ziemlich zäsurenlosen Beine standen Knie an Knie, so wie man es manchmal bei der Darstellung des heiligen Sebastian sieht. Eines meiner Augen war im Schatten, das andere leuchtete mit einem mikroskopisch kleinen Punkt, der in der Mitte weiß war, an der Achsenperipherie opak.

122

Für die Wiener Reise packte ich folgende Gegenstände oder Dinge in meine weiche Tasche mit den drei Nebentaschen:

Nasentropfen gegen etwaige Verstopfung der Atemwege, Hustenbonbons, um die Kehle geschmeidig zu halten, einen Hartgummischlauch, der mehrere Funktionen hatte (– um darauf zu beißen, falls mich ein Anfall überkäme und als Mundschutz bei Angriffen auf meine Reiseperson), eine Dose Vaseline, die man immer brauchen kann, gleichgültig, was einem zustößt und in welch schlimmem Grad es einem zustößt, wenn einem etwas zustößt, einen Inhalator und diverse Kräuter (auch in flüssiger Form), um sie bei grippalen Infekten einzuatmen; natürlich meine Schnupfenwatte in allen Farben des Spektrums und dazu, als Ergänzung, eine Packung Streichhölzer, die ich bei Bedarf (Erkrankungen des Mund- und Rachenraumes, Angina, Rachenentzündung, Mundschleimhaut- und Zahnfleischentzündung und Soor-Infektionen) in eine antiseptische Glyzerinlösung tauchen konnte, umwickelt von Watte; ein reichhaltiges Arsenal von Kopfschmerzmitteln, Zahnschmerzmitteln, Verdauungspastillen, ganz nach dem Fall von Obstipation oder nicht; verschiedene Sprays, vom Mundspray (in einer handlichen Fassung und blitzschnell zu gebrauchen) bis zu einem Veilchenduftspray mit einem verheerenden Geruch – (später erfuhr ich, daß die Bestattungsindustrie gern diese Duftstrahlen benutzte); ich hatte nichts gegen Epidemien, gegen Botulismus und Tollwut; Injektionsspritzen sind meine Sache nicht. Die Nadeln dringen nicht durch meinen Pelz. Ich fürchtete, die Nadeln könnten abbrechen, gerade in einem Augenblick, in dem ich Tetanus injizierte; eine zweite gegen die erste bräche genauso ab.

Ich hatte keine Hilfsmittel gegen unreines Wasser, beschmutzte oder beleckte Gläser oder Bakterien. Mein Entwurf einer Sprühdose mit Benzin scheiterte an technischen Schwierigkeiten; es fehlte an einem Universalmittel.

Ich führte mehr als vier elektrische Zahnbürstensets mit mir; ich besaß vierundzwanzig auswechselbare Bürsten in allen Härte- und Weichegraden. Wäre kurz vor dem Reinigen der Zähne der Strom ausgefallen (ich traute diesen elektrischen Kräften nicht), hätte ich noch meine zehn manuellen Zahnbürsten samt einem Gebißmodell gehabt, an dem man die effektvollsten Reinigungsverfahren erproben konnte.

Ich hatte nichts gegen kalte Füße, nichts gegen Sonnenlicht, nichts gegen Transpirationen außerhalb der Reichweite meiner Deodorants, nichts gegen hartes Fleisch und nichts gegen meine Anfälle von Schläfrigkeit. Für ein kontinuierliches Leben meines Magens hatte ich beinahe alles; auf einer Insel hätte ich zwei Jahre ununterbrochen lutschen können, ohne zu einem Ende zu kommen.

Zuoberst in meiner Tasche lag nur noch Crispins Handbuch der Ersten Hilfe; ich hatte nach induktiven Regeln alle jene Fälle im Register unterstrichen, die mich im Feld zwischen Minimum- und Maximum-Quote erwischen könnten, vorausgesetzt, meine Selbstbeobachtung hörte durch eine Ablenkung einmal auf oder werde einen Augenblick zerstreut. Aber die Grundregeln meiner aufgeklärten Eigenliebe ließen eine Zerstreuung in den Augenblicken der Wachheit nicht zu; und weil ich immer so wach war, wenn ich wach war, war ich immer so müde.

Mein nosophobisches Arsenal hatte für mich keinen Hilfsmittelcharakter; Gespräche über meine Rettungsmittel schätzte ich nicht. Bei Vera entleerte ich die Tasche und stellte zwischen jedem der Objekte eine gewisse Entfernung her. Einzeln betrachtet und isoliert von den ihnen durch Gebrauch oder Wirkung ähnlichen Mitteln, war jedes Mittel harmlos. Zwischen Subjekt und Objekt gab es keine Gebrauchsverständigung durch Übereinkunft. Oft kam Vera und spielte mit meinen Medizinen, den Flaschen, den Flacons und den Schachteln, den Dosen, Tüten und Apparaten.

Pro Tag konnte ich mich eine Stunde lang konzentrieren. Genau zu der Zeit traf Vera ein. Sie sprach von der Genesung des alten Herren und von seinen Lektürewünschen. Aber sie sprach abgelenkt und ich hatte nicht das Gefühl, die Rekonvaleszenzzeit sei für sie von Interesse.

Am zweiten Tag (ich war in der Mitte von Culps Tagebuch und exzerpierte die schöne Stelle von Culp, der sich von seiner Erkältung getrennt hatte und nur noch nasal sprach, eine Aufstellung der Fehlerquote seines Roderick Baron Valev) wollte mich Vera dazu bringen, die Inhalatoren aufzusetzen und Benzin einzuatmen.

Sie wollte bestimmte Empfindungen erzeugen, die sie »wahre« Empfindungen nannte; ob Benzin oder nicht, liebe Vera, sagte ich, oder Dämpfe oder andere Zustände oder nicht, was ist das für ein Ausdruck. Ich sprach ruhig und mit gedämpfter Stimme auf dem Rücken liegend, während Vera umherging.

Was, sagte ich etwa, sagst du da, wenn du von einer wahren Empfindung sprichst? Was ist das überhaupt für ein Datum?

Empfindungen, sagte ich, könnten unmöglich wahr oder nichtwahr sein, denn wer könnte ihre Wahrhaftigkeit denn überprüfen? Als Subjekt, sagte ich, sei sie auf die Annahme eines fremden Bewußtseins angewiesen –

Bitte, sagte Vera an dieser Stelle, ich mißverstünde sie.

Lieber ein Mißverständnis, sagte ich, als eine Dummheit.

Ich zitierte Marschagakins Monographie über die Empiristen und sagte, im Sinne der physikalischen Beschreibungszugänglichkeit wäre es wohl möglich – an dieser Stelle ergriff mich mein Valev-Chasmus, ein Hund bellte, es fing wieder an zu schneien, Vera warf meinen Inhalator gegen ein Bild (Peter den Großen in einer Troika), durch das offene Fenster fielen Schneeflocken gegen einen ausweichenden Vorhang, Vera schloß die Tür und ich lag auf dem Rücken; das dem Fenster am nächsten liegende Bein erkaltete, während die übrige Körpertemperatur exakt den Grad hatte, der den Körper bewußtlos macht. (Als Ganzheit betrachtet oder als System gab es damals noch keine bevorzugten Teile meines Körpers kurz vor dem Einschlafen.) Um seine Selbstvergessenheit nicht zu stören, trennte ich das kalte Bein vom Körper.

124

Culp hatte, wie ein Brieffaksimele zeigte, eine sehr deutliche und gefällige Handschrift. Schrieb er über sich, war seine Schrift von lässiger Eleganz und gleichbleibenden Proportionen der Buchstaben; schrieb er über Roderick, veränderte sich sofort der Schrifttyp; als disziplinierter Mensch schrieb er mit einer winzig kleinen, äußerst deutlichen Schrift; nur die zu setzenden Interpunktionszeichen zeigten seine Wut und waren einem gewissen Druck durch die Führung der Hand ausgesetzt. I-Punkte flogen weit hinter ihren zugehörigen Wörtern her. (Ich selbst hatte zu keiner Zeit meines Lebens eine sogenannte ausgeschriebene Schrift, geradeso, als hätte ich mir diesen Luxus einer allgemeinen Individualität nicht leisten wollen. Es war keine in einem definierbaren Sinn unfertige Schrift, aber ich konnte meine Buchstaben nach Belieben einem gewünschten Typus unterordnen. Bei den Untersuchungen, die mein Vater auf wissenschaftlicher Grundlage über meine Unfähigkeiten anstellen ließ, brachte ich Dutzende von Graphologen in Verwirrung durch plötzliche Wechsel der Handschriften.
Ich konnte mit der linken Hand schreiben, und ich schrieb mit der rechten Hand. Hätte ich mich bemüht, wäre es mir möglich gewesen, mit dem Mund zu schreiben. Ich imitierte Frauenmörderschriften [d.h., ich erfand sie und die Graphologen leisteten ihre Interpretation] und rundliche Mädchenschriften mit keusch geschlossenen Unterlängen. Im Lauf der Zeit gewöhnte ich mir eine neutral aussehende, etwas

eckige, der Druckschrift nicht weit entfernte Schrift an, der man beim besten Willen nichts an Interpretationen entlokken konnte.)

»Das Zimmer«, schrieb Culp in seiner winzigen und ärgerlichen Schrift, »das Zimmer, in dem wir nächtigten, war kalt und feucht, naß und voller Rauch und dem Geruch kalter Asche. Unvernünftigerweise ergab sich bald eine Art Zugluft-Kreislauf, gleichgültig, in welchem Winkel des Raums wir uns befanden. Roderick fühlte sich offensichtlich außerordentlich wohl, wie immer dann, wenn er eine Aufgabe vor sich hatte und sang mit seiner Faß-Stimme den lieben langen Tag.
Meine Schleimhäute waren in Mitleidenschaft gezogen und ich fürchtete eine Erkältung meines Gehirns. Herr Roderick duldete unter keinen Umständen das Aufsetzen einer Nachtmütze nach dem Vaughan-Modell. Nach diesem Modell muß eine jede Nachthaube ein Loch haben; das ist gesund und entläßt des Nachts schädliche Gase, die durch eine allzu innige Berührung des Schädels mit erwärmten Stoffen entstehen.
Selbstverständlich ergriff mich ein fürchterliches Fieber und ich konnte den Fortschritten, die Herr Roderick erwartete, nicht beiwohnen.

Der Baron weckte mich tagtäglich nicht so sehr durch sein frühes Aufstehen, sondern durch die geräuschvollen und widersinnigen Handlungen, die er an sich vornahm. Vor einer Messingschüssel z. B. entblößte er seine Lippen zu einem Râtelier-Lächeln und zog danach verschiedene Schnauzenformen; dabei stieß er heulend oder jaulend den Atem aus; oder er palpierte seinen Thorax und fühlte zarte Krepitationen; dann roch er angespannt an seinen gespreizten Fingern; er beugte den Kopf zwischen seine Beine und beroch sich; er stellte sich mit dem Kopf zwischen den gleichen Beinen vor einen Spiegel und inspizierte im Morgenlicht seine Afteröffnung; (besonders dieses Detail brachte mir später Unglück, als wäre es nicht erlaubt gewesen, Roderick bei der Untersuchung seiner selbst zu beobachten). Oder er schnupfte in sein schwarzes Taschentuch und beäugte mit Starr-Pupille das morvefarbene Ergebnis, als suche er nach Blut; er kratzte mit einem spitzen Gegenstand seine Haarfollikel und blieb stundenlang versunken in eine Kontemplation seiner Fingernägel; oder er rieb alle Stellen seiner Körperoberfläche mit einem Finger, als machte er, wie der Bischof Rovenius sagt, *deific confrications;* in Stunden der Selbstvergessenheit schlug er seinen Kopf in unregelmäßigen Abständen gegen seinen Bettpfosten; er maß seinen Körper und zeichnete, soviel ich sehen konnte, verschiedene Zonen ein, die er mit Nummern bezeichnete; wie er gegen den Philosophen handelte, weiß ich nicht.

Eingedenk meiner Erfahrungen war wohl anzunehmen, Roderick werde ohne Umschweife sein Prinzip der heilsamen Erschütterung anwenden; wie nicht wenige Prinzipien, hat er dieses zusammengesetzt, gemixt und nachempfunden. Für sich dachte er wohl an eine Methode dabei, wie er viele Methoden erfand; aber er nahm nichts anderes wahr als die Spiegelung der Vernunft in seinem Kopf; Willen, Fremdes anzunehmen, gab es durchaus, aber das Aufgenommene langweilte ihn bald zu Tode, so daß er niemals in seinem Leben systematisch las; er kannte weder Raulin noch Sydenham oder Hoffmann; er lehnte alles, einschließlich der Humoralpathologie ab, würde aber, wie ich ihn kenne, darauf bestehen, des jungen Philosophen ›Krankheit‹ durch eine Wiederholung des *status strictus* zu heilen, der sie seiner Meinung nach hervorgebracht hätte. Weder über das Blut noch die Raulinsche Blutlymphe hatte er eine gute, klare und wohlfundierte Meinung; so wenig er auch an das Vorkommen differenzierter Säfte glaubte in ihrer unwandelbaren Sphäre der Zirkulation.

Waren ihm die Patienten oder die Krankheit, an der sie litten, gleichgültig, erklärte Roderick alle Schäden, Krankheiten, Beschwerden und Zustände durch die Annahme einer behinderten Blutzirkulation; es kam ihm auf einzelne Fälle nicht an. Von den gebrauchten, ehrwürdigen und sinnreichen Klassifikationen bestimmter, immer wiederkehrender und also systematisch beobachtbarer Eigenschaften wie Stockung oder Dichtigkeit oder Fluidität oder Schwammigkeit oder Durchlässigkeit, Festigkeit oder Porosität hielt er nichts.

4. A.
Schlechter Zustand. Feuchte Matratze. Gliederschmerzen. Belegte Zunge. Blätter nach Montgeron angeschaut. Abdominaler Eigengeruch. Unter Bettstatt Haufenart von Zimmerkompostierung.

5. A.
Von gehörnten Quadrupeden geträumt als Körper im Körper Rodericks; im letzten *quinquenium* keinen solchen Traum gehabt; es war so, als schwämme ich als ein überall verteilter Partikel in einem weiten See, abhängig vom Willen Rodericks. Verschiedene Quadrupeden traten auf; mannigfaltige Gestalten. Gehörnte waren dabei und solche mit Fühler. In ihren durchsichtigen Leibern wanderten kreisförmig Lichtpunkte. Manche bewegten sich hakenmäßig wie die Hasen, andere hüpften auf der Stelle, andere schienen in einem halbwässrigen Medium zu versinken. Ich versank in diesem providentiellen Graben mit Moder und Fröschen, während ich immer länger wurde. Am Grabenrand mit den Füßen gen Osten schlief unbeirrbar Herr Roderick; aus seinem Mund drangen Kugeln aus Gas, auf denen geflügelte Quadrupeden wimmelten; sie stießen Seufzer aus und verflüchtigten sich im Sonnenlicht bei einer bestimmten Höhe. Sie krochen hinterwärts, sie unterwanderten mich und fanden den Zielpunkt. Als schwellten sie an, sind sie an einem Punkte der Röhre steckengeblieben; sie sind nicht stumm. Mit lauten Stimmen sprechen sie eine konsonantenreiche Sprache; die Elemete und die Grammatik sind nicht bekannt; aber sie sprechen über mich.

6. A.
Roderick berichtete mit einer weit entfernten Stimme, D. H. sei wesentlich verbessert worden in seinem Zustand. Wieder eingeschlafen. Die Geister recolligirten; neunschwänzige, befiederte und dreiäugige Quadrupeden, alle weiblich, suchten mich in Miniaturformen heim; die Magd kam mit einem Messer und sie stach mit dem Messer in meine Brust und drehte dort die Klinge in meinem Herzen. Sodann legte sie sich, so mein Traum, auf meinen Leib, wodurch ich vollständig, bis zu den Zehen und der Kopfhaut abkühlte. Durch das Fenster sah ich hin und wieder den Philosophen auf einer Schaukel schwingen, die Füße in meine Richtung ausge-

streckt; er schaukelte immer wilder und hielt sich mit beiden Händen seinen Bauch. Mit dem Gefühl, rücklings zu stürzen, wachte ich auf. Roderick saß an meinem Bette.
Ich war über und über bedeckt mit der Egel-Familie aus den Sümpfen. Ich verlor die Besinnung abermals. Als ich erwachte, fühlte ich mich erfrischt, ausgeruht und beseelt von Klarheit. Ich stand auf, ach hätte ich diesen Schritt unterlassen, und fiel, wie Herr Roderick später mitteilte, mit dem Gesicht voran auf den Fußboden, wo man mich aufhob und wieder ins Bett legte. Meine Darmschlingen schmerzten und es war mir so, als kröche ein kleines, vielfüßiges Tier bis zu meinem Herzen.«
Im Jahre des Herrn, schrieb der einsame Durylin in seiner Enzyklopädie (der zweiten Auflage ohne Petrow), siebzehnhunderteinundachtzig, finden wir Culp wieder in London.
In der Nähe von Pall Mall (nicht unweit vom »Tempel der Gesundheit« des Dr. James Graham, der gerade die Prinzipien des Magnetismus in der Liebe und die Formen der Liebe in der Elektrizität entdeckt hatte und sie mit Bädern, Betten und Thronen ausstattete), mietete sich Culp ein kleines Haus mit einer Praxis; dort behandelte er mit einem gewissen, wenn auch nicht lange anhaltenden Erfolg seine sogenannten Inertia-Patienten, d. h. Menschen unter den Aszendenten des Saturnischen, d. h. die Folgen von Zuständen, die dem Müßiggang, der Trägheit oder einer Art von Lebensverlangsamung entsprangen.
Gab es keine Patienten, die er culpisieren konnte, beschäftigte er sich mit dem Culpschen Körper, der beschädigt war, seinen wurm-förmigen Quadrupeden (die seine Eingeweide seit einem Aufenthalt in Schottland heimsuchten) und ein wenig Botanik; er trug z. B. die Druckkosten des erst später berühmt werdenden kleinen Kompendiums von Pelu, »Rousseau als Botaniker«. Diese kleine melancholische Geste bedeutete nichts anderes, als daß Culp es bedauerte, Rousseau nicht behandelt zu haben.

Culp wog nicht mehr als ein Kind, war absolut haarlos und besaß einen übermäßig langen rechten Arm. Um für alle Fälle gegen heftige Winde gesichert zu sein, trug er Stahlgewichte, eingenäht in Wollsäcke, überall an seinem Körper, als fürchtete er, davonzufliegen.

Zu dieser Zeit schrieb er an den Saturn-Passagen seines Tagebuches, während er das Haus kaum noch verließ.
Bei einer großen Grahamschen Elektrisierung infizierte sich Culp drei Jahre später an Lues, die bei ihm mit frenetischer Dynamik (Petrow) mehrere Organe erfaßte.
Die Zahl seiner Patienten nahm ab. Dr. Graham dagegen hatte mit den Praktiken in seinem Tempel anhaltenden Erfolg.
So konzentrierte sich Culp ausschließlich auf die Darstellung der letzten Jahre mit Roderick Baron Valev (s. Valevismus) in England, Schottland, Frankreich und Ozeanien. In diesen Jahren vertrugen Culps Augen weder den Anblick von Menschen oder Tieren noch den Einfluß von Sonnenstrahlen oder starkem Licht, so daß er nur immer in der illuminativen und sanften Aura von drei Kerzen schrieb. Ein Zeitgenosse berichtete, Culp sei damals so bleich wie ein mexikanischer Gottesfisch gewesen (damit ist wahrscheinlich ein Grottenfisch namens Axolotl gemeint).
(Der sogenannte Culpismus ist eine Methode, die alle möglichen Phänomene [von einem bestimmten und vorher zu definierenden Standort aus] allein unter dem Aspekt des unsystematischen Beobachtens erfassen, sammeln und zeigen will.)
»In den Wüsten (Libyen und anderen) überfielen uns, glaube ich jetzt, Ghule mit je einem lang gewachsenen Fingernagel an der rechten Hand, bohrten sich bei Roderick in eine aborale Gegend, weil er den Mund stets offen hielt, um genügend Luft zu fassen und vewirrten durch einen süßen Kitzel seine Organe, rührten seine Säfte um und um, schabten mit diesen Nägeln an seinen Schleimhäuten und zerstörten so gut wie vollständig seine Hörfähigkeit. Aber ich will nicht klagen; er war der interessanteste Fall meines Lebens.

Mit nichts bewaffnet auf dieser erbärmlichen, teils flachen, teils übermäßig gebuckelten Welt, als einem Papinschen Dampfdrucktopf, mußten wir aus Frankreich fliehen, wie wir schon aus England hatten fliehen müssen nach einer mißlungenen Roderickschen Heilung eines englischen Skribenten zu London; sonst wären wir an den Hälsen aufgehängt worden bis zum Tode.

In seiner zunehmenden Selbst-Vergessenheit erlernte Roderick O. Baron Valev allmählich eine andere Auffassung (oder er faßte eine von seinen früheren Meinungen über seinen Zustand abweichende Meinung) seiner federlosen Zweibeinigkeit, d.h. damit will ich nur sagen, wie sehr mein Fall, mein Unglück und Freund sich auf mich verließ, denn er stützte sich nicht allein auf seinen Stock, der gut eine Hälfte von ihm ertrug, sondern auch auf meine schwache linke Schulter, während mein linker Arm (der im Laufe der Zeit, wie man sagt, immer länger geworden war) mit Hilfe der nur mit heißem Wasser zu lockernden Hand seine verfluchte Tasche trug. Die Krankheit hatte seinen Sammler-Trieb nicht beschädigen können; allerdings zeigte er nunmehr mit dem Stock auf den gewünschten Gegenstand, den ich dann aufzuheben, zu numerieren und zu verpacken hatte.
Über der gleichen Affenschulter trug ich im übrigen noch einen Mantelsack mit dem Papin-Drucktopf (auf dem Topfboden war eine Signatur des Meisters) und einer doppelläufigen Pistole.

Ich fragte ihn oft, wie er sich eine Verteidigung gegen Räuber oder andere Patienten vorstellte, wenn die Waffe zuunterst im Sammlersack läge; nach etwa vierzehn Tagen erwiderte er, eine jede Art von Verteidigung bestände ausschließlich in der Idee einer möglichen Verteidigung; also handele es sich um ein Abstraktum in diesem Satz und da es unsinnig sei, sich mit Abstrakta zu verteidigen, könne es mir gleichgültig sein, an welchem Ort die Pistole sei; (solche Antworten auf durchaus berechtigte und von Zartgefühl bestimmte Fragen gab er mit Einschränkungen und nach einer größeren Pause).

Nach der Heilung des Skeptikers zogen wir weiter, d.h. ich zog weiter und Roderick folgte mir mit Widerwillen, weil er sich an die weichen Betten gewöhnt hatte, die reichlichen Speisen und die anstrengungslosen Plaudereien mit dem Geheilten über Bienen (von denen der Philosoph behauptete, sie hätten eine Art Farbstoffethik entwickelt) und Frösche.
In der Gegend Schottlands gab es nämlich mehr Frösche als Menschen; ich vermißte den verständigen Umgang mit anderen Menschen und Meinungen, Auffassungen und Lehren,

während die beiden Herren Wetten auf ihre favorisierten Frösche abschlossen, die sie mit zärtlichen Bei-Namen riefen, wenn sie keine schlimmeren Namen fanden aus den Bereichen der wandernden Finger, der geröteten Stellen oder der kleinen Ohnmachten. War das Wetter schlecht, zogen sie sich in ein breit gebautes Boudoir zurück, dessen Boden sie mit Talg beschmierten, damit die Berechenbarkeit der Sprünge und ihrer Geschwindigkeiten abnähme.
Der Philosoph war (jedenfalls zu jener Zeit und einundsechzig Tage vor der inkubationslosen Krankheit Rodericks) ein Bild der Gesundheit von exemplarischer Aufdringlichkeit; er stand auf in der Nacht zusammen mit den durch Schlaf unbetäubten Tieren und nahm täglich mehr als vierzehn Mahlzeiten zu sich, während er vier Bücher auf einem Querbrett durchschaute, ohne sie eigentlich zu öffnen. Der Esquire hatte eine einleuchtende Methode, seine Gedanken und Erfahrungen zu notieren; zuerst kam die Notation des Gedankens, auf die die Notation der Verknüpfung des eben gefaßten mit schon früher erledigten Gedanken folgte; die dritte Spalte (er schrieb sehr kleinmeisterlich) enthielt die Kommentare zu den Verknüpfungen, während die Blockspalte die Verknüpfungen der Notationen über die Verknüpfungen der Kommentare untereinander enthielt, so daß es ihm möglich war, infolge dieser überschaubaren Operationen und Akte alle Gegenstände und die Elemente der betreffenden Gegenstände jederzeit zurückzurufen.

Da ich zu dieser Zeit an meiner Insomnia litt, die mich zyklisch aufsuchte und mit meinem Körper wanderte, stand ich auf, wenn er aufstand, d.h. wir erhoben uns wie verabredet.
So blieb es nicht aus, einander wahrzunehmen, weil die Gegenstände der Natur, die man außer uns noch hätte wahrnehmen können, wäre einem daran gelegen gewesen, von beschränkter Zahl waren.
Während der Skeptiker im Morgenrock mit einem kraftvollen Schritt aus der Tür seines Flügel-Traktes im Westen trat, erschien ich, hundertundzweieinhalb Meter enfernt, auf meinem winzigen Balkon, um meine gymnastischen Übungen hinter mich und meinen gereizten Körper zu bringen, so daß wir uns, auf diese Entfernung, zwangsläufig grüßen mußten.

Ich übertrieb meine Höflichkeit immer ein wenig, um anzudeuten, daß ich sie für überflüssig hielt im Umgang mit gesunden Geistern und Körpern, während der Skeptiker mit seiner Erwiderung zurückhielt, ehe er nach einer Weile sein Kinn in die Gegend seines rechten Schlüsselbeins legte.
Ich bemerkte bald, daß er in die falsche Richtung grüßte, als stände mein Insomnia-Gefäß links neben mir außerhalb des Balkons.
Erst durch eine Untersuchung des Grußterrains gelang es mir, herauszufinden, was den Esq. dazu brachte, nach einer Weile unsichtbare Personen zu grüßen; denn links vom Balkon stand ein Baum, ein Bäumchen, eine Linde oder eine Birke, die Gattung ist mir entfallen, und der Skeptiker machte allein deshalb eine Pause, um mit seinem Gruß zu warten, bis der andere (in diesem Fall der Baum) zu grüßen anfing. Hätte er einen Gruß erwidert, wäre er zweifellos höflicher ausgefallen, aber die Ungewißheit über die mit einer Pause verknüpften Reihenfolge des Grüßens am Morgen brachte ihn dazu, auf gut Glück und dann in vorwegnehmender Reihenfolge zu grüßen, als könnte er auf diese Entfernung, zuerst grüßend, ein schlechtes Gewissen bei mir erzeugen. Allmählich nahm auch sein morgendlicher Gruß-Umfang ab bis es zum Schluß (kurz vor unserer Abreise) so aussah, als wippe er auf den Ballen seiner Füße, anstatt zu grüßen.
Wäre der Culpsche Corpus vollständig gewesen (muskulär betrachtet, von der Seite) und mein Perineurium nicht so übermäßig verdünnt, ich hätte aller morgendlichen Verdünnung zum Trotz ein Zeichen gegeben, entweder mit den Händen oder den Füßen, zu beweisen, wie gleichgültig mir die Reihenfolge und die Distanz beim Grüßen waren.
Roderick gewöhnte sich in seinem Selbst-Umgang eine gewisse, nur unter Freunden zu übersehende Schamlosigkeit an, eine Art von Fahrlässigkeit mit seinem Körper, seinen Gliedern und Organen neben den Öffnungen, vor allem beim Essen, Gehen und Sprechen; es war auch eine Gleichgültigkeit gegen Formen und Höflichkeiten, begleitet von einer Herabsetzung seines pneumatischen Selbst-Bewußtseins. Zudem ließ er immer häufiger, sozusagen unbeseelt und von seinem Willen verlassen, den Mund offenstehen, als habe er nach seinem Gähnen vergessen, die Lippen zu schließen, wie es sich gehört, wenn man kein Wüstenbewohner oder Anthropophage ist.

Selbstverständlich flogen jetzt allerlei Fliegen, Mücken (oder kleinere Insekten) oder Libellen in französischen Farben in seinen Schlund; dann spuckte er sie mit unbewegter Miene heraus, indem er die Zunge hervorschnellen ließ oder ertränkte die chitinöse Unschuld in seinem Speichel oder aber er behielt die Tiere stoisch auf seiner belegten Zunge, bis sie den Ort wechselten.

Seine Schamlosigkeit war aber das Abbild meiner Schamlosigkeit, mit der ich ihn unausgesetzt und heimlich (mit meinem in Maroquin-Leder gebundenen Notizbuch mit meinen Schweißabdrücken auf den Deckeln) betrachtete; weiß aber nicht, ob er wußte, daß ich ihn beobachtete; wahrscheinlich wäre es ihm gleichgültig gewesen.

Saß er mit offenem Mund in der Sonne (oder im Schatten oder mit gespreizten Beinen unter einem Baum oder im Halbschatten auf einer Bank, während eine Schmeißfliege auf seiner Zunge ihre Beinchen reinigte) und schlief oder döste, wartete ich jenen von ihm geliebten Punkt des Übergangs von diesem Zustand zu einem zarten Hitze-Träumen ab, weckte ihn sodann und fragte mit meiner deutlichen, keine Silbe verlierenden oder gar verschleifenden Stimme nach den Fortschritten beim Schreiben an seiner ›Misanthropischen Ethik‹ oder nach dem Fortgang der Schritte im Traktat ›Über die heilsamen Erschütterungen‹. Bei der neunten Störung (IX), nach dem Mittagessen (es hatte in Kohl gedünsteten Fisch gegeben), inmitten seiner Lieblingsgeräusche (das Summen der Bienen, die schläfrigen Rufe von Vögeln und das Rauschen des Windes in diversen Bäumen), öffnete er sein rechtes Auge (was er vermeidet, wenn sein Mund offensteht), schloß den Mund (und sperrte dadurch, glaube ich, ein Fliegenpärchen ein) und schlug mit aller Kraft seinen Stock, knauf-voran, nach meinem Kopf, meinem dumpf-sinistren Zentrum, das zu stottern anfing; Roderick O. Baron Valev erwischte mich an der linken Kinnbacke, dadurch brachen zwei Zähne im Unterkiefer. Als ich sah, daß er keine Unterhaltung über die beiden vorgeschlagenen Gegenstände wünschte, entfernte ich mich ohne Zögern, nachdem ich mich erhoben hatte.

Mein System der unsystematischen Beobachtung bezog ich allein auf Roderick und seine beschädigte Existenz. (Manchmal schien es mir, als seien die beim Philosophen ausgemerzten Elemente in einer fröhlichen und gesättigten Form auf meinen armen Patienten übergesprungen.)

In den Entwürfen zur ›Misanthropischen Ethik‹ fanden sich ein paar satz-hafte Partikel, die noch der Ausführung bedurft hätten; aber die Connexion zwischen seinem Zustand, dem Zufall, der ihn herbeigeführt hatte und der mirakulösen Heilung war deutlich.
Indem wir gewisse Dinge tun, hatte er geschrieben, führen wir andere herbei (Unterlassungen). Identität findet sich nur bei Objekten, nicht aber bei den Benennungen, die sie bezeichnen (Säfte, Säfte). So sage ich, es gibt einen Seheindruck und es gibt ein Tastgefühl. Nif damits zutun daß seiend wirklich echt wesen substantiell aktual objektif und konkret. Die letzte Bemerkung dieses Corpus lautete: Muskeltätigkeit wird durch Nerventätigkeit verursacht; sind die Nerventätigkeiten eingeschränkt, wird nur eine heilsame (unleserlich) denn die zwischen Willen und Verhalten bestehende Verknüpfung ist nicht logischer Natur/ aber unter welchen Bedingungen nicht? Vorstellungen sind nicht erfahrbar, sagte der große Quatrefages 1771 in Paris; ich nahm zu der Zeit an, Roderick habe eine teleologische Erklärung bestimmter Phänomene der Heilung der Trägheit vor; der einzige, durch den er gehindert wurde, war er und niemand sonst.

Unentrinnbarer Kopfschmerz erhöht die Kontinuität der Reflexivität, sagte ich mir immer wieder nach dem folgenreichen Stockschlag; von jetzt ab mußte ich ausschließlich mit der rechten Kiefernhälfte kauen, so daß zu meinem Affenarm und der lädierten Schulter noch einseitiges Kau-Gefühl trat; das waren Sinnes-Daten, von denen ich mir nichts hatte träumen lassen. Aber nach wie vor stellte ich meine unsystematischen Beobachtungen an, die ich eines Tages aufgehen lassen wollte in einer großen, von Roderick befreiten Culp-Theorie.

Rodericks Zustände wechselten wie das Licht des Tages; das ist natürlich ein falsches Bild und ich nehme es im Lichte des Erfahrbaren zurück, denn nichts ist täuschender als der Eindruck über Licht-Wahrnehmungen; die Grade der Helligkeit des Lichtes sind gleichbleibend, aber durch unsere mangelhaften Augen einerseits und die Schichten der Luftmeere andererseits verändert sich unsere Wahrnehmung. Ähnlich verhält es sich mit bestimmten Krankheiten.
Einmal war Roderick zuvorkommend, ein wenig verschla-

fen, schüchtern bei Höflichkeiten, zurückhaltend bei den Äußerungen ungeprüfter Meinungen und freundlich zu jedermann; dann fiel er wieder in seinen Zustand der chronischen Müdigkeit, der Schläfrigkeit, die keine Höflichkeit kennt, auch nicht in den Pausen zur nächsten Schläfrigkeit, oder aber er war eisig kalt, sehr wach und exaltiert.

Der letztgenannte Zustand verführte ihn mitunter zum Trinken. Aber er vertrug unter keinen Umständen Alkohol; denn die Geister des Weins oder Bieres ergriffen seine Zunge an der Wurzel. War ihm aber zu sprechen nicht mehr möglich, wünschte er aus Gründen, die wir kennen, zu schreiben oder einem nicht gerade landläufigen Denk-Akt nachzugehen. Hätte er noch soviel Denkvermögen gehabt, wie die ihn bewegende Energie, wäre ein solcher Akt möglich gewesen; aber auf diese Weise entstand nur unter Flattern und Gekreisch und Glossogelalle ein Klumpen unleserlicher Buchstaben, die er nach besagtem Zustand achtungsvoll beroch und analysierte, immer in der Hoffnung, in diesen seinen Buchstaben-Labyrinthen alte Ergutien zu finden.

Wir ließen uns nieder und saßen in Stockton, Hull, Nottingham, Cambridge und London; wir blieben später nicht sitzen in Nantes, La Rochelle, in der Dordogne, Sarlat, Bordeaux oder Eymet; wir flohen mit den geringsten Spuren von Seßhaftigkeit aus der Sierra Morena, aus Cordoba und von Cádiz nach Tanger, von Tanger nach Algier mit einem scrupulösen Schoner; wir blieben nicht in Tunis oder Tripolis; Alexandriens Doppelklima nahm uns auf; wir hätten uns gern versenkt (oder vergraben oder verwurzelt), aber V. fühlte sich von neuen Ghulen besetzt, denen er ihrer orientalischen Herkunft wegen keine Befehle geben konnte, denn er verstand das Arabische nicht, so wenig wie er das Englische oder Französische verstanden hatte, immer angewiesen auf die Übersetzungen meiner Zage-Zunge.

Der Punkt des Still-Standes datiert in Schottland; oder nach der Behandlung eines Patienten aus Swainbost oder Barvas; aber ich weiß nur das Datum eines Anfangs, der willkürlich ist, nicht aber die Ursache.
(Vielleicht beschwor er durch eine ungeschickte insinuationsähnliche Suada aus dem Zentrum seiner Trägheit, die

mit energetischen Stolpereien einherging, die auszutreibenden Geister oder Säfte [der fremden Leiber] in seinen privaten Leib, so daß sie übersprangen oder hüpften; da aber Roderick durch seine Behandlungsmethoden eine beträchtliche Mortalitätsziffer erreichte [und also nicht alle Geister zum Springen Gelegenheit hatten], war diese Ursache als die einzig deutliche auszuschließen.)

Oder die Ursache seiner Krankheit war zu suchen in einer neuen Angewohnheit, dem Lesen, Schreiben, Denken und Arbeiten in einer liegenden Lage. Mußte er stehen, entfloh dem Kopf sein Blut, die Beine wurden ihm schwer und er bekam intra-optische Anfälle, die ihn zwangen, sitzende oder liegende Lagen einzunehmen.

Roderick Baron Valev nahm zu und nahm ab; bald wog er viel, bald wieder wenig. Vom unberechenbaren Wechsel seiner Gemüts-Stimmungen sprach ich an einer anderen, friedlicheren Stelle. Oft sagte ich zu ihm, Vico, sagte ich, sagt, die Ordnung der Ideen müsse fortschreiten nach der Ordnung der Gegenstände; dann schlug er mit seinem Stock nach mir, traf mich aber infolge seiner langsamen Bewegungen und Reaktionen äußerst selten.

Wir hatten eine Praxis in London, wir verließen überstürzt eine Praxis in Cherbourg, während ihn der Verlust der *nomen instrumenti* zwischen Eymet und Saint Point d'Ormois erwischte; zu dieser Zeit trug er sich mit dem Gedanken, ein Tagebuch anzufangen, das alle jene noch nicht zu Ende geführten Teile der ›Misanthropischen Ethik‹ und des Traktats ›Über die heilsamen Erschütterungen‹ enthalten sollte. Natürlich fing er niemals mit seinem Tagebuch an. Ich lockte ihn mit einem meinem Notizbuch ähnlichen Maroquin-Band zu den jeweiligen Schreibgelegenheiten; aber Roderick behauptete nach einer Stunde der Jagd nach einer passenden Silbe, ihm fiele nichts mehr ein. Bevor er sich in Laura verliebte (ach, davon später und mit brüderlicher Gefaßtheit), wehrte er sich derart gegen seine schriftlichen Arbeiten, daß er als Beweis für seine Arbeitsunfähigkeit eine Fingerspitzenentzündung erfand. Roderick O. Valev bandagierte sich alle Finger (obwohl nur ein kleiner Finger betroffen war von dieser Krankheit der Spiritualitätsheroen) und ließ seine un-

förmigen Hände zu seinen Seiten niederhängen; auf diese Weise mußte ich noch zusätzlich Schirm und Stock tragen, während er ein geflügeltes Gleichgewicht bewahrte.
V. hätschelte seinen Leib. Seine Selbstbeobachtungs-Mixture bestand aus Körper-Liebe, Organ-Vergessenheit, Haut-Zärtlichkeit (manchmal streichelte er stundenlang mit einer Flaumfeder seinen Bauch oder die zartere Haut des Halses) und Ängstlichkeit gegenüber dem Gebrauch des unvollständigen Körpers und seiner Organe.
Herr V. ordnete den Gefühlen, die er über bestimmte Organe des Leibes und Umgebungen hatte, bestimmte, aus einem Dictionaire zusammengesetzte, magische Namen zu, so z.B. *alagena* (phonetische Schreibung), für die Kopf- und Hals-Zone, *pertopedium* (mitunter als Suffix auch *on*), *nosoperdu* (da gab es diverse Aussprache-Versionen) und *iluatria*, wenn es bei der Anrufung oder Beschwörung seinem Gedächtnis einfiel (das wählerisch war und mit komischen Kontaminationen arbeitete), diese Einundmehrsilbigkeit zu wiederholen.
Bei den Imitationen seßhafter Lebens-Formen mißlang oder mißriet Roderick selten eine Behandlung. Die meisten Patienten lehnte er mit der einzigen englischen Vokabel ab, die er kannte und die er auch dazu benutzte, zu zeigen, wie wenig ihn der Zustand des Patienten anging. *That's nothing*, pflegte er zu sagen; die unbelehrten Patienten des unglücklichen England hörten etwas Ähnliches wie *sats naffing*.

Die Menschen, sagte mein armer Baron, sind die Parasiten ihrer Krankheiten und danach handelte er; woher er diese Maxime hatte, weiß ich nicht, er kann sie eigenhändig erfunden haben, er kann sie gefunden haben, er kann sie entdeckt und nach der Entdeckung umgekehrt haben, alles ist möglich; in jedem Fall handelte er danach, so daß in nicht wenigen Fällen die Krankheiten tatsächlich von ihren Parasiten befreit werden konnten. Eine direkte Folge war stets unsere gemeinsame Flucht, bei der wir im Lauf der Zeit und der strikten Anwendung dieser seiner Maxime immer häufiger immer mehr Dinge (Gegenstände) zurücklassen mußten. Diese Verluste bedeuteten eine Erleichterung für mich beim Gehen, Stehen und Laufen.

V. sah von den Menschen, die eine Krankheit oder Beschwerden hatten, durchaus ab, als sei er zu stolz, die Ursache einer Beschwerde oder Krankheit in einen Ort zu verlegen, der nach einer Heilung übrig bleiben könnte. Noch in Frankreich vervollkommnete er seine Prinzipien der heilsamen Erschütterungen; infolgedessen entdeckte er mehr Zustände, Krankheiten, Beschwerden und Schmerzen, als sich der menschliche Körper oder sein Ausfluß, das Gemüt, träumen konnte.

(Mein armer Freund glaubte damals, wie Quatrefages, an die Selbsterzeugung von Krankheiten ohne äußere Einflüsse, abhängig von der Balance zwischen Willen und reinem Tychismus.)

Und so ging unser Leben allmählich dahin, nicht berechnet auf eine würdige Dauer, versehen mit Wechselfällen, die allen Prinzipien des großen Cassianus widersprachen.

(Heilung ausschließlich an einem Ort; kein
Wechsel der Umgebungen; stationäre Zerstreuungen.)

In Accous oder einem ähnlichen Ort (dieser Anfang wurde in der zweiten Faksimile-Ausgabe, unter dem Titel »Culpismen« leicht verändert und lautete: In Accous oder einem anderen Ort ähnlichen oder gleichen Namens), ereilte uns eine tückische Tyche; (die zweite Auflage, London 1804, spricht von einem blöden Schick-sal) Herr Roderick Baron Valev verliebte sich in die leibliche Tochter einer Witwe, in eine Fünfzehnjährige mit emailleblaulich schimmernden, immerzu rollenden Augen, einem milchigen Teint und sehr blassen, vollen Lippen.

Mein Valev hatte die feste und wohl auch vernünftige Absicht, seßhaft zu werden. Wir mieteten ein Haus mit etwa sieben Zimmern am Rande eines Flusses; V. gedachte, an diesem Ort ein paar jener Experimente nachzuholen, die wir durch eine Hast-Flucht aus England hatten versäumen müssen; die Experimente (über Trägheiten, Inertia-Krankheiten,

Aphonie, wie mein gelehrter Freund zu sagen pflegte, *spleens*, wenn es keine Engländer als Träger oder Liebhaber gab und andere Unsinnigkeiten der menschlichen Natur) und ihre Verläufe richteten sich streng nach dem Vorkommen von willigen Exponenten dieser genannten widrigen Zustände.

In Cambridge (während einer aufgewärmten Phase) heilten wir einen Systematiker (schulenlos, aber vernünftig) von seiner Melancholie, die sich darin äußerte, den Tag, vom Morgen an bis spät in die Nacht, rückwärts im Kreis zu gehen, bis den Geher ein tiefer Schwindel ergriff und zur Besinnung brachte.

(Der Druck oder der Drucker springt sehr gleichmütig mit Culps oder Rodericks letzten Jahren um. Mal haben die Blöcke, immer engere von oben nach unten verlaufend, eine konische Spitze, dann wieder sieht ein Block einer Boje ähnlich oder ein anderer wird tailliert, als wolle er sich auf Pseudopien von einer Seite stehlen.)

Roderick faßte das Gehen vermittels der Beine mit dem Rükken voran in einem kleinen Kreis mit Recht als eine Lebensäußerung auf und verschrieb dem Mann zuallererst einen größeren Radius, damit er sich nicht mehr bei Kollisionen das Fleisch von den Knochen stoße; die Folge bei dem Systematiker war, daß diese Verordnung nichts nach sich zog; nach wie vor ging er rückwärts im Kreis, bis ihm schwindelig wurde.
Dadurch, daß er eine größere Strecke zurücklegte, als hätte er einen kleineren Radius beschrieben, ermüdete der Systematiker schneller.
(Maupertuis mit seinen Drehmaschinen
wäre sehr glücklich gewesen
mit diesem für
Maschinen geeigneten
allein durch eine regelmäßige Rotation heilbaren Patienten.)
(Grund oder Ursache, Ursachen und Gründe)

V. richtete weiter seinen Blick als Analytiker und Mensch auf die Existenz des im Kreise Gehenden und fand auch richtig heraus, welchen Grund diese kreisförmige Bewegung hatte; der Mann und Patient (was in diesem speziellen Fall koinzidierte) litt an einer zusammengesetzten

Empfindung und die Zusammensetzung dieser unangenehmen Empfindung hinderte ihn daran, mit einem bestimmten Werk, an dem er arbeitete, fortzufahren. Wie nun Roderick die Natur der Mischung herausbekam, weiß
kein Mensch mehr;
aber infolge des schwindelhaften Still-Standes
nach der Umkreisung des Zimmers
war klar, daß nur der Kopf
an diesem Zustand
schuld sein
konnte.

(Denn aller Schwindel geht allein vom Kopf aus und von der heftigen Bewegung, die das Blut an die Peripherie treibt.)

Mein braver und erfahrener Baron band den Systematiker (mir fällt ein, woran dieser Mann schrieb; es war der Versuch der Klassifikation der Größen von Buchstaben untereinander; er war der Meinung, gleich-groß geschriebene oder gedruckte Buchstaben seien beim Lesen schädlicher als untereinander verschieden groß geschriebene oder gedruckte Buchstaben) – an einen Stuhl und ließ ihn schonungslos stille-sitzen.
Leider band man ihm nicht die Beine, so daß er bald wieder aufstand und in eine rückwärtige Richtung wandelte; dabei war der an seinen Rücken gebundene Stuhl von Vorteil, weil er nun mit dem Stuhl und nicht mit sich selbst mit *meubles* kollidierte.

Man band den Systematiker vollständig an seinen Stuhl; der Schluß ist rasch erzählt. Zuerst schrie V.s Patient bis zu einem verzweifelten Krächzen. Man verklebte ihm den Mund. Nun war eine Äußerung des Willens so unmöglich wie die der Krankheit.
Nach einer Woche hatte der Systematiker das Gefühl, nicht

mehr im Besitz seines Kopfes zu sein; daraufhin legte mein Freund ein Bleikäppchen auf des Mannes Schädel ab; mit der Zeit aber gewöhnte er sich an das Gewicht des Käppchens und die Empfindung, ohne Kopf zu sein, stellte sich wieder ein. Auskünfte waren nicht zu erlangen, denn mit Recht kann niemand sprechen, der denkt, er habe keinen Kopf mehr.
So klebte mein erfahrener Freund ein Senfpflaster auf die rasierte Stelle seiner Kopflosigkeit, ließ es zu lange an dieser gleichen Stelle und las seinem unglücklichen Patienten aus Peursen ›Die kleine Guillotine in der Waschküche‹ vor (das war ein beliebter Schauerroman von einem boshaften zwergwüchsigen Galan in Paris) und wartete ab; niemand weiß, worauf er wartete, aber er wartete. Der Senf unter dem Pflaster hatte eine schädliche Wirkung und fraß sich durch (Nekrose? Durylin & Petrow); Fieber kam hinzu und binnen einer Woche verstarb der Systematiker.
(Seine letzten Worte waren $(x - a)^2 + (y - b)^2 = r^2$.)
Wir verzichteten auf ein Honorar und reisten sofort ab, obwohl Roderick gern noch einige gezielte, auf den Zustand des Systematikers bezogene Experimente, die bestimmt hilfreich gewesen wären, erledigt hätte, so z. B. die Anwendung von Elektrizität, die in Verbindung mit einem Kopf mitunter interessante Resultate zeitigt; er (V.) hätte auch gern die Wirkung von Schwan-Lungen ausprobiert oder die Möglichkeiten des Trinkens von Frauen- oder Eselinnenmilch abgesteckt; nicht zu reden von seiner Trauer darüber, über die Wirkungsweise einiger Niesmittelchen nichts in Erfahrung gebracht zu haben.

Am Ende der französischen Reise wurden wir denn seßhaft. Roderick weigerte sich nach wie vor, Patienten anzunehmen, deren Krankheiten er nicht schätzte. Auf diese Weise fuhren wir in einem leichten, offenen Wagen durch diese Gegend bis zur spanischen Grenze und suchten nach seinen Parasiten.

In einer Valevschen Phase rastloser Lebens-Entfaltung (bei erhöhter Temperatur), lernte er dieses junge Ding kennen mit den Kuh-Augen, langen Wimpern und dem blassen Mund. Die Witwe hütete ihre Tochter, als sei ihre Virginität noch intakt und erlaubte meinem Herrn V. nur ein *billet doux* pro Tag; Valev versuchte auch zu dichten, aber sein trockener Geist war nicht inflammabel für die Poesie; mit Stockschlägen zwang er mich, einige Verse zu machen, deren Elemente er mir vorschrieb. (Roderick bevorzugte für seine Sinnlichkeit Vokabeln, wenn sie ungereimt waren, die da lauteten in aller Abhängigkeit von ihren läppischen Suffixen wie Röschen und Döschen, Scherze und Kerze, mußt und Lust; ich fand, was mir zu reimen übrig blieb, zweideutig, aber Roderick war der Auffassung, Frauen liebten das Zweideutige, weil sie nicht dächten.)

Ich selbst hatte, in aller Bescheidenheit, mehrmals versucht, ein kleines Hauswesen zu gründen. In England verliebte sich damals eine prachtvolle Dame in mich, ein Traum, der sich leider durch eine galoppierende Lungenschwindsucht verflüchtigte. Sie war zart und hatte mehrere Sprech- oder Zungenfehler, war aber sonst von makelloser Häuslichkeit und unangestrengter Anmut; sie wäre das richtige gewesen für einen, der an Blödheit, Schüchternheit, Angst vor Lächerlichkeit und Furchtsamkeit vor Gewalttätigkeit leidet.

> (Substantivierungen, massiert, sind ein untrügliches Zeichen von Gemütsverstimmungen. Quatrefages, *Menschenkunst*)

Roderick O. Baron Valev, mein armer Freund, wurde immer trauriger. (Ich sah ihn nur in der Sahara trauriger; das war, als die seltene Krankheit eines Arabers sich davonmachte und nichts zurückließ als den Araber; aus Schmerz über den Verlust dieser wunderbaren Krankheit verkroch er sich tagelang im Sand, in der Hoffnung, sein Gehirn verdorre aus Strafe über seinen Leichtsinn.)

Roderick gewöhnte sich ein neues Seufzen an; er fing an zu seufzen, erreichte einen hohen Punkt, den Scheitel, brach ab und stieß mit einem Ruck die gesammelte Luft aus.

Ach, ich brachte es eines Tages zusammen, das Pärchen, den Armen, mit den Nüstern bebenden Roderick und diese Laura oder Laurette, wer will die Namen behalten; und da saßen sie auch auf einer Bank, *dos à dos*, sprachen kein Wort, während Valev in einen somnambulen Zustand geriet. (Er dachte, erfuhr ich später, wenn man Damen diesen Zustand vorspiele, seien unerlaubte Griffe mit einem Male legitim wie bei Betrunkenen, die auch niemand ernst nähme.)

Das nächste Mal hielt Roderick eine kleine Rede, unterbrochen von seinem speziellen Seufzen; nach einer halbstündigen Pause. Ich bin, so sagte Roderick einleitend, ein todkranker Mann. Auf das verbindliche Zwischenstück schien er nicht präpariert zu sein. Kinder, sagte er dann, sind deshalb der Haltung von Haustieren vorzuziehen, weil sie uns, bei richtiger Haltung, später ernähren können. (Jetzt ergriff er ihre linke Hand, deren Finger sie schlaff hängen ließ und küßte die Innenseite ihres Handgelenks.) Die Franzosen, sagte er, sind alle lüstern, die Engländer verrückt, die Italiener zu lebhaft, die Russen zu kurzbeinig und die Deutschen zu ernst; aber Frauen (fügte er rasch hinzu) sind eine Ausnahme.
Sie lieben die Menschen nicht, fragte diese kleine Laura –
Die Dummheit, sagte mein Valev, ist nicht liebenswert.

Der Herr Demaines besuchte uns oft in seinem Landwagen, immer hoffend, Roderick werde ihn annehmen.

Sie ist zart, sagte Roderick, als schliefe er, appetitlich, sanft, schön, zart, appetitlich, herzensgut, schön, hochappetitlich, liebenswert, zart, freundlich, aber kalt wie eine Natter.
Sind, wollte ich fragen, Nattern bei einem solchen Vergleich zu –
– aber er stöhnte und bedeckte sein Gesicht mit den Händen.

Um sich abzulenken, behandelte mein Liebender den hydromanischen Herrn und heilte ihn auch tatsächlich, wenn auch die Manie gleichzeitig mit dem Patienten verschwand; über Spanien flohen wir weiter, der Rest der Reisen bis zur Insel verlief ohne bedeutende Zwischenfälle; Roderick Baron Valev verliebte sich hinfort nicht mehr, durch sein Desinteresse an neuen Parasiten ergaben sich durch eine etwaige Behandlung auch keine Unfälle mehr; so reisten wir, wenn wir auch keine idealen Reisenden waren; nichts an Besitz war uns geblieben als die Manuskripte, der Stock und der papinsche Dampfdrucktopf.

In Roderick lag alles miteinander im Widerstreit; er war fortwährend schmerzlich aufgeregt; klang die Aufregung (verursacht durch den Anblick der geliebten Person, die er noch niemals berührt hatte) ab, fiel er in einen katzenhaften Schlummer mit viel Zucken und Kreischen während des Schlafes. An der Schlaf-Wand schlug er seine Knöchel blutig. Nach dem Aufwachen beleckte er mit einer bleichen Zunge seine Haut-Wunden. (Später fand ich heraus, was das für eine Miene war, diese nach dem Schlafen mit Laura-Träumen; er verwandelte sich sozusagen ohne viel Bewußtsein in eine sinnliche Person.)
Zum Schluß, mit rosigen Knöcheln, weinte und greinte er ein wenig und schrieb dann ein neues Briefchen. Genau zu diesem Zeitpunkt tauchte ein hydromanischer Patient namens Demaines auf, ein kleiner, etwas vertrockneter, steinreicher Herr, der fürchtete, beim Waschen zu ertrinken. Kam die Zeit der wöchentlichen Reinigung, befiehl ihn eine unüberwindliche Furcht vor dem Element Wasser. In einen riesigen Zuber ließ er sich ein Sicherheits-Gestänge einbauen, verläßlich verankert mit dem Boden, so daß er unter keinen Umständen ertrinken konnte.

Ich bat Roderick Baron V. herzlich, diesen Patienten einer unergiebigen Liaison mit einem Kinde vorzuziehen, aber Roderick fand das Leiden von Demaines gänzlich ohne Interesse für seine Forschungen und behauptete, der Mann denke zu eng, wenn er sich eine solche Krankheit ausgesucht habe. Es sei, erwiderte ich, nicht sicher, ob man sich ein derart entlegenes Leiden aussuchen könne.
(Roderick schlug mich mit dem Stock.)

Aber nach wie vor beobachtete ich ihn, ich beobachtete ihn unausgesetzt, ich wachte nachts an seinem Bett und kroch tagsüber zu den Orten, die er aufsuchte, ich lagerte vor der fliegenreichen Tür mit dem schief geschnittenen Herzen und notierte getreulich alle singulären Phänomene in den Phasen zwischen Trägheit und Exaltation, Ruhe und Selbst-Erregung, Kälte und Affektation, kühler Heiterkeit und Selbstvergessenheit.

Sein Pilgrim-Schmerz fand ihn jetzt auch in den Stunden der Ruhe- und Welt-Abwesenheit. Dann klagte er mit seiner

Stimme tief in der Kehle und legte sich das Hauptkissen unter den Rücken und immer mehr Kissen, nahm der Schmerz zu, bis das Blut wieder gleichmäßig in alle Gefäße floß.

Roderick hatte Lieblingspositionen, von denen er glaubte, sie würden bei einer stetigen Unveränderbarkeit den Schmerz in seinem Weg irritieren; manche Lagen waren äußerst unbequem, als hoffte V., seinen Schmerz zur Einsicht zu bringen oder seinen Körper zu einem dem Schmerz entgegengesetzten Gefühl. (2. Auflage verbessert durch Empfindung.) Eine gewisse Verdünnung war alles, was er dem Prinzip seiner Ruhe hinzusetzen mußte, um die Grenze zu erreichen, an der sich der spiritualisierte Körper mit der Natur der Trägheit vereinigt.
Schmerz und Trauer hielten sich bei Roderick bis zuletzt die Waage, eine Balance, die nicht lebensfähiger macht, wenn die Geister der Energie einen mit hoher Geschwindigkeit sinkenden Körper verlassen. (In der zweiten Auflage des Tagebuchs ist die Bemerkung über die Energie-Geister gestrichen.)
Die Eingeborenen waren gut-artig, freundlich im Umgang. Ihr unausgebildetes Gedächtnis bewahrte noch ein paar anthropophagische Symbole auf, wehmütige Rudimente einer fleischreichen Zeit, ein paar Babyschädel und einige wenige Gruben mit verkohlten Palmblättern. Sie waren entzückt von unserem Dampfdrucktopf von Papin und wunderten sich, daß man ein so nützliches Prinzip auf einem so winzigen Raum anwenden konnte.

Aus Rache am weiblichen Geschlecht nahm sich Roderick drei überaus fette Eingeborenenfrauen, die er nachts und auch tagsüber als Schlafmatte benutzte, gewiegt in den sanften Winden der Archipel auf weichen, vielgliedrigen Massen.
Ein paarmal bat ich ihn, an der ›Misanthropischen Ethik‹ zu arbeiten oder seine Schrift ›Traktat über die heilsamen Erschütterungen‹ zu beenden; aber seitdem der kleine Herr Demaines während der Therapie ertrunken war, hatte Roderick sein Interesse unwiederbringlich verloren.

Im Liegen (bis zu seinem Tod stand er nicht wieder aufrecht auf zwei Beinen) zeichnete er häufig kleine Bilder von der kleinen und appetitlichen L. aus der Nähe von Accous, immer in der Form eines kreisförmigen Zodiacums auf einem großen Blatt.

Wo Schmerz und Trägheit sind verbunden
wird niemand je zu Tod gesunden, sagte der große Wracken.

Oft fragte mich Roderick, ob mir Hamiltons Regel (er nannte auch eine Zahl) bekannt sei?

> Taugt deine Sache nichts, berufe dich auf die Partei,
> taugt die Partei nichts, berufe dich auf die Sache,
> taugt beides nicht, verwunde den Gegner (?).

Nein, sagte ich dann auf sein Fragezeichen, ich kenne diesen Satz nicht. Roderick schrieb nie wieder eine Zeile. Ich versuchte, das Manuskript zu retten. Eine Ameisenart hatte ihre Kotspuren hinterlassen.

Schließlich verschloß er seine Hütte mit einer Matte, behütet von seinem Lieblingsfrosch, dessen dunkles Quaken ich nachts hörte, wenn ich schlaflos auf dem Rücken lag, der Position von meinem Roderick Baron Valev sehr ähnlich. Er verließ diesen seinen Valevismus-Zustand nicht mehr; zum Schluß hatte er eine sehr dünne, ein wenig effimierte Stimme.«

125

Zu dieser Zeit (Herr S. auf dem Rücken im Bett, die Hände gefaltet, ein Marienbild mit zwei siamesischen Schafen in der fotografischen Passage vor seinem Fußende) erfaßte Frau S. eine gewisse Unruhe. Man hatte den Eindruck, als müsse sie handeln, weil sie nicht helfen konnte. Sie rückte gleichermaßen die Vernunft möglicher Handlungen außerhalb eines zugänglichen Bereichs, d.h. sie richtete sich auf funktionslose Handlungen ein, denn man hätte nicht sagen können, ihre Handlungen (das Säubern, Putzen und rastlose Reinigen des Hauses) seien mit Hilfe von Intentionen nicht kausal erklär-

bar gewesen. Wir hatten das Gefühl, sie bekämpfe die Emanationen der Krankheit. Ihre hygienischen und aufräumenden Handlungen hatten nichts mit vernünftigen oder unvernünftigen Absichten zu tun. Sie räumte (sehr langsam und mit vielen Pausen) die Möbel von ihren alten gebleichten Stellen und schob sie versuchsweise an verschiedene andere Orte. Manchmal richtete sie sich nach dem Einfall der Sonne, dann wieder nach der Wanderung der Schatten.
Sie ließ sich nicht helfen; mit großer, allerdings rasch ermüdender Energie saugte sie Staub und kroch über endlose Teppichebenen. Aus uns nicht zugänglichen Gründen leerte sie niemals die Staubsaugbeutel ihrer Apparate; die Beutel schwollen an und nahmen keinen Schmutz mehr auf. Diese Tatsache hatte aber keine Wirkung auf die schon je erreichten Grade von Sauberkeit auf den Teppichen, denn sie wurden selten betreten, weil man fürchtete, Frau S. zu stören. Die unbrauchbare Tatsache (die überfüllten Beutel) wurde erst durch eine Wiederholung der Reinigungsakte zu einem wirksamen Nexus, als nämlich die Apparate bei jeder gegenwärtigen Reinigung vergangenen (im Beutel für zu Zukunft aufbewahrten) Schmutz (der plötzlich wieder zu einem gegenwärtigen wurde) von sich gaben. Frau S. bezog den Schmutz nicht darauf, daß die Apparate nicht mehr funktionierten, sondern machte das Haus selbst als Erzeuger des abzusaugenden Schmutzes dafür verantwortlich; die Folge war der Kauf eines neuen Staubsaugers. Aus einem unerfindlichen Punkt blieb ihr bis zur Abreise die Relation von Ursache und Wirkung einerseits und die Relation von Grund und Folge andererseits rätselhaft.
Das Saugen von Staub hatte noch eine Wirkung; Herr Semenow verwechselte die Stimmen der Apparate mit den Stimmen von Visionen; die Stimmen dieser marianischen Visionen (wie wir später erfuhren) rieten ihm, aufzustehen, zu wandeln oder etwas Ähnliches und nach L. zu reisen. Während der Visionen hatte Herr S. auf der Seite ruhend gelegen, so daß man unschwer von einem selbst erzeugten Geräusche-Hermetismus sprechen konnte, als lausche man den Meeresgeräuschen einer ans Ohr gepreßten Muschel. Das Fieber machte die Farben und die Bedeutung der Elemente, setzte sich auf diese Weise wie aus eigener Kraft ohne eine wesentliche Hinzufügung zusammen. Sie habe, sagte er später in L., einen ellipsoiden Schädel gehabt und dazu krause,

dunkelbraune Haare. Als es ihm (nach dem Besuch in L.) schlecht ging, sprach er von einer Blondine mit dunklen Augen; ihre Augen seien von einem wunderbar bläulichen Emailleschimmer gewesen, ihre Lippen bestrichen mit einer pinkfarbenen Paste, die Lippenränder betont mit Hilfe eines *eyeliners.*

126

An diesem Ort habe ich natürlich einen anderen Geschmack entwickeln müssen. Zu den tausend Devotionalien habe ich noch immer kein herzliches Verhältnis, aber sie lassen sich willig in jedem Licht und in wechselnden Beleuchtungen fotografieren, sprechen kein Wort und beschweren sich nicht, wenn sie unterbelichtet oder verwackelt ans Licht kommen. Die Träger, Pfleger und Wärter sind natürlich alle organisiert. Mein Luxusrollstuhl hilft mir wenig. Bevor ich die feste Anstellung bei Monsieur L. fand, ging es mir nicht besonders gut. In der Saison lebe ich außerhalb des Ortes, nahe einem dichten Laubwald mit einem seltenen schwarzweißen Schmetterling. Ab und zu lese ich in Humes Untersuchung, das 10. Buch, über Wunder und kaufe dann für Vera eine Kerze für vierzig Francs, für ihre Eltern, selbstverständlich auch für den alten Herrn S., der uns verlassen hat, für meine Mutter und meinen Vater, die uns noch nicht verlassen haben und uns auch nach aller Wahrscheinlichkeit nicht so bald verlassen werden; billigere Kerzen nehme ich für meinen Freund G., die Herren Magot oder Mandril, ich weiß die Namen nicht mehr; sie sind nicht mehr wichtig.

Mehrmals in der Woche fahre ich den alten Herrn L. spazieren. Bei Sonnenschein nimmt er gern meinen Rollstuhl (ein Geschenk meiner Ex-Verlobten), wenn es regnet oder schneit, fahren wir in einem uralten Mercedes die alten Passagen ab; während ich fahre, sprechen wir kein Wort. Der Motor ist sehr geräuschvoll, aber im Inneren wird eine nach Leder duftende, kompakte Stille erzeugt. Den Pilgern weichen wir achtungsvoll aus, manchmal, wenn sie uns gefallen, grüßen wir sie auch durch das Heben einer Hand mit schlaffen Fingern, als könnten wir sie durch einen auffälligeren Gruß beleidigen. Es ist sehr friedlich. Manchmal nehmen wir zwei Flaschen Cognac mit uns. Herr L. (ein direkter Nachfahre von Herrn Lachellier, sagt er; aber ich bin sicher, er lügt, um mir eine Freude zu machen) verteilt zusammenschiebbare silberne Becher und je mehr wir trinken, um so langsamer fahren wir. Dann ändern sich die Geräusche des Motors; dann fängt er an zu flüstern oder zu husten, als wolle er etwas Bestimmtes sagen. Man muß, sagt L. häufig, auf die Sprache der Dinge hören. Und so hören wir auf die Sprache des Motors und spendieren einmal im Monat eine 50-Francs-Kerze für ihn, seine Stimme, seine Nebengeräusche und seine angenehme und würdige Geschwindigkeit. Sind die Cognac-Flaschen geleert, jeder schafft in vier Stunden ohne Beschwerden eine von ihnen, werden wir schläfrig. Herr L. ist ein leidenschaftlicher Schläfer und ein guter dazu, den nichts stört und der sich an alle störenden Eigengeräusche gewöhnt hat; er ist einer der erfahrensten Schläfer (außer mir), den ich kenne. Es gibt eine Übereinkunft, nach der wir uns niemals unsere Träume erzählen, es sei denn, sie beträfen den Schlaf, der sie hervorgebracht hat. Wir sprechen immer vernünftig und durchaus prosaisch, vermeiden aber dabei grundsätzlich den Gebrauch von Redensarten. Gegen Abend, wenn wir im Mercedes lange genug geschlafen haben, suchen wir ein kleines Gasthaus in der Nähe von La Mongie auf und essen das 100-Francs-Menü. Dazu trinken wir maßvoll einen Liter Roten aus Gläsern, die an Zahnputzgläser erinnern. L. hat sich mit meiner langsamen, schildkrötenähnlichen Eßgeschwindigkeit längst abgefunden und ißt jetzt auch mit zarter Behutsamkeit. Die Tatsache, daß ich keine Zähne mehr habe, stört ihn nicht. Manchmal macht er über meine Zahnlosigkeit und die dadurch sichtbar eingefallene Mundpartie sogar Komplimente; er sagt, ich sähe aus wie der alte Voltaire auf dem Stich von Saubet. Nach dem Essen unterhalten wir uns mit leisen Stimmen über die angelsächsischen Empiristen, mit denen wir bis zum Cognac fertig sind.

127

Vor der Abreise lag ich oft mit Vera zusammen. Wir berührten uns selten. Sie achtete die geistigen Anstrengungen, die sie an mir ablesen konnte, wenn ich nicht schlief, und hielt

meinen Schlaf für eine Folge meiner einstündigen Anstrengungen, dem Prinzip der Indolenz oder der Lethargie oder der Torpidität auf die Spur zu kommen. Ein wenig wunderte sie sich darüber, daß ich mit so wenig Büchern auskam. Ihr gegenüber staffierte ich meinen Kosmos sorgfältig aus und sprach vom Genie unserer Familie, dem Therapeuten Roderick Baron Valev und seiner Krankheit; ich sprach von seinem Nachfolger, den Herren Spariel und Co., d.h. Herrn J. Culp. Es waren friedliche Stunden. Wir lagen auf dem Rücken, Hand in Hand und Hüfte an Hüfte. Manchmal streichelten wir träge unsere Körper. Bei den übereinstimmenden Temperaturen kam es vor, daß es uns unmöglich war zu sagen, wer wen streichelte. Sie fragte, ob es eine Krankheit sei. Ich sagte, das wüßte man nicht genau, weder das achtzehnte noch das neunzehnte Jahrhundert hätten in ihren Nosographien vollständige Zustandsbilder geliefert, die eine Auffassung der Trägheit im aristotelischen Sinn revidierten. Aber zweifelsohne sei es keine Krankheit, die sich nur in einem physischen Substrat äußere.
Und wer die Herren seien, fragte Vera.
Roderick, erwiderte ich auf dem Rücken, halb im Schlaf, sei ein Autodidakt mit einer großen Quote an Heilungen bei Erkrankungen des Gemüts gewesen, krank geworden und später verschollen; Culp sein belesener Assistent und Diener. (Ich weiß nicht, sagte ich mit großen Pausen, ob nicht Culp an die cartesianische Physiologie glaubte; woran, fragte Vera mehrmals, glaubte er; aber ich schlief schon und sie begleitete mich mit einem tiefen Seufzen, ohne unsere Lage zu verändern.)

128

Culp war während der folgenden Abschnitte in lugubren Stimmungen; da paßt kein besserer Ausdruck. Seine Schrift war disziplinierter denn je, man konnte sie kaum lesen.
Wie, fragte ich oft, haben sie ihn geheilt, vorausgesetzt, er ist geheilt oder er fühlt oder betrachtet sich als geheilt, und vorausgesetzt, er litt an etwas, wovon er zu heilen war, vorausgesetzt, eine Heilbarkeit läge in der Natur dessen, wovon er geheilt wurde.
Ich fragte, ob er es mit Hilfe der Egelfamilie oder den

Schröpfakten geschafft habe, aber Roderick lächelte nur schläfrig. Sein Zustand erweckte Besorgnis. Mitunter vergaß er sich auf dem Abtritt und erst eine eingehende Darstellung des eigenen Bedürfnisses brachte ihn zu einem verdrossenen Ortswechsel. Fortwährend obstipiert, stopfte er alles Erreichbare in sich hinein und machte rätselhafte Bemerkungen der Art, Fühlen, Schmecken und Riechen sei das einzig wahre, wenngleich er sonst nicht zu Kolloquialismen neigte. Mit dem Philosophen ging er häufig spazieren. Er verschaffte sich einen Spazierstock mit einem neuartigen Mechanismus, der eine beinartige Entfaltung in der freien Natur gestattete. Dort saßen oder lagen sie herum, plauderten über das Wunder der Heilung und vernichteten die fleischigen Körper von Zierhähnchen bis auf die Knochen.

129

Meine Martyrien mit Zähnen, Gingiva etc. fingen schon mit der ersten *detentio* an; die Dinger erschienen zuerst überhaupt nicht, dann widerwillig, begleitet von Schmerzen bis zu den Haarwurzeln, dann blitzschnell und verquer. Mitunter durchquerten sie auch ohne eine nennenswerte Pause mein armes Fleisch und schossen sozusagen über das von der Natur gesetzte Ziel (ein vorläufiger Halt) hinaus. Sie liebten mich nicht und blieben ungern bei mir.
Meine Anfälle von Zahnfieber waren bemerkenswert. Bei sensiblen Hauslehrern war sie epidemisch. Manchmal litten sie auch an meinen Eindrücken von Kakogeusie, mit der es nichts weiter auf sich hatte, als die systematische Übertreibung einer Empfindung auf beschränktem Raum.
Alle ausfallenden Zähne sammelte ich. Diese Sammlung war die einzige, die ich jemals (außer Fotografien) freiwillig anfing, fortsetzte und zu einem unwürdigen Abschluß brachte.
Zwei oder drei Exemplare des Milchgebisses verschluckte ich im Schlaf; vielleicht haben sie sich irgendwo festgebissen, wie die Würmer im Leib des armen Culp; das wäre eine Erklärung für mehrere miteinander zusammenhängende kolikartige Schmerzempfindungen unterhalb des Oberbauches, die immer dann auftraten, wenn ich mit mehr als vier Menschen in einem Raum sein mußte. Die restlichen Zähne wur-

den bestattet. Dazu betete ich vokalreich und die Länge der Suada richtete sich nach der Schadhaftigkeit der Exemplare. Die Einführung eines Zahnkrematoriums scheiterte aus diversen Gründen. Meine Exemplare ließen sich nicht kremieren. Sie widerstanden allen Verbrennungsversuchen durch kleine Spiritusballen in einem von seiner Maschine getrennten Kupferzylinder; die Glut war zu schwach, so daß ich bei Beerdigungen bleiben mußte. Die Särge waren aus Holz. In ein paar Spezialfällen machte ich Experimente mit Glaspyramiden im Miniaturformat, um die Prinzipien der Dehydration zu entdecken. Ich wünschte die Zähne zu erhalten. Wahrscheinlich waren die Pyramidenmodelle nicht maßstabsgetreu. Mein abtrünniges Material war nicht zeit-resistent. Ich bastelte nur zwölfteilige Sarkophage, gefüttert mit cremefarbenem, rosa und gelbem, manchmal auch schwarzem Samt.

Während meiner Absencen (in der frühen Zeit) konnte ich die deckellosen Särge Stunden unbewegt ansehen.

Hinter meinen Schlummerräumen sah man die Fotografien besser ausgestatteter Eugnathien. Ein Verwandter hatte mir die Sammlung Ramot geschenkt, den Versuch eines verarmten baltischen Adeligen, mit geringen Hilfsmitteln die Gebisse berühmter Heiliger, Märtyrer und Frauen zu rekonstruieren. Seine Versuche hatte er, gemäß den Erkenntnissen von Fauchard, modelliert und gießen lassen. Die Handzeichnungen zu den späteren Modellen hatte ich aus Desinteresse verschenkt. Kostbarkeit der Sammlung Ramot-Valev war eine vollständige, elfenbeinfarbene Rekonstruktion der Beisser Jesu, des heiligen Sebastian und George Eliots. Dazwischen gab es ein paar Blätter nach der Natur; das Gebiß eines Carcharodons (nach Mercati, 1717), die wenigen Zähne einer ägyptischen Cobra und die (alpine) Ansicht des unteren Backenzahns eines Triconodonten aus der Trias-Jura-Periode. Bei meinen Gebeten schloß ich alle diese erhaltenen Modellschönheiten ein, berücksichtigte die für eine ewige Erhaltung notwendige Fluoreszierung und eine permanente Pulpa.

130

Den Zettel mit Rezepturanweisungen Rodericks verlor ich noch vor dem Sanatorium; Culps Tagebücher (die handschriftliche erste Fassung und die Buchfassung mit den Faksimeles) verschwanden zwischen dem Sanatorium und Lourdes; die drei Nummern von »Incisum« verbrannten in einer kleinen Pension in der Nähe der spanischen Grenze. Das Schmerzwörterbuch von Roderick Baron Valev – J. Culp wurde mir aus der weichen Tasche gestohlen, als ich einen besonders matten Sonnenuntergang fotografierte.

131

Culp hatte am dritten Tag seiner Erkrankung Koliken, die er auf Würmer unter seinem Bett schob. »Diese Würmer«, schrieb er, »vermehren sich rasch bei einer geringen Mortalitätsquote, weil es ihnen an natürlichen Feinden fehlt; sie erreichen durch ihre muskulären Kontraktionen eine erstaunliche Geschwindigkeit, fürchten sich aber vor dem Geruch von Anis, ängstigen sich bei zu großer Helligkeit, meiden die Dunkelheit und das Trockene.
Ihre Nahrung ist der Kot, doch verschmähten sie auch nicht Stoffe im Zustand des Ungenießbaren. Sie sind imstande, das Mehrfache ihres Körpergewichtes an Nahrung aufzunehmen, scheiden rasch aus und legen ihre Eier gern in den Falten der Schleimhäute ab. Um sie von mir abzulenken, legte ich den Leichnam eines Hundes neben mein Lager; aber offensichtlich verschmähen sie Aas, denn ich wurde weiter von ihnen und ihren regen Hundertschaften belästigt.

(Herr Culp beschreibt [ohne Zeichnungen] seine Theorie des Gemeinwesens der Würmer, ihre Fortpflanzung und ihre Ideenwelt.)

Von Herrn Roderick sah ich nur selten einen Schatten neben der Kerze. Meistens schlief er. Ich fragte oft, welche Wahrnehmungen er im Hinblick auf den Philosophen gemacht habe, aber Herr Roderick war fortwährend schläfrig, erbittert gegen meine Fragen und von gänzlichem Desinteresse an meinen Stoffwechselvorgängen, dem Wurmbefall und meiner Krankheit.

Ich schied seltsame Dinge aus, im Zentrum der Masse illuminiert von den aufgenommenen und veränderten Stoffen der Würmer. Ich teilte meine Beobachtungen Herrn Roderick mit, aber er hielt alles für fiebrige Visionen eines Leichtkranken.

Als es mir besser zu gehen schien, stand ich auf und säuberte das Zimmer. Mit brennendem Holz reinigte ich die betroffenen Stellen. Herr Roderick schlief jetzt mehr als jemals zuvor, als hole er nach, was er irrtümlich versäumt hatte.

Der Philosoph erfreute sich dankenswerterweise großer, durchgebildeter Gesundheit. Sein bleiches Puppengesicht hatte Rötungen, sein Gang war energisch und er memorierte täglich seinen Aristoteles. Sah er mich, wurde er geradezu gewalttätig vor Herzlichkeit und lobte den Baron und sein Genie.

Während Roderick wieder einmal schlief, nahm ich an des Philosophen Leib eine immerhin durch meine Teilnahme an seiner Krankheit gerechtfertigte Nachuntersuchung vor. In der Tat sah ich niemals einen gesünderen Menschen. Zum Frühstück (vor Aristoteles) aß er zwei verschiedene Suppen und eine Schüssel Haferbrei mit Zimt und Nelken bestreut; zum zweiten Frühstück nahm er sich eine kleine Kompilation der Regeln der Schule von Port Royal vor und aß dazu blutiges Beefsteak zusammen mit einem stangenförmigen Graubrot. Seine Verdauung setzte gegen Mittag ein, während ich, so sagte er, meine Schuldigkeit gegenüber den kleinen Moralphilosophen abtrage.

Mit Behutsamkeit fragte ich nach Rodericks Heilmethode. O, sagte unser Philosoph, davon verstünde er nichts; viel an ihm sei nicht geschehen und vor allem nichts, was er nicht von Anfang an durchschaut hätte; also müsse es sich bei seiner Heilung um ein Wunder handeln. Ich fragte mit Verblüffung, ob ausgerechnet er an Wunder glaube. Der Esquire erwiderte, man könne das eine tun wie auch unterlassen; da der Glauben nicht im Bereich des Denkens läge, entstünde bei der Anerkennung beider Sphären nicht notwendig ein Widerspruch, den man gültig beziehen könne auf die einem Denkakt innewohnende Gewißheit. Als ich ihn bat, diese seine Bemerkung zu wiederholen, damit ich sie notieren könne, kniff er mich in die rechte Wange (noch jetzt ist eine rote Abdruckstelle zu sehen; bei schlechtem Wetter wird sie weiß) und sagte mit einem Lächeln: Wie sagt unser Seneca? *Non in verbis, sed in rebus est.*

Im weiteren Verlauf der Roderickschen Schläfrigkeit, die in einer geraden geometrischen Progression passierte, erfuhr ich nichts über das Wunder der Heilung. Ich war davon überzeugt, bei der Anwendung der beliebten unorthodoxen Mittel müsse Roderick ein Versehen unterlaufen sein, das die Heilung herbeigeführt habe.

Denn Herr Roderick las ungern, kannte beklagenswert wenig Literatur und verachtete jene, die er kannte. Ich weiß bis heute nicht, welche Qualitäten der Wahrnehmung und Überprüfbarkeit, ausgehend von den sichtbarlichen Zeichen, er auf welche Art von Spezifikation und Klassifikation bezog. Denn fand er keine bekannten Zeichen, erfand er Zeichen, weil ihn die Krankheit immer mehr interessierte, als der Träger dieser Krankheit. Menschen, pflegte er zu sagen, gibt es wie Sand am Meer. Die meisten litten an schon bekannten Krankheiten, seien deshalb ohne jedes Interesse. Bedeutsam seien nur neue Fälle von Krankheiten. Je seltener die Krankheit, sagte er dann wohl, desto seltener auch der Mensch, der sie hat.

Warum, fragte ich dann, er den Philosophen zuerst versuchsweise mit Egeln und den Schröpfköpfen belästigt habe?

Mein lieber junger Mensch, sagte an dieser Stelle Roderick Baron Valev; die meisten Menschen auf dieser Talsohle sind schwachsinnig. Einige von ihnen nicht. Das eine ist in den meisten Fällen der Fall, das andere nicht. Mein Patient war in einem Zustand, in dem er alle Erkenntnisse von Sinneserlebnissen ableitete. Er nahm teil am allgemeinsten Schwachsinn. Ich machte ihn aufmerksam auf die Kräfte der Ratio, die selbstbestimmend wirken. Ich fragte ihn nach dem Vorkommen bestimmter somatischer Zeichen, aber zu dieser Zeit entließ Roderick bestenfalls drei Sätze oder einen kleineren Absatz, zwei kleinere Absätze, bestehend aus vier oder fünf Sätzen, oder einen langen Satz, entsprechend einem Absatz. Danach schlief er ohne Vorbereitung ein und schnarchte, weil er auf dem Rücken schlief.

Ein Wurm war meiner Vernichtung entgangen. Er bewohnte ein Fältchen oberhalb meines Schließmuskels und quälte mich mit Kitzelbissen. Beim Verfertigen der Notizen saß ich

aufrecht, was ihn zu stören schien. Ich erwehrte mich nur schwer des Gefühls, er gründe eine Familie. Ich bat Roderick, mir mit einem Klistier nach Bentham zu helfen. Aber in seiner Schläfrigkeit verfehlte er meine wunde Öffnung und verletzte mich, während mein Wurm die Wohnung wechselte und ein sicheres Quartier bezog. In der Brust hatte ich einen Stechschmerz, der in allen möglichen physischen Stellungen spürbar war. Dieser Schmerz ließ sich selbst bei schärfster Selbstbeobachtung nicht lokalisieren. Dieser mein Schmerz schien zu wandern; er war von hoher Flexibilität, anpassungsfähig, niemals nicht da und mit Empfindsamkeit begabt. Hatte ich den Entschluß gefaßt, mich mit aller Willenskraft wohl zu fühlen, erzeugte er lediglich einen überall vorkommenden Gliederschmerz.
Roderick war kaum zu wecken, als wir aufbrechen wollten. Sein Mund war jetzt immer halb geöffnet; seine Augen waren lichtempfindlich und beim Gehen berührte er immer mit einer Hand die ihn begleitende Wand, als fürchtete er zu fallen.«

132

In der Nähe von Accous hatte meine Laufbahn als Kranker ein Ende; ich wurde krank, mit Vera gab es während ihrer kleinen Krankheit (grippaler Infekt mit Fieber) einen kleinen, aber für unsere Verbindung bedeutsamen Unfall; Veras Vater glaubte so stark an eine Heilung, daß er tatsächlich nach dem zweiwöchigen Besuch der Grotte vollständig gesund war; leider infizierte er sich durch seinen Grottenkuß an der Unterlippe. Veras Mutter wurde während des Lourder Aufenthaltes von einem Chow-Chow ins Bein gebissen. Meine Eltern schrieben mir Briefkarten in einem flehentlichen Tonfall; eine Hälfte schrieb der alte P., die andere Mama. Nach dem Unfall mit Vera trafen wir die nützliche Übereinkunft, uns für eine gewisse Zeit zu trennen.
In der Zeit, sagten wir, wollten wir unsere Gefühle prüfen und Vera wollte versuchen, ihre Belastbarkeit anderen Proben auszusetzen. Ich bat meine Eltern um Geld und schrieb ihnen einen längeren Brief mit einer vernünftigen Stimme, in dem ich erklärte, es sei das beste, mich eine Zeitlang in die Obhut eines guten Sanatoriums zu begeben; erst an einem

solchen Ort sei es möglich, mich vollständig zu untersuchen, mehr Zeit aber, als zur Verfertigung eines neuen Gebisses notwendig wäre, wollte ich dort nicht verbringen.
Bei einem Zahnarzt in Lourdes hatte ich mir alle Zähne ziehen lassen. Ich bin nicht sicher, ob dieser Entschluß richtig war. Die einen sagten, meine Zähne seien vollständig in Ordnung, die anderen Zahnärzte schätzten meine Wehleidigkeit ab und sagten, mit der Hilfe des guten Lachgases könnte man mir beide Sätze so gut wie schmerzlos ziehen; da sei nichts mehr zu retten. (Ich merkte erst später, daß unter Lachgasnarkosen keine Operationen vorgenommen werden und es wurde eine blutige Geschichte daraus.) Den Namen meines Dentisten habe ich vergessen, aber ich weiß, daß wir uns ähnlich waren. Dr. van Deysen war überdurchschnittlich dick, außerordentlich empfindsam und empfindlich, kannte etwa 23% mehr Schmerzzustände als ich, weinte vor Schmerz mit den Schmerzen, die er den Patienten zufügte, und mußte deshalb (und weil seine Brille beschlug) häufig Pausen machen, in denen wir schweigend vor uns hin bluteten. Das erste Mal kam Vera mit, um meine Hand zu halten. Leider hatte van Deysen einen Papagei mit einer Art von Kropf; das Tier lebte im Ordinationszimmer, genau gegenüber dem Schmerzensstuhl und ahmte die verhallten Schreie der Patienten nach. Van Deysen sagte, der Vogel sei bei der Erzeugung von Schmerz nützlich, weil die Schmerzstimmen-Imitationen bei ihm einen gewissen, leicht betäubten Fatalismus gegenüber den Schmerzäußerungen seiner Patienten verursachten. Er riet mir, nun wieder Versuche zu machen, die Imitationen des Papageis nachzuahmen; d.h. mit ihm so laut zu schreien, wie es ginge. Nach dem ersten Schmerzensakt mußte Vera gehen. Ihre Nerven hielten den Lärm nicht aus.
Van Deysens Hobby war die Psychoanalyse und der Okkultismus. Seine *petites histoires* lenkten mich von seinen künstlerischen Handtätigkeiten ab. Niemand besser als van D. verstand es, die Zähne mit einem blitzschnellen Kraftaufwand oberhalb der Gingiva abzubrechen. Dann saßen wir immer still und hörten auf unseren gemeinsamen Herzschlag. Oder er brach mitten in der Behandlung ab und sagte, er werde ohnmächtig. Mit einem zuckenden Bein setzte er sich und ich erzählte sprudelnd von meinen Schmerzen.
Eines Tages endlich hatte ich meinen gereinigten und geleer-

ten beutelartigen Rüssel vollständig ohne Zähne. Das Sprechen wurde mir verboten. Es wäre auch schlecht möglich gewesen, weil ich die Mundhöhle voller Mullreste hatte. Vera flößte mir aus einer Schnabeltasse würzige Bouillon ein und ich verschluckte mich häufig, weil ich nach alter Gewohnheit ein bißchen zu kauen versuchte.
Ich hatte viel Zeit und las in Culps Tagebüchern oder ich blätterte die Seiten der Enzyklopädie von Durylin und Petrow um; immer auf den Spuren von Roderick und Culp, Spariel und dem deutschen Dr. Spange.

133

»Roderick Baron Valev starb am 24. Dezember 1774 im Alter von achtundsechzig Jahren bei einer Temperatur von etwa 25 Grad Reaumur im Schatten. Er wog bei seinem Tod ca. 200 Pfund. Der Ritus der Bestattungen machte einige Schwierigkeiten, weil die Eingeborenen, die ihn an Händen und Füßen trugen, so fett waren, daß sie fortwährend das Gleichgewicht verloren und über ihre in Segeltuch eingenähte Last stolperten. Außer mir und ein paar unausgeschlafenen Eingeborenen begleitete Roderick nur der zahme Riesenlaubfrosch, der sich unter dem Druck der Fütterungsverhältnisse einen neuartigen Gang hatte angewöhnen müssen. R. hatte ihn den lieben langen Tag mit Larven und Maden gefüttert. Dieser Frosch sprach auch ein wenig; aber es war nicht der Wohlklang der menschlichen Stimme, sondern lediglich ein subtil ausbrechendes Quaken von mittlerer Lautstärke. R. nannte sein Tier aus einem mir nicht bekannten Grunde Byole oder Boyle – (da sie keine Briefe wechselten, ist mir die Schreibweise unvertraut) und sprach allein mit ihm, wenn er auf dem Rücken lag. Boyle mochte mich verständlicherweise nicht, weil ich die Ruhe seines Herren störte; zudem sind mir alle Arten, gleichgültig welcher Gattung sie angehören, grundsätzlich zuwider. Sahen sie mich kommen (der Frosch schlummerte immer auf der ungeheuren Brust Rodericks), taten sie so, als schliefen sie. Ich ließ mich nicht täuschen und fing meine Reden an. Dann stöhnten sie, als seien sie in einem tiefen Schlaf, und mitunter bespritzte mich das Untier mit seinem giftigen Speichel. (Culp meint, wenn er Speichel sagt, die heftig brennenden Sekrete des H. Vasta.)

Einmal im Monat erhob sich Roderick von seinem Lager, um zu baden.
Schon nach vier Jahren des geistlosen Aufenthaltes auf dieser Insel (zwischen Tonga und Kermadec) war seine Trägheit in einem derart ungeheuerlichen Umfang fortgeschritten, daß er kaum noch Fleisch zu sich nahm, um das Kauen zu vermeiden (obwohl diese Eingeborenen früher Anthropophagen waren und einem guten Bissen nicht abgeneigt) und nur Weiches, Wabbliges und Vegetabilisches aß. Aus Gründen der Bequemlichkeit war seine Stimme sehr leise, so daß nur Boyle sie vollständig hören konnte.
Gab es Unfälle, Krankheiten und dergleichen, schickte er mich; ansonsten hatte er sich dem Auflegen der Hand verschrieben. In den meisten Fällen war er dann schon eingeschlafen, ehe seine Patienten tot waren. Sein Ruf litt nicht darunter. Diese Eingeborenen verehren alles über das Maß hinausgehende und dicke Leute sind für sie besonders vertrauenswürdig. Ach der gute alte Roderick –, der nicht mehr dachte und nur noch wenig fühlte; wie oft muß ich jetzt, ernstlich krank, an ihn denken.
Oft sagte ich zu ihm, die Trägheit gehöre zum natürlichen Plan aller Hypochondrie. Dann rollte Boyle-Frosch seine goldenen Augen auf meine zerstörte Existenz und gähnte mit seinem grün-rot-gold gefütterten Maule.
Causa latet, schrieb ich mit meiner ausgebildeten Handschrift auf sein Holzkreuz und darunter nur die Jahresdaten nebst einer Abkürzung seines unwürdigen Namens

R. v. V.
1706–1774.

Noch während meiner Vorbereitungen zum Aufbruch fingen diese törichten Leute an, Frösche zu fangen, sofern sie fett waren, und anzubeten, wenn sie blieben. So nahm ich denn in des toten Roderick magnetisierte Arzttasche meine Froschpräparate (nach Barneveld), meine Blätter physiognomischer Zeichnungen, gemäß der Beispiele des Petrus Camper, ein paar Blätter von Montgeron mit mir und mein Tagebuch.
Boyle, sein Lieblingsfrosch, saß bis zu meiner Abreise auf Rodericks Grab und stieß ein ächzendes Kurz-Quaken aus; einen jämmerlichen Ton, wie ihn wohl, denke ich, der ich

nicht glaube, Engel haben müßten, wenn sie furzen. Auf diese Weise abnegierte ich mich von Roderick Baron Valev und seinem Geschöpf.«

134

Roderick Baron Valev (1706 bis 1774, sein Geburtsjahr war das des großen Benjamin Franklin) kam in uteriner Dunkelheit auf einem mit heißem Wasser gefüllten, sehr umfangreichen Schlauch zur Welt; der Arzt, seiner Zeit weit voraus, entlockte dem Baby kein Blöken durch einen Klaps mit seiner Hand, sondern streichelte es vielmehr systematisch mit einem Sträußchen Federn von den Füßen bis zum überaus dichten Kopfflaum. Nach diesem gelinden Eintritt wurde er leicht mit Salz bestreut und eine Ziege, die Arzt und Valev sen. hielten, wurde an seinen Leib gehalten; danach trocknete man, nabelte ab und legte den Säugling auf den Rücken zwischen die mütterlichen Zangen. Der Arzt war der Auffassung, da Tiere unbelehrt die mütterlichen Quellen fänden, müsse auch Rod. jun. seinen Instinkten folgen; jedenfalls fiel das Baby nach einiger Zeit vom allzu glatten Schlauch mit dem Kopf voran auf den Dielenboden. Unschwer stellte man eine leichte Beschädigung der Schädelkapsel fest.
(Die bärtigen Verfasser der Enzyklopädie, Durylin und Petrow, behaupteten, diese Kopfblessur habe erst die unermüdliche und ein wenig krankhafte Aktivität V.s hervorgebracht, an der er zeit seines Lebens, bis zur Behandlung eines jungen Schotten, zu leiden hatte. Der Name der von D. und P. vermuteten Quetschung war fünfsilbig und ist mir entfallen.)
Roderick überlebte nicht nur diesen frühen Sturz, sondern wurde (infolgedessen, sagten die Herren Durylin und Petrow einstimmig) krankhaft gesund.
Seine Mutter war durch die Empfängnis, das Austragen und die Geburt derart geschwächt, daß sie nur noch wenig Milch gab und dann für immer die Augen schloß; am Tage ihres Todes fing Valev sen. (ein bedeutender Entomologe mit einem vorzüglichen Ruf über Frankreich hinaus) einen Kardinalkäfer mit einer kleinen Abweichung der üblichen Farbe (rot); am Ende der langen Flügeldecken hatte das Exemplar zwei gleichschenklige Dreiecke in einem lugubren Schwarz

ohne Glanz. Freunde mieteten einen Hauslehrer für den kleinen Valev, während der Beerdigung träumte seinem Vater, er verfolge einen der blauen Blatthornkäfer mit sieben Beinen.

134.1

Die Aktivitäten oder Lebensenergien Valev's sen. richteten sich ausschließlich und mit großem psychischen Aufwand (»der sogenannte psychologische Egoist«, wie Durylin und Petrow ihn klassifiziert hätten) auf die Kenntnis von Käfern, Species und Gattungen, auf das Fangen der Exemplare, ihre Präparation und Klassifikation bis zur ordentlichen Katalogisierung in einem fetten Folioband mit über zweitausend Seiten. Rechts zeichnete und malte er die Abbildungen der ausgesuchten Exemplare, links lieferte er einen ausführlichen, der Farblehre von Arèn verpflichteten Kommentar plus einer Deskription.
Bei der Verfolgung eines ziemlich oft vorkommenden Goldlaufkäfers stürzte der arme Baron (während einer Reise durch Rußland) in eine Höhle; die Chronisten berichten, sein Schrei habe eine Dauer von fünf Minuten gehabt, als es still wurde, seien Hunderte von Goldlaufkäfern aus der Dunkelheit in die milde Sonne des Hügels gekrochen.

Valev jun. interessierte sich allein für Menschen und Maschinen, wobei ihm Maschinen lieber waren, weil ihre Anfälligkeit für Störungen geringer war; er baute schon mit vierzehn Guerickes Luftpumpe zur Herstellung leerer Räume nach und experimentierte gleichzeitig mit hysterischen Hunden, deren Sinneswandel er im Vacuum beobachtete und aufzeichnete. Als die Hunde sich (mit Recht, glaube ich) absetzten, suchte er sich Leute, die gegen seine Experimente weniger eingenommen waren. Er hatte einen gewissen Erfolg mit der ausführlichen Beschreibung jener Flüssigkeiten, die er dem Rückgrat verschiedener Menschen entnahm, dem Blutkreislauf oder dem Gehirn.
Als einige seiner Freunde nicht mehr bereit waren, seine Experimente zu unterstützen, mußte er für eine kurze Frist ins Gefängnis, wo er Papin entdeckte und dessen Maschinen.

Nach einigen pneumatischen Versuchen mit seinen Freunden und Bekannten konnte er Papins Luftpumpe wesentlich verbessern, während die Nachbildung eines Dampfdrucktopfes Papins mißlang und explodierte.

Roderick Baron Valev gehörte zu den aktivsten Naturen, die unsere reichhaltige Genealogie kennt. Während das ausgeprägte Prinzip der *acedia,* der Lebensträgheit nur schwächlich und träge ausgebildet war, wir (die Familie) nur wenige Geisteskranke oder Mörder hatten, überwog immer der Einfluß unbestimmter energetischer Prinzipien, die, in gewisser Weise, natürlich bei einem massierten Auftreten, krankhaft sind.
Vom sechzehnten Jahrhundert an verfolgte ich verschiedene Lebensphänomene; die meisten meiner Vorfahren kamen merkwürdigerweise durch Jagdunfälle ums Leben; sie erschossen sich bei Treibjagden, traten in Schwanenhälse, stolperten über die Klauen von Bärenfallen und verfingen sich in Vogelschlingen. Zwei meiner Verwandten (männliche Linie, Baltikum) waren vorzügliche Esser, von denen der eine den Bolustod starb und der andere an Botulismus durch den Genuß einer allzu lang gelagerten Schnepfe.

Später verlor Roderick sein Interesse an allem-möglichen und konzentrierte sich mit aller Kraft (bis etwa 1730) auf folgende, im Bereich der Vernunft liegende Phänomene:

> Die Kräfte des Mechanischen über das Postulat des Rationalistischen; die sogenannte Ethik und ihre Gebrauchspostulate im täglichen Leben; die energetischen Partikel der menschlichen Natur und die die ihnen entgegengesetzten Prinzipien; die Krankheiten des Geistes, sofern sie sich im Physischen zu äußern bereit waren und die Krankheiten der Physis, sofern sie sich psychisch äußerten.

Eine zeitgenössische Darstellung zeigt Roderick Baron Valev auf der Höhe seiner Kräfte und seiner Entwicklung in einem Pariser Hospital. (Dem Hospital übrigens, in dem er J. Culp mit dem Gesicht zur Wand in einem seit drei Monaten nur zur Verrichtung der Notdurft verlassenen Bett fand, die Knie eng an den Leib gedrückt.)
Herr Roderick stößt einem hageren Kranken ohne Bart

(nicht Culp) eine Hohlnadel in die Gegend des Oberbauches und hält mit den Fingern der anderen Hand das Kinn des Patienten.
Sein Blick ist nicht auf den Patienten gerichtet, sondern auf ein undeutlich sichtbares Quadrat mit regelmäßigen Einteilungen an der Wand neben dem Haupthaar des Mannes mit der Valevschen Kanüle. Der Blick Valevs ist ruhig und von zärtlicher Kälte.

Manchmal legte ich eine gewisse Schamlosigkeit an den Tag, dann ließ ich mich von Vera in verschiedenen Stellungen belichten. Aber immer lagen wir zusammen, Körper an Körper, und hörten mit einem gemeinsamen Ohr auf unsere Körpergeräusche. Ich bemalte meinen Körper mit den alten Spiralen und Zahlensymmetrien ihrer Zonen und Vera fotografierte mich in aller Fischleibigkeit und Bleichheit vor dem Bett; mir war, als käme es nicht mehr darauf an, wie man handelte.
Dann wurde Vera krank und bekam Fieber, 38,5, sie glühte und ich schlich mich ins Hotel und fotografierte jeden Quadratzentimeter, jeden Millimeter ihres Gesichtes und ihres Körpers. Mir schien, als hätte sie das Valevismus-System aufgegeben; die Zähne waren gezogen und ich mußte mir bleibende, materielle Erinnerungen sichern. Bei der letzten Serie war sie bewußtlos, während ich mit der Kamera arbeitete. Im Zimmer war es überaus heiß. Mit einem langen Badehandtuch um die fetten Hüften kroch ich über und neben sie, während das Bett leise knarrte und die Federn seufzten. Sie hatte ihre schönen Glieder nicht mehr in der Kontrolle. Sie hampelte herum und stammelte Valevs verschiedene Namen aus den diversen Sommer- und Winterbetten. Ich richtete ihren Kopf auf (ein langgestreckter Muskel erschien neben einer pulsierenden Ader) und fixierte sie in der Stellung. Ein paarmal murmelte sie Nein nicht, Val, während ich liebevoll Schuß auf Schuß machte und als latentes Bild aufbewahrte. (Tatsächlich war später auf dem Film ein klassisches latentes Bild zu sehen, doch davon später, nach der Abreise). Sie sah so rührend aus mit ihren Haarschlangen über den Ohren und einer Locke über der Stirn, daß ich mich dicht neben sie legte und meinen zahnlosen Mund dicht an ihren Mundwinkel klebte. So verharrten wir eine lange Zeit. Sie lag in der sanften Haltung eines vom Tod

Überraschten; die Aureolen ihrer Brüste waren dunkelrot. Sie leckte sich oft die Lippen und sah mich mit einem halb geöffneten Auge an. Ich beteiligte mich ohne einen besonderen Entschluß an dem Geschlecke. Sie duftete zart nach Karamellbonbons. Ihre Zähne glitzerten (eine besonders schöne Aufnahme ihrer Zähne mit einer glatten Oberlippe begleitete mich ins Sanatorium und den schadhaften Tresor) und es passierte ohne unser Zutun, gleichermaßen ohne unseren Willen, wie von selbst und ich gab einen Teelöffel voll kraftlosem *semen virile* von mir, nicht mehr als die von Spariel in »Incisum« angegebene Menge, mit einem kleinen Krampf in der Wade verbunden.
Vera sagte, ich hätte es mit Absicht gemacht, aber ich sagte, eine Absicht sei nicht so sehr dabei gewesen. Jedenfalls mißfiel ihr mein physisches kleines Versehen, und wir fanden uns damit ab, daß unsere Liebe an dieser Stelle ein vorläufiges Ende haben müsse. Die Fotografien, sagte sie, könnte ich behalten, dürfe sie aber niemandem zeigen; ich müsse sie, die Fotografien, meinte Vera, immer in Ehren halten und niemals etwas Schlechtes von ihr denken. Bis zuletzt war sie der Meinung, sie habe mich (ein Fiebertraum) während einer Erkältung verführt. Aber bitte, sagte ich dann wohl, vielmehr hätte ich etwas Ähnliches geleistet wie eine Vergewaltigung.
Vera lachte, aber es war nicht verletzend. Sie glaubte mir einfach nicht, bei, sagte sie, meiner idiotischen Furcht vor dem alkalischen Pillen-Milieu hätte ich es niemals tun können.

135

Ich liebe dich, sagte ich oft zu Vera, wenn wir beieinander lagen so nahe wie zwei Teelöffel, auf meine Weise, sagte ich, liebe ich dich.
Dann lächelte sie und steckte mir einen ihrer parfümierten Finger in den Mund und bewegte ihn dort; oder sie traktierte mit den Fingernägeln meine arme vereinsamte Zunge, aber insgesamt sprachen wir in der Zeit, in der sich Herr S. kurierte, nicht mehr als ein paar Sätze pro Tag.
Wir beobachteten uns sehr sorgsam. Jeden Tag gingen wir zusammen spazieren. Die Grotte vermieden wir. So ginge es

nicht weiter, sagte Vera häufig. Ich stimmte ihr zu und wir sprachen von anderen Dingen. Mein alkalisches Milieu durch die Pille stört dich, sagte sie manchmal. Aber nein, erwiderte ich dann, daran liegts nicht, es liegt eher an meinem Zustand, weißt du, dieser Unvollständigkeit. Vera sagte, mir müsse schon eine bessere Erklärung meiner Zurückhaltung einfallen. Wir wiederholten unsere Bedenken. Ihre Eltern, sagten wir, hätten mit Recht etwas gegen unsere Verbindung.

Oder ich sagte, Hypochonder seien immer zurückhaltend, dann sagte sie, ich sei keiner, ich sei nur arbeitsscheu. Laß uns, sagte ich dann mit matter Stimme, diese Sache mit dem Dogma der Arbeit nicht bis zum Überdruß wiederholen. Dabei hast du dich so gut an meine Mundflora gewöhnt, sagte Vera beim Spazierengehen. Ich kann niemand riechen außer dir, sagte ich dann herzlich. Sie bat mich immer wieder, zu neuen Ärzten zu gehen oder in das Sanatorium. Ich versprach ihr, mich vollständig untersuchen zu lassen.

Die Atmosphäre mit all diesen anerkannten Kranken und Krüppeln vergiftete mich allmählich. Schließlich gingen wir nicht mehr spazieren. Wir lagen die Nachmittage zusammen und hörten einen französischen Sender mit amerikanischer Musik.

Ich hatte seltame Anfälle von Somnambulität; halb bewußtlos exzerpierte ich abends vor dem Schlafen erhwürdige Texte. In einer der Trost-Anthologien eines Antiquariats entdeckte ich einen Satz von Roderick Baron Valev, meinem versackten Vorfahren –

> Wie wenn die Toten nun unsere Handlungen, Gedanken und Gespräche von oben sähen und fühlen müßten? Es wäre so schlimm nicht und brächte uns nicht ihre Verachtung ein, denn sie müßten Vorsicht, Zartgefühl und läßliche Larmoyanz walten lassen bei ihren Urteilen, weil wir ein wenig länger mit ihnen zusammen sein werden, als es der Zeit entspricht, in der sie uns beobachten können.

Ich quälte mich mit langwierigen Transversionen meiner Schmerzempfindungsgeläufigkeit, einmal brach in in Tränen aus, als ein kleiner Knabe in einen Apfel biß. Vera mußte nachmittags einen Apfel essen und ich küßte ihr den Apfelschaum von den Lippen. Meine Mundhöhle hatte inzwi-

schen das Sensorium einer Gruppenseele; ich roch und schmeckte mit großer Vollständigkeit.
Meine Nerven waren nicht sehr gut. Beim geringsten Anlaß mußte ich zwinkern und weinen. Meine Augen waren blutunterlaufen; aus Mitgefühl fing ich eines Tages an zu hinken. Ich führte immer mehr geisterhaft schläfrige Unterhaltungen mit den anerkannten Kranken, vergaß aber spätestens nach einer Stunde ihren Bericht. Mein Gedächtnis ließ nach. Eines Tages traf ich in der Nähe der oberen Basilika die Lehrbuchabbildung eines Herren aus Durylin und Petrows Enzyklopädie; im Buch stand darunter *morbus anglicus* und in Klammern daneben *melancholia anglica.* Unwillkürlich grüßte ich diesen Herren, er unter einem sandfarbenen Plaid saß und gefahren wurde, und erinnerte mich noch lange an seine würdige und seriöse Haltung, die dem Abbild so nahegekommen war.

136

Das Haus

Nach der Zeit im Sanatorium mietete ich in der Nähe von Accous ein breit gebautes, zweistöckiges Haus mit dicken Mauern im Landstil; es gehörte einem Herren Lachellier, einem angenehmen Sanguiniker mit einem langen, verschlafenen Gesicht.
Erst nach einem halben Jahr machte mich Herr L. darauf aufmerksam, daß sein Onkel, Jacques Lachellier, der Pädagoge und Erfinder, dieses gleiche Haus an die Herren Dr. Spariel und Dr. F. Spange vermietet hatte.
Die Spuren waren überall zu finden, vorausgesetzt, man suchte nach ihnen. Im oberen Stockwerk gab es Zimmer in der immer gleichen Größe, Zellen sehr ähnlich. Die Türen hatten nach außen fallende, messingbeschlagene Klappen, unter den Klappen befand sich jeweils ein in Messing gefaßtes Guckloch, ein Spion für die Augen eines klein gewachsenen Mannes.
Alle Wände im Inneren des Hauses waren weiß getüncht. Die tragenden Wände des Untergeschosses waren derart dick, daß man, flach auf dem Bauch liegend, nicht das geringste Geräusch hörte. Mitbewohner waren zwei nicht mit-

einander verwandte, leicht gefleckte Ratten und mehrere Mäuse mit dunklem Fell; sie kamen gut miteinander aus und bevorzugten verschiedene Zimmer.
Meine *Dionaea muscipula* wohnte in einer Art Weihwasserschale an der Südseite; bei schlechtem Wetter holte ich sie ins Haus. In der letzten Zeit aß sie wieder ein wenig Fleisch, aber widerwillig. Sie sah immer nachdenklich aus und ließ probeweise jeden Sonntag eines der nordöstlichen Blätter hängen. Von einem guten Handwerker mit Sinn für Stein und Holz ließ ich in den Hauptraum (Untergeschoß) breite Regale einbauen.
Da ruhen alle alten Exponate. Ich wischte niemals Staub. Allmählich findet eine behutsame Petrifikation statt.
An der Südwand sind die Bilder und Bücher, meine Aufzeichnungen, Zettel und Fotografien; an der Nordwand stehen mit den Objektiven zur Südwand, meine Fotoapparate.
Ich breitete mich mit einer geringen Geschwindigkeit im Hause aus; ich hatte Zeit.
Herr Lachellier hatte Verständnis für meine Sammlungen. Die beiden Herren damals, in der Zeit seines Oheims, hätten auch oft mit unhandlichen Apparaten einander auf den Hügeln verfolgt. Sei der eine Herr zu Boden gefallen (vor Lustlosigkeit oder Erschöpfung), der andere Herr sei prompt zur Stelle gewesen, um ein Bild zu machen, während der liegende Herr nur selten Bilder des Fotografen machte. (Der Fotograf war Spariel, der Verfolgte Dr. Spange.)

Dr. Spange bewohnte das obere Stockwerk. Vor seinem Zimmer war im Flur eine eiserne Stange eingelassen. In Handhöhe war die Stange glänzend poliert. (Alle diese Details erfuhr ich während unserer Spaziergänge oder -fahrten mit Lachellier.)
Spange hatte um sechs Uhr morgens aufzustehen.
Dieser mir so ähnliche Mann hatte Schwierigkeiten mit dem Wechsel der Lage des Körpers von der horizontalen zur vertikalen und er konnte seinen aufrechten Gang des Tages nur schwer beginnen.
Wenn Spariel (der schon um vier Uhr morgens aufstand um zu schwimmen) mit einem Vorlegelöffel auf den Boden seines Kessels schlug, rutschte Spange mit seinem Leib in die selbst erzeugte Nachtwärme in Richtung Fußende; durch eine sinnreiche Verteilung der Gewichte wurde das Fußende

schwerer als das Kopfende und Spange gelang es dann häufig, in dem Augenblick den Körper von den Füßen an aufwärts zu stellen, wo seine Sohlen durch die Änderung der Lage des Bettes den kalten Fußboden berührten.

Die Spange-Methode

An der Stelle, die er gemäß der Regeln der Wahrscheinlichkeit oder der Gewohnheit ohne Anstrengung oder Überlegung des Morgens mit den Füßen berührte, hatte man eine Metallplatte in den Boden eingelassen, die im Sommer oder im Winter entweder gekühlt oder erhitzt werden konnte. (Unterhalb dieser Stelle stand der zweite Kachelofen.)
Für einen rücksichtslosen Schläfer wäre es natürlich möglich gewesen, sich nach dem Kontakt mit der kalten oder heißen Platte rücklings wieder auf das Bett fallen zu lassen. Aber Herr Dr. Spange war ein vorsichtiger deutscher Schläfer. Unmittelbar vor der Platte lag ein dicker kleiner Teppich. Stand Spange erst einmal auf diesem Teppichstück, öffnete sich durch einen von Spariel erfundenen Mechanismus die Tür, und nun mußte Spange nur noch mit beiden Händen die Stange ergreifen; Lachellier gab mir präzisere Auskünfte.
Wie sein Oheim mitgeteilt hatte, ging Spange immer mit Kleidern zu Bett, so daß die Kette bewußtloser Handlungen (das Kippen des Bettes nach der Verlagerung des Körpers von oben nach unten, die Berührung der Metallplatte, die Trennung von ihr und die Annehmlichkeit des Teppichs, der Schritt durch die offene Tür –) nicht einmal unterbrochen wurde.
Die Funktion der Eisenstange war die folgende: Spariel war damals der Auffassung, Bewegung erzeuge Energie. Spange sollte mit beiden Händen das lange Hilfsmittel ergreifen und sich mit den Füßen abstoßend, ein paarmal rotieren. (Dieses Beispiel zeigt ein wenig die Praxisferne des guten Spariel, denn Spange dachte nicht daran, aus einer willkürlichen Bewegung seines Körpers Energie zu machen. Denn wie die Spuren an der Wand zeigten, verfehlte er mit somnambuler Sicherheit diese Stange und fiel dabei ebenso regelmäßig die Treppe herab.
Ich konnte Spange gut verstehen. Hätte ich unter allen Umständen, als ein Angestellter, aufstehen müssen, ich hätte es nicht anders gemacht.

Ich weiß, was ihn ernüchterte und für eine längere Zeit des Tages wach machte, und ich bewundere seine Tapferkeit, die der Ausdruck einer großen Passion ist; Spange wollte mit Absicht seinen Griff verfehlen. In dem Augenblick, wo die eiserne Stange sein rechtes Ohr streifte, wußte er mit Sicherheit, daß er sich mit dem nächsten Schritt zwangsläufig das Genick bräche, wenn er nicht eine Sekunde nach dem Fehlgriff die Augen öffnete. In genau dem Augenblick war er wach; und dann stürzte er wahrscheinlich mit weit geöffneten Augen abwärts, Hände und Ellenbogen an Wand und Geländer und die Füße in einer unruhigen, käferhaften Bewegung, um eine der Stufen zu finden und damit das tägliche Gleichgewicht.)

Spuren

In Spanges Zimmer fand ich an dem Kopfende seines Kastenbettes beim Reinigen der Wände die unbeholfene Zeichnung eines kabbalo-mystiko-magischen Quadrates; im allgemeinen wird es Salomon zugeschrieben.

2	7	6
9	5	1
4	3	8

Darunter sah man eine immer kleiner werdende Zeile in deutscher Schrift, »nieder mit S. nieder mit S«. Daneben hatte Spange mit ungelenker Hand einen Galgen mit einem bei der Größe viel zu schweren Querholz gezeichnet. Am Strick hing eine feiste Puppe mit roten Lippen.
Unter den Schnabelschuhen der Puppe hatte eine elegant geführte Hand die Zeile »Ziel jeder Therapie ist Homotonie« niedergeschrieben.

Bibliothek, Sammlungen

Meinen Havelock Ellis hatten sie im Sanatorium vernichtet.
Alle anderen Bücher, die zum valevistischen Kosmos gehörten, lagen ordentlich in den Regalen. Auch sie verstaubten nach und nach. Lachellier lieh sich manchmal die Ausgabe

von »Victorian Erotic Photographs« aus, brachte sie aber immer wieder mit der Bemerkung zurück, die Bilder erinnerten ihn allzusehr an seinen Onkel, den Pädagogen.
Während der Einrichtung der Regale und des Schrankes brachte mir Lachellier an einem Sonnabendmorgen (meine *Dionaea* mäkelte gerade mit einem winzigen Stück Fisch) eine umfangreiche Kiste, einen Kasten, an den Ecken mit Leder beschlagen. Er sagte, das sei der Nachlaß seines Oheims. Wenn ich mich für Fotografien so erwärmte, ließe sich bestimmt hin und wieder ein schönes Stück finden. Dabei zwinkerte er mehrmals.
Ich schleppte die Kiste in den Flur und vergaß sie über dem Mittagsschlaf.

Ein paar der erfahrenen Bücher bekamen Ehrenplätze, sie durften, von einem unsichtbaren Leser aufgeschlagen, im Schatten ruhen. Dazu gehörten Bubneffs »Auch du hast einen Körper«, mein Aufklärungsbuch über die Liebe in der Definition Bubneffs mit Illustrationen über die Harnorgane in einer schrecklichen Beleuchtung, »Die Insel der Pinguine«, Godegdes »Handbuch der Homöopathie und Allopathie«, Loewes und Loweses »Phraseologie«, die kleine Ausgabe (Duodez) von Celsus' »Aleatorik, Kombinatorik, Logik«; Newmans »Apologia pro vita sua«, verschiedene, von Vera benutzte Jahrgänge des *Reader's Digest,* aus der Zeit, in der sie ihre Grenzen durch die Erweiterung ihres Wortschatzes hinter sich lassen wollte, Durylins und Petrows Enzyklopädie, beide Auflagen, insgesamt acht fette Bände, klebrig von meinen Fingern.
In einem anderen Fach ruhten die Herren Thurber (»So spricht der Hund«), Thurton (»Entomologie«) und Sliss mit seinem »Kausalhypothetik und Konnotation«, darunter schlief Reitters »Fauna Germanica« in einem sanften beigen Ton.

Der Schrank

Vom Hauptraum führte ein kleiner Flur in einen Nebenraum mit einem riesigen Stollenschrank. Dieser Schrank hatte enorme Ausmaße und war an Ort und Stelle erbaut worden. Seine linke Seite war durch ein paar Brandflecken beschädigt. Hinter den beiden Türen taten sich Gelasse auf;

das Holz war rötlich-braun und roch sehr süß. Meine beiden Ratten zogen ein, als ich den Schrank mit meinen Dingen und Objekten besiedelte, ein Teil wanderte von Lachelliers Nachlaßkasten in den mittleren Stock des Schranks.
Eine durchlöcherte Schublade (Unterstock) stopfte ich voller Kleiderreste. Die beiden Ratten assoziierten sich kurz darauf und bauten gemeinsam eine Art Burg. Ihre Felle wurden glänzend, und sie sträubten vor Vergnügen sehr lange Schnurrhaare. (Leider fiel ihnen, durch die Unermeßlichkeit und die Wahllosigkeit ihres Appetites, später ein Teil der Papiere zum Opfer.)

Dr. Spariel hatte andere Sammlungen als ich. Eine deutliche Signatur von Spange ließ sich nicht entdecken; Spange sammelte nichts.
Zuerst erschien, am Boden des Kastens, ein uraltes Epidiaskop ohne Linsen. Wer weiß, welche Bilder oder Handschriften welcher Patienten Spariel in dem zitternden Strahl gebadet hatte. Ein altes Blatt war mit zwei Schrauben an der Platte befestigt. Ach, da las ich (im hellen Nachmittagslicht, vor dem alten Schrank) die legendären Titel der Sparielschen Publikationen. Ein paar Titel waren verzweifelt unterstrichen, als habe Spariel besondere Aufmerksamkeit für sie erwecken wollen. Andere hatten doppelte Rahmen, mit Lineal geführt und rot schraffiert. Zuerst kam die »Kleine Pathognomik«, dann »Die Spariel-Methode in Einzeldarstellungen«, »Bilder aus der Welt der Krankheiten«, »Incisum« (vierfach unterstrichen, während die Ziffern zu den Jahrgängen ausgestrichen waren), das Schmerzwörterbuch.
Ich löste dieses Blatt aus dem Apparat. Unter dem Blatt war ein Zettel mit einer handschriftlichen Notiz Spariels, sehr eilig und offenbar mit unsicherer Hand oder in absoluter Dunkelheit geschrieben. Er hatte mit Absicht ein großes Blatt genommen, d.h. einen dem Format des Titelsblattes entsprechenden Zettel, um Raum zu haben für seine unglücklichen Schreibbewegungen.
(Mir war, als klagte Spariel von weit her mit einer ziemlich gebrochenen Stimme.)

Sehr geehrte Herren, schrieb Spariel.
Wenn Sie dieses Blatt finden, bin ich tot. Sie werden meine Aufzeichnungen (geschrieben von 1875 zu M. in der Nähe

von Accous auf einer Glidden-Maschine) in der zweiten Hälfte der dritten Schublade von unten an gemessen im Kleidertrakt des Schrankes finden. Ein Verzeichnis habe ich unter die Meßplatte des Epidiaskops gelegt, eine Stelle, von der ich sicher sein kann, daß sie mein Assistent, Dr. Spange, nicht finden wird, weil er sich vor Apparaten fürchtet. Da zu meinen Lebzeiten durch Zufall oder Wunsch keine meiner Schriften zum Druck gelangt ist, außer den von Dr. Spange redigierten Bemerkungen in »Incisum« zu »Acedia-Studien« (London und Paris), lege ich den allergrößten Wert darauf, wenigstens meine Manuskripte vor dem Zugriff Spanges sicher zu wissen. Dankenswerterweise war es Herrn Dr. Spange möglich, bei einem Brand im Jahre des Herrn (') unsere gemeinsame Arbeit, das Schmerzlexikon, durch Tatkraft, Reaktionsvermögen und Tapferkeit zu retten. Bedauerlicherweise hat sich mein Assistent dieser schätzenswerten Eigenschaften inzwischen begeben.
Ein Heilversuch nach dem S-Prinzip (s. Aufzeichnungen) schlug leider fehl. Das einzige Exemplar meiner Fallstudien (gedruckt zu England in französicher Sprache für ein würdigeres Publikum) verbrannte im Februar. Herrn Spange war es trotz großer Mühen nicht gelungen, den Aufbewahrungsort der Druckschrift ausfindig zu machen; er rettete statt dessen die Werke meines geschätzten Kollegen Quatrefages.
Sollte man nach meinem Tode diese meine Schriften nach meinen Angaben finden, so bitte ich herzlich, niemand als Herrn Dr. Spange die Herausgabe zu überlassen. Ich bin sicher, daß seine mannigfachen Hypochondrien, Trägheiten und larvierten Zustände von falscher Ernährung und zu wenig Bewegung ausgehen und daß er sich, betraut mit einer so wichtigen Aufgabe, binnen kurzem gänzlich erholen wird. Eine seiner großen Eigenschaften ist unbedingt seine Pünktlichkeit. Wenngleich er auch ohne meine Anleitung wird arbeiten müssen, wird er es an der erwähnten Pünktlichkeit und seiner typisch deutschen Gründlichkeit nicht fehlen lassen.
(Ich weiß nicht, in welchem Zustand Spariel diesen Brief aufgesetzt hat; zuerst fürchtet er sich davor, die Manuskripte könnten meinem Bruder in sanfter Somnolenz in die Hände fallen, dann wieder lobt er Spange und wünscht ihn als Verweser.)

Sollte Spange diese Aufgabe ablehnen, so ist es das beste, die Manuskripte zu vernichten. In keinem Fall dürfen sie unter die Augen von Herrn Quatrefages kommen, auf den ich einmal, während eines Gewitters, geschossen habe, worum ich um Verzeihung bitte. Um das Ziel der Homotonie zu erreichen, dessen Herr Spange so sehr bedarf, bitte ich, ihm nach meinem Ableben eine kleine blaugetönte Flasche mit einem Mittel auszuhändigen, das ihn diesem erstrebenswerten Ziele schlagartig näher bringen wird.

Gez. Jonathan M. Spariel

Das Testament

Neben dem Epidiaskop fand ich ein mit Wachs überzogenes Päckchen, in dem sich zehn oder zwölf Blätter ohne Datierung oder Unterschrift an andere Wachsschichten preßten. Die Blätter waren sehr schwer zu reinigen. Durch den Druck der Jahre einerseits und die ursprüngliche Hitze beim Auftragen der Wachsschicht andererseits ließ sich kaum noch etwas lesen. Dunkelheit herrschte über den meisten Passagen; die leserlichen betrafen eine flüchtige Niederschrift (Spariels?) bestimmter Methoden zur Heilung eines sogenannten Zustandes S.
Die Schrift war in einem sorgenvollen und zugleich trockenen Ton gehalten, als sei ihm der beschriebene Fall sehr nahe gegangen.

»In der Zeit von vier Monaten S. unaufhörlich beobachtet. S. tut so, als merke er meine Beobachtung nicht, beflügelt aber neuerdings seine Schritte bei verschiedenen Dienstleistungen.
Diese Leistungen waren niemals schwerer oder unüberwindlicher Natur. S. hatte die Aufgabe, die Patienten zu empfangen, ihre Krankengeschichte zu notieren, seine Anmerkungen dazuzuschreiben und mir dann alles Weitere zu überlassen. Zuerst wehrte er sich gegen ein frühes Aufstehen, während ich mich um vier Uhr des Morgens erhebe und vor Kraft nicht zu fassen weiß, liegt er bis sechs im Bett und läge bis zwölf, hätte ich nicht eine sinnreiche Vorrichtung erfunden, die ich schon einmal in Kent mit Erfolg bei einem trägen Mitvierziger in Anwendung brachte. Ich machte aus seinem Bette eine schiefe Ebene, die es ihm gestattete, den Kopf

immer oben zu behalten. Das Übel dieser Krankheit liegt ja vornehmlich in einer unzureichenden Durchblutung. Dekken (und im Winter das Pfühl) zurrte ich mit Riemen fest, die man an der Wand und am Fußboden befestigen kann. Der erste Versuch mißlang. S. behauptete einfach, er habe sich nach dem Weckgong von den Riemen nicht befreien können. So ließ ich einen Sack nähen, in den er des Abends mit Hilfe eines Flaschenzugs hineingleiten kann. Da dieser Sack auch unten eine leicht erreichbare Öffnung hatte, schien mir ein leichteres Aufstehen garantiert; nicht aber S. Er verwickelte sich in den Sack (wahrscheinlich ist diese Tatsache auf seine Fettleibigkeit zurückzuführen) und erst durch sein Schreien konnte ich ihn aus dieser mißlichen Lage befreien. Immerhin zeigte sein Geschrei, daß er morgens durchaus mit wünschenswerter Geschwindigkeit wachzuwerden imstande ist, wenn nur die Situation danach ist.

Wie viele Therapien ich benutzte, will ich an dieser Stelle nicht sagen; gleichermaßen in einem Rückfall in die cartesianische Physiologie trieb ich ihm, ähnlich einem Exorzisten, die trägen Geister aus, die bei ihm leicht mit jenen *esprits animaux* Lorrys zu verwechseln sind; er ward noch träger und schlaffer.

Ich ließ ihn eigenhändig seine *névrographie* zeichnend erfassen; aber diesen nützlichen Akt verband er durchaus nicht mit seinem Zustand.

(Ich hatte und habe manchmal das Gefühl, als sähe er seine Lage überhaupt nicht ein; er träumt den Tag, trinkt Unmengen von einem billigen Rotwein oder teilt sich *prune* mit den Kranken.) Vor allem störte mich zu der Zeit starker Arbeitsbeanspruchung sein tägliches, ja stündliches Klagen über einen bestimmten Schmerz im Oberbauch, zu dem er im Verlauf des Tages verschiedene Modi von Translocation angab. Bei diesem geistigen Typus sind Nervenschmerzen nichts Ungewöhnliches, sagte ich oft zu ihm, während dieser timide Mensch gähnte. Ihm ging es, nehme ich an, aus *ennui* oder Unzufriedenheit oder Spielerei allein um die komplette Entwicklung eines privaten Schmerzerlebnisses, das er mit niemandem teilen wollte. (Einen ähnlichen Fall erlebte ich bei einem Balneologen in Genf, der immer entweder heißer oder kälter als seine Patienten baden wollte, nur um ihren Empfindungen etwas voraus zu haben.)

Bei keinem meiner Patienten war das Erlöschen der vitalen Appetenzen so deutlich ausgeprägt, wie bei S.
Sonderbarerweise war mit diesem Erlöschen sein Schmerzverhalten (als ein Protest im vitalistischen Sinn) nicht im mindesten beeinträchtigt. Im Gegenteil wartete er täglich mit neuen Schmerzen auf, die er aber nicht sorgfältig genug beschreiben konnte. Als er merkte, daß ich an seine Zustände nicht glaubte, verlegte er sich auf einen einzigen Schmerz, eine Art Wanderschmerz, den er scherzhaft (um mich herauszufordern) seinen Pilgrim-Schmerz nannte. Natürlich war sein Zustand von Interesse; alle Zustände, an denen die sogenannte Intelligenz leidet oder zu leiden vorgibt, was ihr ja leicht fällt, sind ohne Ausnahme für die Erfassung bestimmter hypochondrischer Merkmale interessant.

Ich habe niemals an eine Gefahr der Monomanie infolge erhöhter Gehirntätigkeit geglaubt.
Um seinen Geist abzulenken, gab ich ihm den Auftrag, nach Paris zu reisen, um uns einen Diagraphen für das perspektivische Zeichnen zu erstehen. Zuerst stieg S. in den falschen Zug; als er endlich im richtigen Zug saß, fuhr er weit über sein Ziel hinaus, wenngleich mir unklar ist, wie das zu schaffen ist, ohne umzusteigen, zumal Paris die Endstation war.
In jedem Fall kam er einige Tage später in Paris an und suchte nun zweierlei; er hatte den Namen des Händlers vergessen (Aidier & Chute) und vor allem den Namen des Gerätes.
Auf diese Weise lief er zwei Tage durch Paris, um durch den Anblick beliebiger Objekte an das seine erinnert zu werden. In einer üblen Gegend stieg er ab und selbstverständlich verlor er bei dieser Gelegenheit alles außer seinen Kleidern.
Nach einer Woche kehrte er in einem unbeschreiblichen Zustand zurück und brachte mir einen Taschenrechner von Watkins, eine Maschine, die sich beim Dividieren immer irrte. Vielleicht wollte er mit diesem Rechner seine Patienten zählen.

Von nun an überließ ich ihm nur die allereinfachsten Aufgaben; ich wies ihn an, Zeichnungen der Kranken anzufertigen. (In früheren Jahren hatte er recht gefällig Porträts nach

der Natur gezeichnet und leidlich aquarelliert.) Es schien, als passe ihm diese neue Aufgabe. Aber bald mußte ich feststellen, daß er nur Mädchen zeichnete und auch nur dann, wenn sie hübsch und entblößt waren. Als ich ihn dabei erwischte, wie er mit einem Frauenzimmer in seinem Schlafsack spielte, machte ich ihm ernste Vorhaltungen.
'78 hatte ich einen ergiebigen Grundstock von etwa zwanzig Kranken; mehrere Hysteriker waren dabei (zwei Herren aus Limoges, die gemeinsam über Glanvills »Scepsis Scientifica« und die Entwicklung eines neuen Kausalitätsbegriffes arbeiteten), Fettsüchtige und eine Gruppe junger Damen und Herren, die an langer Weile litten. Alle diese Damen und Herren hatten übereinstimmende Symptome und litten an einer Reizbarkeit ihres Nervensystems und an ventrikulären Störungen aufgrund mangelnder Bewegung.
Während des großen Zulaufs in mein Institut ließ ich S. einen Ziegenbock hinter dem Haus hüten, der dazu bestimmt war, unsere vier Ziegen zu decken. (Ich esse leidenschaftlich gern Ziegenkäse, getränkt in Kräuteressig.) Dann kam noch eine Dame (eine Schriftstellerin aus Paris) zu uns; sie litt an krankhaften Zuständen im Unterleib in der mesogastrischen Gegend.
Die Behandlungen verliefen in aller Ruhe und bestimmt von meinen vernünftigen Insinuationen gegenüber den Kranken. Der Pariser Dame verabreichte ich meine Spezialzäpfchen, die eine gewisse Reizbarkeit der Organe hervorrufen; ist ein durch die Einnahme und die Menge des Eingenommenen bestimmter Punkt erreicht, schlägt die Reizbarkeit um und der Patient gewinnt wieder Fuß in der Zone des Homotonen. Ziel jeder Therapie ist die Homotonie.
In dem Augenblick, in dem die Dame als eine Geheilte zu betrachten war (sie begann sofort ihre schreibende Tätigkeit) und es nur noch eine Frage der Zeit war, wann meine Methode, in vollständiger Anwendung der letzten Schritte, Erfolg haben würde, besuchte sie Herrn S. in seiner Verbannung hinter dem Haus und fand, ein seltsamer Umstand, Gefallen an seiner Existenz.

Der Zeitpunkt der Klausur war gekommen; ich legte die Texte aus, eine ordentliche Feder und Velin-Papier für den letzten Schritt, nämlich die Beruhigung des Tonus durch Wiederholung bekannter oder vertrauter Akte. An dem Tag, an dem sie sich in die selbstintuitiven Labyrinthe versenken sollte, die eine Folge des Aufnehmens von Buchstaben in einer Ordnungsreihe sind, trug sie einen beinahe durchsichtigen Taffet-Stoff.

Nun ist der Einfluß, den eine systematisch praktizierte Trägheit auf die geschlechtlichen Nerven und Organe hat, nicht völlig geklärt.

Erdmann hält die geschlechtliche Lust und das Vermögen zu ihr für einen Ausdruck der Gesundheit und der Normalität; Pollard ist der Auffassung, daß gerade Kranke zu übertriebenem Geschlechtsgenuß neigen.

Ich ließ diese Dame einen überaus besänftigenden Text aus der Botanik nachvollziehen, mit dem ich früher, bei heikleren Fällen, durchschlagenden Erfolg hatte (einige Bemerkungen über *Helleborus niger L.*, auch Weihnachtsrose oder Christwurz genannt) und widmete mich im Ordinationszimmer den beiden Herren aus Limoges, die im Augenblick an einer gegenseitigen Abstoßung litten; sie sagten, sie vertrügen ihre Gerüche nicht mehr so gut wie früher, seien aber durch ihre Arbeiten darauf angewiesen, an einem gemeinsamen Schreibtisch und an einem gemeinsamen Ablagetisch der aufzuschlagenden Lexika wegen zu sitzen.

Mein Vorschlag leuchtete ihnen seiner Einfachheit nach sofort ein, zumal ihre Würde als Menschen, die nach etwas rochen, nicht angetastet wurde. Da sie über Geld verfügten, stieß man bei der Verwirklichung des Plans nicht auf Schwierigkeiten. Sie saßen dann, wie ich feststellen konnte, auch richtig in zwei getrennten Räumen, die durch eine Klappe (für die lexikalische Arbeit) miteinander in Verbindung standen. Sie verständigten sich durch Zurufe über den im Augenblick benutzten Buchstaben des Alphabetes, das dann der jeweilige Benutzer nach dem Gebrauch auf die Platte legte, wo es der künftige Lexikonbenutzer abholte. Auf diese Weise vermieden sie eine störende Geruchnahme und jeder blieb in seiner Sphäre anerkannt.

(Auf diese Weise, sagten sie mir später, sei eine bessere Kontrolle ihrer Arbeit möglich gewesen, weil ein jeder durch das Ausrufen des gewünschten Wortes oder Begriffes in Kenntnis des Standes der anderen Arbeit gesetzt wurde. Natürlich gaben sie, um einander zu täuschen, in der ersten Zeit falsche Angaben, aber durch die Beobachtung ihrer dadurch entstehenden Irritationen gelang es ihnen bald, ihre Arbeitsleistung einander durch Kontrolle und Anpassung zu steigern.)

Wieder suchte ich die Pariser Dame auf (die Gruppe junger Damen und Herren grub auf meine Anleitung inzwischen halbmetertiefe Löcher in den Boden, immer in gleichbleibenden Abständen, um ein Gefühl der Ordnung und des Regelmaßes zu evozieren) und betrat schweigend die Klausurkammer.

Wer beschreibt mein Entsetzen bei dem folgenden schamlosen Anblick; sachlich gesehen, ist die sogenannte Krise (bei Frauen) nichts anderes als die subjektive Wahrnehmung des Höhepunktes körperlicher Reaktionen auf körperliche Reize. S. lag halb auf ihr, während sie die Exekution von hinten, die Ellenbogen auf den kostbaren botanischen Blättern, über sich ergehen ließ. Die Röcke waren schamlos bis zum Nakken der Dame geschlagen, so daß man ihren Kopf unvollständig sah. Sie hatte kleine Brüste mit tiefrot glänzenden Aureolen; die Mamillen sahen höchst stimuliert aus, als habe sie S. behandelt, was ich ihm bei seiner unendlichen Trägheit nicht recht zutraute.

In solchen Situationen das rechte Wort zu finden, ist schwer. So wartete ich ab in der Meinung, S. vernünftiger zureden zu wollen, wenn er diese animalische Sache (von hinten immerhin) beendet hatte.

Als wollten sie meiner spotten, dachten sie nicht daran aufzuhören. Allerdings bemerkten sie mich in ihrem Rausch auch nicht; man hätte ein Feuerwerk abbrennen können.

Nach diesem Vorfall wurde unser Umgangston sehr kühl. Die Dame bekam selbstverständlich ihre alten Zustände und reiste ab. Ich hielt ihm sein animalisch-pueriles Benehmen vor, aber da er kaum sprach, sprach er auch jetzt nicht.

Um eine Resurrektion seiner Kräfte zu veranstalten, setzte ich S. einem Schock aus, d.h. dies war meine Absicht. Ein jeder fürchtet irgend etwas am meisten auf der Welt. Leider war mir dieser Punkt der Furcht bei S. nicht bekannt. Ich ließ ihn baden in Eiswasser in einer Temperatur unterhalb des Gefrierpunktes und er schlief ein; ich ließ ihn bei übergroßer Hitze baden und er schlief ein. Ich hetzte einige Hunde auf ihn (zwei spanische Windspiele, drei Doggen und einen Dobermann), aber aus lauter Schläfrigkeit zeigte er keine Angst; er schlief ein und die Hunde, wie in Simultanschau des Paradieses, ebenfalls. Ich sperrte ihn, um seine armen Geister zu locken, in dunkle Räume; er schlief dort ausgezeichnet. Ich fügte ihm mit seinem Einverständnis verschiedene Schmerzen zu; aber er lächelte, beharrte auf seinem Pilgrim-Schmerz und behauptete, durch diesen einen Schmerz unempfindlich gegen andere zu sein. Wie oft glaubte ich mich einem *but spécial* nahe; aber immer wieder täuschten mich seine reichhaltigen Symptome. Irregularitäten in seinem Verhalten bei Schmerzreaktionen traten selten auf; schlug man ihn auf den Kopf, klagte er über Kopfschmerzen, durchbohrte man seine Haut mit einer Nadel, blutete er.

Ich konnte ihn keine Copien mehr anfertigen lassen. Wie ein feister Kobold mit langen, blonden Haaren hockte er über meinen Manuskripten, führte neuartige Fehler ein, zog Wörter zusammen und ließ Adjektive unter den Tisch fallen. Sein einziger Satz, den er zu der Zeit vor dem Brand äußerte, war: Es ist zu lang.

Nach dem Brand verließen ihn alle Kräfte. Nun liegt er fortwährend auf dem Rücken oder auf der Seite. Ich weiß nicht, ob er noch etwas wahrnimmt. Die Idee eines Feuers war ein Schock-Scherz gewesen; wer hätte ahnen können, daß seine in allen Reaktionen herabgesetzte Natur so kräftig reagieren würde. S. ist jetzt ungeheuer fett. Dazu ist er ein Pflegefall, aber man kann ohne Mühe mit ihm umgehen. Er ist immer ruhig und bewegungslos, eine Art Erstarrung hat ihn ergriffen. Auf Licht reagiert er noch ein wenig, auf Schall kaum, ebensowenig auf Wärme oder Kälte; es ist so, als habe er eine Art von Schutzschicht entwickelt. Als Esser ist er von gleichbleibendem Appetit. Eine Fischdiät hat nicht angeschlagen. Meine Spezialzäpfchen durchwandern seinen Körper ohne Widerstand, eine Wirkung ist nicht zu sehen. Eine tiefe, von sonderbaren Kräften und Abstoßungen gespeiste Lebensunfähigkeit drückt sich in allem aus. Der hündische Sexualakt ist die letzte auf zwei Beinen erledigte menschliche Tätigkeit gewesen. Käme man nur dem Ursprung dieses Zustandes auf die Spur. Mir scheint es, als hielten sich bei solchen Menschen wie S. Körper und Geist exakt die Waage; eine Hinzufügung oder eine Hinwegnahme wirkt auf diesen blind dualistisch gesetzten Organismus tödlich.

Allein auf eine zarte dermotrope Behandlung spricht sein

Körper noch an; dann sträuben sich ihm die Haare und er seufzt.
So bin ich auf mich gestellt. Zwei Geistliche waren heute bei mir; sie fürchten Konkurrenz durch meine Tätigkeiten. Sie litten beide an Fußtranspiration, die eine Folge übermäßigen Lesens ist, weil das Blut und die Durchwärmung der Gefäße bei einer sitzenden Haltung aufgehalten wird. Wir schieden als Freunde, nachdem sie den armen S. besucht hatten.
Die beiden Herren mißverstanden seinen Zustand und sein schwachsinniges Lächeln und bemerkten begeistert zu mir (über die Schulter): *Pax est tranquillitas ordinis.* Als Geschenk ließen sie das Bild der heiligen Maria bei dem Kranken, der es mit einem Libertin-Lächeln betrachtete und an seinem Leibe rieb.

Ich verließ ihn (unleserlich)
Die drei Nummern von incisum in der engl (unleserlich)
Daß nur ein probates Mittel (die blaue Flasche mit dem kurzen Hals)
Linderung (unleserlich) o (unleserlich) derung (unleserlich) schenken
Könnte wie für ein rasches E (unleserlich).«

137

Bei einem Spaziergang zur Grotte fragte ich Lachellier nach dem Ende der beiden Therapeuten. Wider Erwarten ging er daraufhin schneller als gewöhnlich, so daß ich zurückbleiben mußte und die Lust an der Wiederholung meiner Frage während des Gehens verlor.

138

In der Spariel-Schublade war nichts. Ich nahm in einer mehrwöchigen Arbeit den Schrank auseinander, aber außer verschiedenen Gegenständen, die von Spariel ablenkten, fand ich nicht ein Manuskript, nicht eine einzige Aufzeichnung (kein Blatt von seiner Hand, im Dunklen großzügig beschrieben), nicht einen Zettel oder einen Rezeptblock. Ich äußerte meinen Verdacht, Dr. Spange habe alles vernichtet, gegenüber meinem Freund Lachellier; aber der erwiderte nur, Spange sei ein trübes Subjekt gewesen, dazu gottlos, träge und grausam gegen Kinder. (Wir sprachen nun öfter über Spange als über die verschwundenen oder vernichteten oder verlorenen Manuskripte des großen Arztes, während ich in einer mehrwöchigen Arbeit den Schrank wieder zusammensetzte. Tausend kleine Gegenstände blieben übrig. Aus den kleinsten Metallteilen ließ sich eine Schrotflinte bauen; statt des Schaftes mußte man einen Metallbügel einpassen. Der Lauf hatte etwa das Kaliber 14. In dieser Zeit wohnte mein Rattenpärchen in einem Bally-Schuhkarton mit zwei Ausgängen; ich fürchtete, sie könnten sich streiten und da sind zwei Ausgänge in einer kleinen Wohnung besser.)

Ich fragte, was Spange gegen Kinder unternommen hätte.

Ich erfuhr, daß Spange nur Kinder schätzte, die noch nicht sprechen oder laufen konnten. Am liebsten waren ihm schwachsinnige Kinder, kranke Kinder oder keine Kinder. Hörte er Kindergekreisch, wurde er bleich, er verzerrte sich und warf mittelschwere Bleikugeln mit großer Sicherheit nach ihren Köpfen. Als er eines der Kinder an der Schläfe verletzte, besuchte der Vater des Kindes die beiden (Spange schlief wie immer in seiner Kammer) und verlangte Schadenersatz. Spariel bezahlte widerwillig, verbot aber Spange das Werfen von Bleikugeln nach Kindern; dieser Akt, sagte Lachellier, habe seinem Sinn für Sparsamkeit widerstanden. Immerhin hatten sie von dieser Zeit an Ruhe vor unaufgeklärtem Lärm. (Wie gut verstehe ich den armen Dr. Spange und seine zarten Sensorien; andererseits kann ich den armen Roderick Baron Valev verstehen, der das Fleisch von Babies oder Kindern verschmähte.)

139

Meine Suche wurde allmählich lässiger, weil ich mich täglich besser fühlte und bald einen Zustand erreichte, in dem alles gleichgültig war. Ich lag tagelang ohne zu essen mit einer Flasche Rotwein (zu 50 centimes) im Hauptraum auf der Seite und hörte den zarten Lärm eines Cembalos von einem im Schrankzimmer versteckten Kassettenrecorder. War das Band abgelaufen, hörte man eine Zeitlang das Rauschen und dann vereinigte sich das Geräusch mit anderen Geräuschen der Umgebung; die Bäume bewegten ihre Äste und manchmal stöhnte eine alte Buche. Dazu gab's diverse Vogelstimmen, die nur nachmittags in ihrer Tonlage erträglich sind. Meine Ratten verfolgten sich mit weichen Pfoten im Schranklabyrinth. Die Bretter des Fußbodens dehnten sich in der Hitze aus. In einer Ecke lag mit an den Leib gepreßten Beinchen eine mumifizierte Stubenfliege. Die Spinne war fort. Von meinem Bett, so auf der Seite, in der Ruhestellung, sah ich nur einen kleinen Ausschnitt der Landschaft, ein paar Büsche in einem feurigen Chromoxydgrün, wenn die Sonne schien.

140

Zu ihrem Rollstuhl(Fahrstuhl)-Geschenk hatte Vera geschrieben: Lieber Val, ich bin sicher, mit diesem Modell wirst du glücklicher werden als mit mir. Das Ding spricht nicht, es raucht nicht, es läßt den Mund nicht offenstehen, also fängt es keine Viren oder Bazillen und du brauchst keine Angst zu haben; die Arme sind aus Leichtmetall und werden dich nicht umarmen. Die Nackenstütze hat, glaube ich, deine Höhe, du wirst wunderbar schlafen können. Unter der Fußleiste wirst du einen schmalen Zwischenraum finden. Sollte es dir möglich sein, dich in diesem Modell sitzend zu bücken, wirst du eine für dich brauchbare Notration finden, sollte das Modell sich einmal selbständig machen und dich entführen, während du schläfst. (In der Ablage hatte Vera ein paar Fotografien von sich versteckt, eine Schachtel mit Suchard-Pralinés und eine Taschenflasche Cognac.)
Solltest du in diesem Modell zu sterben wünschen, so bediene bitte den kleinen Hebel rechts unten. Wenn du fest entschlossen bist, wirst du ihn erreichen. Das ist der einzige Liebesbrief von Vera, den ich aufbewahrt habe und immer bei mir trage und manchmal lese.
Ursprünglich war dieser Fahrstuhl für Quadriplegiker oder Paraplegiker bestimmt. Bei Bedarf oder einem Impass oder schönem Wetter (Kranke lieben schönes Wetter) oder einer Unterzahl von Trägern oder Pflegern half ich bereitwillig aus. Meine Statur (ich wiege wesentlich mehr als früher) strömte Kraft und Zuverlässigkeit aus. Mein immer gelbli-

cher Teint mischte noch ein Element von Vertrauenswürdigkeit hinzu. Man traute mir zu, nirgendwo anzustoßen, selbst dann, wenn ich ein wenig betrunken war. Aber ich verlor nie die allgemeine Balance (über mich oder meinen in Stoßrichtung bewegten Körper) oder die Herrschaft über das gummibereifte Gefährt mit seiner dazu passenden Gefährtin (ich wählte nur Frauen in einem bestimmten Alter); meine Patienten ruhten in einer umfangreichen, stoßsicheren Blase aus einem Material mit göttlichen Attributen, was ihre Konsistenz betraf. An Unterhaltungen kann ich mich nicht erinnern. Man sprach nicht, denn Blicke genügten. Alles an mir verschaffte den weiblichen Kranken, wenn sie ihren Kopf auf ihren weißen Hälsen nach mir drehten, eine gewisse Befriedigung. Hatten sie Schmerzen (viele haben Schmerzen), ließ ich die dicken Gummiräder auf einem idealen Luftgemenge laufen, jeder Stein wurde verschluckt, wir rollten gleichermaßen in einer eckenlosen Welt, in der Erschütterungen ausgeschlossen waren.

Das Gefühl, das ich in der Erwartung hatte, eines dieser schönen und blassen Geschöpfe könnte sich mit einemmal umdrehen und ich wäre gerade in diesem Augenblick nicht rasiert, mußte bestimmt sein vom Bewußtsein meiner fleckenlosen Haut, einer makellosen Rasur, kupierten Nasenhaaren und wohlfrisiertem Haupthaar; dazu gehörten gepflegte Fingernägel, die den Kranken bei einer unabsichtlichen Berührung nicht wehtun, und natürlich ein angenehmer Atem. Dazu streckte ich meiner Zahnlosigkeit wegen das Kinn heraus, so daß noch ein Zug sichtbarer Energie zu den anderen Eigenschaften gehörte.

Waren sie besonders schön, sah ich sie mit geneigtem Kopf von der Seite an; dann kam es mitunter vor, daß sie eine Knochenkrankheit vermuteten, so daß sie sich aufgrund meines Leidens geschämt hätten, sich meinen Blicken zu entziehen.

Für etwaige Erzählungen über die Geschichte L.s hatte ich den kleinen historischen Abriß des Abbé Marial auswendig gelernt; versagte mein Gedächtnis, zeigte ich den sanften Kranken verschiedene Talbotypien oder uralte Amphitypien von Lourder Landschaften; da waren verschwommene Hänge zu sehen, bewachsen mit dürren, blattlosen Bäumen, Ansichten der leeren Winterplätze und dazwischen, wie durch Zufall, die colorierte Ansicht (aus meiner Sammlung

Daguerreotypien europäischer Metropolen) eines Pariser Boulevards; ach, dann seufzten sie und machten kleine Bewegungen mit ihren Fingerspitzen bis zu ihren Wangen oder zum Mund oder sie wünschten mit leiser Stimme, die Aufnahme behalten zu dürfen; da es sich um Kopien handelte, fiel mir der Verlust nicht schwer. Echte Daguerreotypien verschenkte ich niemals, weil die Zahl der jährlichen Kranken die Zahl der Fotografien übertraf.

Waren sie nervös oder zeigten sie in ihrer Haltung eine Art von Feierlichkeiten (oder Gestimmtheit, wie mein Dr. Sinistram gesagt hätte) und sprachen sie dann noch ähnlich schlecht Französisch wie ich, rezitierte ich mit herzlicher Betonung ›Upon Westminster Bridge‹, ein Wordsworth-Gedicht, das man sehr gut in einem diesem Ort angemessenen Tonfall, also getragen, aufsagen konnte.

Deutsche fotografieren gern nach der Art der Darstellung von Haarwuchsmitteln in Illustrierten, vorher und nachher. Als das Wunder (nach dem Kuß) an Herrn Semenow passierte, fotografierte Frau S. bedauerlicherweise auch mit einer Polaroid-Kamera den Rückzug; im Hintergrund stehen Vera und ich Hand in Hand. Danach schafften wir den alten Herren zu seiner Kußgelegenheit, die er wahrnahm. Dann rückte schon ein winziger Krüppel mit einer gestreiften Schirmmütze nach und wir verließen das Lokal. S. wollte nicht mehr sitzen. Er sprach mit großer Dezenz von einem möglichen Wunder, wollte aber als Rationalist das Diner abwarten und sich dabei beobachten. S. glaubte zwar an ein marianisches Wunder, nicht aber an die Funktionsfähigkeit beider Hemisphären beim Gebrauch von Messern, Gabeln und Löffeln.
Beim Menü zu 120 Francs saß Herr S. kerzengerade auf seinem Stuhl und zerteilte Geflügel mit der rechten Hand, deren Gelenk durch die linke geführt wurde. Er aß sehr langsam, als wollte er die Erweiterung seiner physischen Sphäre nicht übertreiben. Mit großem Genuß trank er zwei Flaschen Rosé. Am silbereloxierten Kübel lehnte die von Frau S. gewählte Fotografie des Augenblicks; die Farben waren ein wenig ordinär, als habe der Apparat mehr zeigen wollen, als da war.

141

Ich ließ meine Sammlungen verstauben. Aber der Staub bringt mich nicht mehr zum Niesen. Ich höre weniger gut als früher oder die Zahl der Geräusche im allgemeinen hat abgenommen oder alles ist leiser geworden. Ich werde zunehmend unempfindlicher. Mein Bart hat eine bestimmte Länge erreicht und weigert sich, weiterzuwachsen. An den Fenstern hängen jetzt schneeweiße Vorhänge, dadurch wird das Licht im Haus gleichzeitig gedämpft und die Gegenstände ein wenig durchsichtig. Mein Körpersystem hat sich verändert. Die Organe führen lebhafte kleine Unterhaltungen. Meine Fotoapparate habe ich in jenen von Spariel für das Epidiaskop bestimmten Kasten gelegt, zwischen alte Stoffbahnen. Ich brauche keine Bilder mehr, jedenfalls keine neuen Bilder mehr mit Hilfe chemischer Prozesse und bestimmter Lichteffekte, während mir die fotografischen Darstellungen alter Kameras und ihrer Stative immer besser gefallen. Deren überaltertes Auge hat alles überlebt und die Gruppen oder Landschaften, von deren Schatten die Platte geätzt wurde, sind vergangen; verblaßte geistige Bilder vergangener Ereignisse, wie Hume sagte, wäre er der Fotograf und ich der Patient.

In einem Winter verbrannte ich die Frühlingssammlung; vierzehn Exemplare von *Harper's Bazaar* und zwölf Exemplare von *Vogue,* einschließlich der Nummer mit Vera auf der Seite 72, auf der sie mit großen Augen und rostrotem Lidschatten zu einem rotbraunen Mund für Marbert posierte.

(Die Zeile, unter der sie als hellhäutige Blondine rubriziert war, brannte zuerst.)

Übriggeblieben sind nur ein paar Fotografien für den Hausgebrauch. Herr Lachellier schenkte mir eines Tages aus seiner Sammlung einige kostbare Stücke aus der Spariel-Zeit.

Die meisten Aufnahmen sind mit einer alten Petzvalkamera gemacht worden und in den meisten Fällen war Dr. Spange der Fotograf. Wahrscheinlich aus diesem Grunde sind die meisten Fotografien unscharf. Dafür haben sie andere Qualitäten.

Auf einer Fotografie steht Spariel auf einem kleinen Hügel. Über seinem durch Solarisation üppigen Schädel sammeln sich schwarze Wolken; zwischen den Beinen sieht man einen seitlich ausklappbaren Stock zum Sitzen in der reinen Natur.

Auf einem Bild (einer Talbotypie, glaube ich) ist auch einmal wenigstens Herr Dr. Spange zu sehen. Er unterscheidet sich bei dieser Beleuchtung nicht im geringsten von seinem Herrn; beide sind ziemlich dick, krummbeinig und haben sehr weiße, lange, sensitiv aussehende Hände, die bei Spange allerdings immer ergeben am Leib hängen.

142

Der alte Herr Lachellier, der Onkel meines Freundes, war beim Ende anwesend, d.h. bei dem Unfall, dem Spariel zum Opfer fiel.

Während er letzte Hand an die Manuskripte und zwei Aufsätze für »Incisum« legte, vernachlässigte er den Ziegenbock. Er fütterte ihn jedenfalls nicht richtig und er gab der Begierde des Tieres nach den vier Ziegen auf der anderen Wiese nicht nach. Außerdem konnte er mit dem Tier nicht umgehen. Während er mit Katzen und Hunden sprach, wenn sie keine Geräusche machten, sprach der Ziegenbock immer dazwischen, so daß Spariel ihn während seiner einsamen Unterredungen züchtigte. Dabei beging (so hatte es der alte Herr Lachellier, der Pädagoge, erzählt und beobachtet) Spariel mit seiner Gerte den Radius, der dem Ziegenbock durch die an den Pflock gebundene Leine gesetzt war, und er trieb das Tier immer in die Richtung des Kreises, der bei mehreren Umdrehungen den Radius verringerte und zum Pflock führte. Eines Tages schlug Spariel (nach der Fütterung seines Patienten Spange) die falsche Richtung ein, weil er von Anfang an den Umfang des Kreises nicht richtig bestimmt hatte; während an allen anderen Tagen der zu beschreibende Kreis immer kleiner wurde, war dieser Kreis anfangs sehr klein und vergrößerte sich im Quadrat der Entfernung vom Pflock, so daß Spariel in dieser Zeit (sprechend und nickend, wie wenn er mehrere Zuhörer hätte) in der Reichweite der Hörner blieb, anstatt sich durch eine entgegengesetzte Umdrehung aus ihr zu entfernen. (Soweit die authentischen Worte des Pädagogen Lachellier.) Ehe jedenfalls die Leine straff wurde, hatte der Bock seine Chance bemerkt; (vielleicht hatte ihm Spariel auch eines der Zäpfchen eingeführt und das Tier war gereizt); als Spariel die Absicht merkte, floh er in Richtung Haus, trat aber unglücklicherweise in eines der von seinem Patienten gegrabenen Löcher und steckte fest mit einem Bein im Rasen.

Während Spariel starb, erhob sich Dr. Spange von seinem Lager und zeigte viel Gefühl gegenüber Spariel, dessen Hand er bis zum Ende in seinen Händen hielt, als müsse er sie wärmen.
Da kein Priester aufzutreiben war (Lachellier bestand auf einem), setzte sich Lachellier selbst irgendein Käppchen auf und machte eine letzte Visite; aber er wurde schmählich von Dr. Spange hinausgeworfen. Gegen Mitternacht drehte sich Spariel zur Wand und bat Spange, die Petroleumlampen zu löschen.
Als Spange ins Haus zurückkehrte und eine Frage stellte, antwortete Spariel kein Wort; daraus schloß Spange sein Ableben und deckte ihn mit einer grauen Decke zu.
Später verschwand Dr. Spange aus dieser Gegend. Spariels Manuskripte waren nicht aufzufinden. (Eines hatte Spange während einer Reise zum Drucker Fontimes verloren oder verlegt.)
Man vermutet, Spange habe sich eine luetische Erkrankung bei der französichen Dame geholt; dann lag er irgendwo in Frankreich und ließ die Welt sich anstecken, während die Selbstvergessenheit den Grad seiner unaufhörlichen Selbstbeobachtung erreichte.

143

Das sind alte Geschichten. Bei meinen Spaziergängen, die immer seltener werden, berühre ich manchmal den alten Pflock auf der Wiese und besehe das alte Loch in der Wiese.
Bei Windstille hören die weißen Vorhänge auf, sich gleichförmig nach innen zu bewegen. Vor dem Haus steht meine alte, allmählich oxydierende Landschaftskamera. Auf dem Holzkasten (tropensicher) hat sich ein Moosteppich ausge-

breitet. In der Vorsatzblende wohnt eine kleine Liane mit tropfenförmigen Blüten. Eine der Ratten ist an Altersschwäche gestorben. Ich weiß schon, daß man behauptet, niemand stürbe an Altersschwäche, sondern nur an Krankheiten oder durch Unfälle. Aber sie hatte weder einen Unfall noch war sie krank. Zuletzt schliefen beide neben mir in einem alten Kopfkissen; wenn ich das Licht löschte, unterhielten sie sich zwitschernd, ehe sie ihre alte Kugelform aufsuchten, die rosigen Beinchen fest an den Leib geschmiegt.

Die Mäuse sind eines Tages ausgewandert; es waren nicht sehr gesellige Tiere, und sie traten auch nur gruppenweise auf. Durch eine Unachtsamkeit hatten sie sich auch an Fleisch gewöhnt, an meine weichen Häppchen für Zahnlose, während meine beiden Ratten (H. und L.) nur Vegetabilisches zu sich nahmen. Vor ihrem Abschied haben die Mäuse das Marienbild von Spange angenagt; der rhomboide Jesusknabe ist verschwunden und ein Teil ihrer rechten Hand. Dem Licht ausgesetzt, verblassen die Daguerreotypien mehr und mehr; auf den meisten sieht man nur noch Schatten mit einem verfließenden Kern festerer Konsistenz. Die Bäume magern ab und von den Büschen sieht man nur noch die Skelette. Auf einer der Amphitypien, schwarz hinterlegt, war eine eindrucksvolle Gruppe von Krüppeln mit Stöcken zu sehen, die in metallisch glitzernden Faltstühlen sitzen; übriggeblieben sind die Metallteile und die Spitzen der Stökke, wenn sie nicht aus Gummi waren.

Nur die Direktpositive auf azurblauem oder purpurrotem Glas mit den Porträts von Spariel und Spange (meinem Bruder in Solomnolenz) haben sich gehalten, nur ihre Gesichter, sehr klein unter schwarzen Bäumen, werden blasser, ebenso die Hände.

Mit dem alten Mercedes-Benz fahren wir nicht mehr aus. Meine Augen werden schlechter. Herr Lachellier beginnt, taub zu werden, das stört unsere Unterhaltungen nicht. Wir wissen, worüber wir sprechen.

Wenn ich im Hauptraum liege, sehe ich am anderen Ende den Schrank für aktive Riesen. Die Holzwürmer sind sehr fleißig und vermehren sich stark.

Eines Tages wird der Schrank zusammenfallen in einer süßlich duftenden Wolke von Birnenholzstaub. Dann verschwinden auch irgendwann alle Objekte lautlos aber sehr

langsam im Fußboden aus Lehm, später dehnen sie sich aus oder sie rosten.
Vor dem Einschlafen, eins mit dem Körper und seiner Temperatur, fahre ich mit dem Zeigefinger der rechten Hand die Spariel-Linie oder den Spange-Kreis entlang. Da ist eine halbkreisförmige Rinne, von einem oder von zwei Fingernägeln bewußtlos in den Gips gezogen in der immergleichen Bewegung von oben nach unten, von unten nach oben, ohne Stillstand, unaufhörlich.

Die Kunst des schönen Mordens.

Kieseritzky:
Anatomie für Künstler
Roman
234 Seiten, Linson,
ISBN 3-608-95648-4

Schon Thomas de Quincey feierte ihn: den Mord als eine schöne Kunst; die elegante, zweckfreie »Herbeiführung ewigen Stillschweigens«. In diesem Buch wird sie in allen Variationen durchgespielt – eine Geschichte, die in einem stillen Antiquitätenladen beginnt.

Erzählt wird sie von Max Marun. Der sitzt in einer Klinikzelle und denkt nach über die Fragmente seiner früheren Existenz: die heillose Obsession für Laura; die mit privaten Überlebensprojekten beschäftigte Berliner Szene; die kryptischen Briefe des Onkels aus Schloß Painwood, England. Dort kommt bei einem »Badeabenteuer« ein Wissenschaftler ums Leben, Teilnehmer eines prominent besetzten Symposiums zur Rettung des Planeten. Die Zusammenhänge sind Maruns marodem Gedächtnis entfallen, doch fördert die Rekonstruktion eine ganze Bilderfolge professionell verübter Missetaten zutage: die Enzyklopädie eines ehrgeizigen Handwerks.

Bei Klett-Cotta lieferbar:

Kieseritzky:
Das Buch der Desaster
Roman. 215 Seiten, Linson,
ISBN 3-608-95497-X

»Kieseritzky hält seinen Leser in Bewegung… Amüsements und Schocks lösen einander ab, hingerissen zwischen Sprachwitz und Denkkunst wird die Lektüre zum Ereignis.« Die Zeit

Trägheit oder Szenen aus der Vita Activa
215 Seiten, Leinen,
ISBN 3-12-904670-4

Die ungeheuerliche Ohrfeige oder Szenen aus der Geschichte der Vernunft
244 Seiten, engl. brosch.,
ISBN 3-12-904481-7

Obsession
Ein Liebesfall
112 Seiten, Linson,
ISBN 3-608-95171-7

Klett-Cotta
Postfach 10 60 16, 7000 Stuttgart 10

Herbert Rosendorfer im dtv

Foto: Isolde Ohlbaum

Das Zwergenschloß
und sieben andere Erzählungen

Das scheinbar Normale, das scheinbar Reale stößt in diesen Geschichten in Bereiche des Phantastischen vor. dtv 10310

Vorstadt-Miniaturen

Geschäfte, Cafés, Amtsstuben und kleinbürgerliche Wohnzimmer bilden die Kulissen für die hintergründig-grotesken Alltagsszenen, in denen Rosendorfers besonderer Humor ganz unverblümt zum Ausdruck kommt. dtv 10354

Briefe in die chinesische
Vergangenheit

Ein chinesischer Mandarin aus dem 10. Jahrhundert gelangt mittels einer Zeitmaschine in das heutige München und sieht sich dem völlig anderen Leben der »Ba Yan« und ihren kulturellen und technischen Errungenschaften gegenüber. dtv 10541

Stephanie
und das vorige Leben

Eine fesselnde Geschichte auf dem schmalen Grat zwischen Traum und Wirklichkeit: Stephanie, eine ganz »normale« junge Frau, sieht sich eines Tages mit einem »vorigen« Leben konfrontiert. dtv 10895

Königlich bayerisches Sportbrevier

Rosendorfer beschreibt alle bayerischen Sportarten wie Fensterln, Maibaumkraxeln, Fingerhakeln und Maßkrugstemmen, die bei den Olympischen Spielen (noch) fehlen. dtv 10954

Die Frau seines Lebens
und andere Geschichten

»Rosendorfers scharfem Blick entgeht keine Nuance bei der Betrachtung eigenwilliger Charaktere, und genüßlich spießt er auf, was ihm an Absonderlichkeiten auffällt.« (Mannheimer Morgen) dtv 10987

Ball bei Thod · Erzählungen

Der makabren Titelgeschichte folgen noch 37 weitere. dtv 11077

Vier Jahreszeiten im Yrwental
Vier Berichte

Vier Kinder erleben die Ereignisse zwischen Untergang des Hitlerreiches und Aufstieg der Demokratie mit, an die sie sich vierzig Jahre später erinnern. dtv 11145

Saul Bellow im dtv

Foto: Thomas Victor

Humboldts Vermächtnis

Das tragikomische Doppelporträt zweier Schriftsteller in den USA. Die Verflechtung beider Lebenswege, die Darstellung ihrer Beziehung zur erfolgsbesessenen amerikanischen Gesellschaft, der Neid des Älteren auf dem Jüngeren, Ehegeschichten, Bettgeschichten von Mafiosi, von Gebildeten und Ungebildeten verbinden sich zu einem intellektuellen Unterhaltungsroman höchsten Ranges. dtv 1525

Eine silberne Schale
Das alte System

Diese beiden Erzählungen schildern die vielschichtigen Beziehungen und Konflikte innerhalb einer großen jüdischen Familie, zeigen, wie man sich quält und verwöhnt, hilft und übers Ohr haut, und wie man sich trotzdem liebt. dtv 10425

Mr. Sammlers Planet

Mit den Augen eines weise gewordenen europäischen Intellektuellen zeigt Saul Bellow New York aus einer Perspektive, die voller Tragik und Komik zugleich ist: »Alle menschlichen Typen sind reproduziert: der Barbar, die Rothaut, der Dandy, der Büffeljäger, der Desperado, der Schwule, der Sexualphantast, Dichter, Maler, Schürfer...« dtv 11200

Der mit dem Fuß im Fettnäpfchen
Erzählungen

»Ich sehe nicht einmal aus wie ein Amerikaner«, sagt Mr. Shawmut, Held der Titelgeschichte, »– ich bin groß, aber ich habe einen krummen Rücken, mein Hintern sitzt höher als bei anderen Menschen, ich habe stets das Gefühl, daß meine Beine unverhältnismäßig lang sind: man brauchte einen Ingenieur, um die Dynamik auszutüfteln...« – der amerikanische Nobelpreisträger von einer leichten, heiteren Seite. dtv 11215

Der Regenkönig

Eugene Henderson, ein spleeniger Millionär, hat die Nase voll vom »American way of life«, läßt Familie und Reichtum hinter sich und sucht sein Glück in Afrika. Dort wird er von den Wariwaris zum Regenkönig gekürt – ein nicht ganz ungefährliches Amt, wie sich herausstellt. Ein moderner Schelmenroman voll hintergründiger Komik. dtv 11223